KB002272

미래와 만나는 한국의 선비문화

석학人文강좌 51

미래와 만나는 한국의 선비문화

초판 1쇄 발행 2014년 7월 10일
초판 2쇄 발행 2015년 10월 15일
지은이 한영우
펴낸이 이방원
편 집 김명희 · 이윤석 · 안효희 · 강윤경 · 김민균 · 윤원진
디자인 박선옥 · 손경화
마케팅 최성수
펴낸곳 세창출판사
출판신고 1990년 10월 8일 제300-1990-63호
주소 120-050 서울시 서대문구 경기대로 88 냉천빌딩 4층
전화 723-8660
팩스 720-4579
이메일 sc1992@empal.com
홈페이지 http://www.sechangpub.co.kr

ISBN 978-89-8411-473-9 04380
978-89-8411-350-3(세트)

이 도서의 국립중앙도서관 출판시도서목록(CIP)은 서지정보유통지원시스템 홈페이지(http://seoji.nl.go.kr)와 국가자료공동목록시스템(http://www.nl.go.kr/kolisnet)에서 이용하실 수 있습니다. (CIP제어번호: CIP2014019401)

미래와 만나는 한국의 선비문화

한영우 지음

세창출판사

_ 책을 내면서

2013년 3월에 한 달간 석학인문학 강좌를 맡아 서울역사박물관에서 강의를 했다. 그때 많은 청강자가 몰려들어 강당에 다 들어가지 못하고 강당 밖에서 스크린을 보면서 경청하는 모습을 보았다. 고맙기도 하고 미안하기도 했다. 강의를 맡은 필자의 위망이 대단해서가 아니라 전통문화를 알고 싶어 하는 시민의 열망이 그토록 대단한 것이 놀라웠고, 한국학의 한 모퉁이를 사랑하면서 살아온 나의 책임이 그만큼 크다는 것을 절감했다.

한국인이라면 누구나 한국의 역사와 문화는 상식으로 알고 있어야 마땅하다. 그런데 우리의 현실은 그렇지 못한 것이 안타깝다. 옛날에 배운 우리의 역사와 문화는 대부분 부정적이고 수치스러운 것들로 가득 차 있었다. 나도 그런 대열에서 청소년기를 살았다. 그러나 운이 좋아서인지 우리 역사를 공부하게 되었고, 이제는 팔순을 바라보는 나이에 이르도록 이 길로 매진해 왔다. 그 결과 우리 역사와 문화는 어둠에서 벗어나 광명을 찾았다고 스스로 믿게 되었고, 학생과 시민과 만나 그 기쁨을 함께 나누면서 즐거운 시간을 보내고 있다.

역사에 어둠과 그늘이 없을 리 없고, 뼈아픈 자성이 필요한 것도 사실이다. 그러나 그런 자성도 자신에 대한 신뢰와 희망을 가지고 하는 것과 불신과 자학을 가지고 하는 것은 차원이 다르다. 그런데 한국인은 너무나 자학과 자성만을 요구하는 역사를 배웠고, 다른 나라 역사는 아름답고 빛나는 것으로만 알고 살아왔다. 특히 나처럼 일제강점기에 태어났거나 그 영향을 크게 받고 살아온 기성세대에게 그런 경향이 크다. 그 원인은 우리 역사가 본래 그러해서가 아니라, 일본 강점자들이 그렇게 만들어 놓은 것을 그대로 믿고 배웠기 때문이다. 우리 역사를 다시 찾아야 하는 절박한 이유가 여기에 있다.

선비정신에 관심을 갖게 된 이유는 크게 두 가지가 있다. 한국사의 역대 왕조가 500년 또는 그 이상 장수한 비결을 알아야 하겠다는 것이고, 또 하나는 대한민국이 단기간에 산업화와 민주화를 달성한 비결을 알아야 한다는 것이다. 왕조가 장수한 것은 백성이 국가를 믿고 따라주었기 때문이다. 왕조가 망한 이유는 반대로 백성이 국가를 믿지 않고 반란을 일으켜 무너뜨렸기 때문이다. 백성이 국가를 믿고 따랐다면, 그만큼 백성을 위한 정치를 잘했다는 뜻일 것이다. 나는 그 비결을 선비정신에서 찾은 것이다. 서양에 노블레스 오블리주(Noblesse oblige)가 있다면 우리나라에는 선비와 선비정신이 있다고 믿었다.

대한민국의 성공도 한국인 전체의 선비정신이 있어서 가능했다고 본다. 대한민국은 하늘에서 갑자기 떨어져 내린 나라가 아니고, 5천 년 역사의 기나긴 전통을 이어받아 새롭게 탄생한 것에 지나지 않는다. 《용비어천가》의 표현을 빌려 말한다면 대한민국은 뿌리 깊은 나무요 샘이 깊은 물이다. 어떤 이는 우리가 5천 년간 형편없이 살아오다가 대한민국이 생긴 이후로 이 정도의 발전을 이루게 되었다고 말하지만 나는 이런 의견에 동의하지 않는다. 이런 생각은 사실에도 맞지 않지만, 우리 조상에 뱉는 침은 우리 얼굴에 떨어진다는 것을 모르고 하는 말이다.

현재 한국 국민이 지닌 선비정신은 구체적으로 치열한 교육열, 성취욕, 근면성, 협동정신, 인문사회[문학, 역사, 철학, 정치학, 경제학 등], 자연[천문, 지리 등], 예술을 합쳐서 통합학문을 추구한 유교전통, 그리고 신바람의 에너지 등을 들 수 있고, 그것들은 모두 우리 조상이 물려준 문화적 유전인자이기도 하다. 이런 요소들이 작동하면서 큰물이 되어 큰 배를 띄우는 동력을 얻었다고 본 것이다. 그런 점에서 우리 조상에 대하여 감사한 마음을 먼저 가져야 할 것이다.

나는 이 책에서 선비정신을 우주관, 윤리, 예술, 정치로 나누어 그 특징을 알아보았고, 그런 전통이 개화기와 일제강점기를 거치면서 어떻게 변용되었으며, 8·15광복 후에는 서양문화를 받아들이면서 보여준 빛과 그늘이 무엇인가를 나름대로 진단해 보았다. 현재 한국인의 삶은 압도적으로 서구화되어 있다. 그 결과 과학과 기술의 발전을 가져왔고, 자본주의 경제가 물질적 풍요를 가져오는 데 도움을 주었다. 개인과 개체의 중요성을 자각하는 데도 일조를 했다. 서구식 자유민주주의가 정치를 활성화시키는 데 도움을 준 것도 사실이다.

그러나 서양문화는 이러한 장점만을 안겨준 것은 아니다. 자본주의는 물질만능주의를 낳았고, 개인주의는 이기주의로 흘렀으며, 자유주의는 무엇이든지 힘으로 투쟁하거나 돈으로 로비하거나 속임수를 쓰면 갖고 싶은 것을 얻을 수 있다는 불법과 만용을 심어주었다. 여기에 선과 악, 여당과 야당, 다수자와 소수자를 분리시키고, 약육강식과 적자생존을 암암리에 묵인하는 강자위주의 사회질서를 만들어가고 있다. 그래서 강고한 기득권층이 형성되어 있고, 갑을관계(甲乙關係)가 도처에 도사리고 있다.

이 책을 거의 마무리할 무렵에 300여 명의 목숨을 앗아간 4·16 세월호의 참사가 일어났다. 나는 한동안 글을 쓰지 못하고 정신적 공황에 빠졌다. 내가 그토록 강조하고 자랑하고 싶어 했던 선비정신이 일거에 침몰하는 것을 느꼈기 때문이다. 어쩌다가 우리가 이렇게 생명을 헌신짝처럼 생각하는 정신적 후진국으로 떨어졌는가? 물질문명만 발전한다고 선진국이 되는 것이 아니라는 것을 왜 우리는 깨닫지 못하고 있을까?

선비정신의 출발은 생명사랑이다. 모든 생명을 사랑하자는 것이 홍익인간(弘益人間)이다. 여기서 더 나아가 하늘과 땅을 모두 생명체로 보고 천지인(天地人)을 하나의 생명공동체로 바라보는 것이 천지인합일(天地人合一) 사상이다. 천지인의 생명이 하나로 합쳐질 때 생기는 에너지가 신바람이다. 그리고 홍익인간을 정치에 반영한 것이 공익정치(公益政治)요 민본정치(民本政治)다. 공익정치와 민본정치가 백성과의 소통을 낳고, 왕실과 지도층의 의식주생활이 검소해지고, 정책결정에 공론(公論)이 존중되고, 임금은 경연(經筵)을 통해 평생토록 공부하고, 공전(公田)을 통해 빈부격차를 완화시키고, 공선(公選)에 바탕을 둔 과거제도를 통해 입현무방(立賢無方: 도덕성)과 유재시용(惟才是用: 전문성)의 인사제도가 시행되어 개천에서도 용(龍)이 나오는 신분이동을 구현했던 것이다. 특히 정치의 거울을 반듯하게 만들기 위해 기록문화를 세계최고수준으로 끌어올린 것은 선비정치의 백미가 아닐 수 없다.

조선왕조의 건국이념을 만든 정도전(鄭道傳)은 민심을 얻지 못한 임금은 언제든지 백성이 임금을 버릴 수 있다는 것을 강조하면서 민생을 위해 과감한 전제개혁을 시도했다. 세종대왕은 관비(官婢)의 산후(産後) 건강을 위해 산전 한 달, 산후 100일의 휴가를 주고, 그 남편에게도 산후 한 달의 휴가를 주어 아내를 돌보도록 배려했다. 율곡(栗谷) 이이(李珥)는 경장(更張)을 하지 않으면 나라가 몇 년 안 가서 무너진다고 쓴 소리를 하면서 선조의 개혁을 촉구했고, 정조대왕은 화성(華城) 건설에 투입된 노동자 5천 명의 이름과 거주지, 노동한 지역, 노동한 날짜, 일당 품값 등을 소상하게 기록하여 《화성성역의궤》(華城城役儀軌)에 남겨 세계에서 가장 철저한 토목실명제를 실천했다.

정조가 1795년 8일간의 화성행차를 마치고 기록한 《원행을묘정리의궤》(園幸乙卯整理儀軌)에는 8일간 먹은 음식의 종류와 높이, 그리고 그 음식을 만드는 데 들어간 레시피가 소상하게 적혀 있어 보는 이의 가슴을 설레게 만든다. 《조선왕조실록》을 보면 임금이 웃거나 화를 낸 것까지 기록하고, 잘한 말이나 잘못한 말이나 숨김없이 그대로 속기하여 우리에게 고스란히 넘겨주고 있다. 국왕비서실 일기인 《승정원일기》와 국왕의 일기인 《일성록》(日省錄)을 보면 임금이 읽은 책의 항목과 임금이 궁 밖으로 나갈 때 어떤 가마를 타고, 어떤 옷을 입고, 어디에서 출발하여 어떤 문을 거쳐 어디로 갔는지를 소설처럼 기록해 놓았다. 백성들이 올린 상소문도 한 자 빠뜨리지 않고 실어 놓았다. 그런데 지금 우리의 국무회의가 이런 식으로 기록되고 있으며 청와대가 이런 식의 일기를 쓰고 있는가? 이런 기록문화의 전통은 지금 어디로 가고 모 전직대통령이 북한의 수뇌부와 만나 발언한 NNL관련 기록을 둘러싸고 여야가 1년간 싸우는 모습을 보면 참으로 격세지감을 느끼지 않을 수 없다. 말로는 왕조시대 정치보다 더 좋은 민주주의를 한다고 자부하지만 실제의 모습을 보면 왕조시대의 정치가 훨씬 앞서 있다는 것을 알 수 있다.

우리나라의 선비전통은 세계문명에서도 보기 드문 것으로, 예술분야에서도 천지인의 생명력을 합치는 독특한 생명예술을 탄생시켰다. 그래서 천지인의 소리를 담도록 고안된 우리의 범종(梵鐘)의 신비스런 종소리는 오늘날 서양에서 정신병자 치료에 활용되고 있으며, 우리의 춤은 하늘을 향해 날개를 펴고 날아오르는 새의 모습을 닮아 우아하면서도 3차원의 몸동작을 보이고 있다. 우리의 건축은 천지인의 모습을 닮아 곡선을 사랑하고 자연과 인간이 하나가 되는 생태건축을 낳았다. 우리의 진경산수(眞景山水)는 산수가 내뿜고 있는 음양의 생명력을 포착하여 신바람의 정기(精氣)를 그려내고, 우리의 풍속화는 낙천성과 신바람이 품어내는 미소와 해학을 그려내어 보는 이의 마음을 평화로 이끈다.

이렇게 평화롭고, 이렇게 생명을 존중하고, 이렇게 백성을 아끼고, 이렇게 자연을 사랑한 선비문화는 지금 어디로 갔는가? 공자(孔子)가 〈군자국〉(君子國)으로 부르면서 뗏목을 타고 이민 오고 싶어 했고, 당나라와 송나라가 〈동방예의지국〉(東方禮義之國)으로 부르면서 우리나라 사신(使臣)을 우대하고, 일본 에도시대의 지식인은 통신사(通信使)의 글 한 수를 받는 것을 평생의 꿈으로 알았던 그 고급문화의 한류(韓流)는 어디로 갔는가?

지금 대중문화의 한류가 전 세계 젊은이들을 사로잡고 있는 것은 좋은 일이지만, 그 나라의 고급지식인들의 가슴을 열게 하는 고급문화의 한류는 아직 요원하다. 우리조상들이 몰고 온 고급문화의 한류가 오늘날에는 대중문화에서만 바람이 불고 있다. 하지만 세계 인류가 평화롭고 안정된 제3의 문명을 만들려면 고급문화의 한류가 필요하다.

지금 세계는 인류를 파멸로 이끌지도 모를 군비경쟁에 열을 올리고 있고, 중앙아시아지역에서는 동서간의 전쟁이 꼬리를 물고 일어나고 있다. 한반도의 북쪽에서는 핵과 미사일을 가지고 남한을 협박하기에 여념이 없고, 일본은 노골적으로 군국주의로 회귀하면서 군사강대국의 길을 걸어가고 있다. 일본의 퇴행적인 행보에 가장 불안한 나라는 바로 한국이다. 그런데 미국은 이런 일본과 손잡고 중국을 견제하는 데 한국이 나서주기를 바라고 있으며, 한국의 미사일개발에는 제동을 걸고 있다. 그러나 중국은 북한의 핵개발을 막아줄 수 있는 가장 영향력이 큰 나라이고 한반도의 통일을 도와줄 수 있는 우호적인 나라이기도 하다. 한반도를 둘러싼 이런 정세는 한국의 선택을 매우 어렵게 만들고 있다. 누가 적이고, 누가 우방인지 명쾌하게 드러나지 않으면서 남북통일을 이루어야 한다는 중대한 과제를 안고 있다.

이런 복잡한 국제정세 속에서 우리가 선택할 길은 외교도 잘 해야 하지만 우선 우리 자신의 사회통합을 강화하고, 평화의 메시지를 전 세계에 알리는 일이다. 그래야 국제적인 신뢰를 얻을 수 있고, 북한 주민과 집권층에 대해서도 통일에 대한 불안감을 해소시켜 남북긴장을 완화시킬 수가 있을 것이다. 지금처럼 우리의 내정이 불안하고 대형사고가 빈발하면서 통일을 지나치게 조급하게 달성하려고 한다면 오히려 통일은 더욱 늦어질 가능성이 크다.

국민소득이 4만 달러에 이르면 선진국이 될 것이라고 믿는 사람도 있으나, 이는 참으로 안이한 발상이다. 평균소득이 올라가도 빈부격차가 커지면 오히려 사회갈등을 증폭시키는 요인이 된다는 것을 알아야 한다. 경제성장을 가속화시키기 위해 규제를 풀고 창조경제를 강조하는 것도 원칙적으로는 필요한 일이지만 너무 서두르면 오히려 부작용을 가져올 우려가 있다. 규제를 푸는 것이 자칫 악덕기업을 도와줄 수 있고, 창조경제도 창조할 수 있는 환경을 만들면 되는 것이지 행정만 강화한다고 되는 일은 아닐 것이다.

지금 급한 일은 오히려 급하게 서두르지 말고 천천히 가는 것이다. 사회통합과 국민안정에 국정의 최우선을 두고 부정과 비리를 단호하게 척결하고, 대통령에게 잘 보이는 인물보다도 국민의 신망을 받는 인물을 공직자로 임명하는 것이 무엇보다 중요한 일이다. 당장 인기를 올리는 정책보다는 국가의 기초와 기강을 바로잡는 일이 더욱 시급하다. 정치에 대한 국민의 신뢰는 여기서부터 생겨난다는 것을 깊이 헤아려야 할 것이다.

이 책은 몇 년 전에 나온 《한국선비지성사》에 바탕을 두고 있으나, 차이가 많다. 전자는 학술서적의 성격이 강하고 이 책은 대중서적의 성격이 크다. 전통예술분야에 대한 설명과 미래의 과제에 대해 많은 지면을 할애했다. 그 대신 고려-조선시대의 대표적 선비에 대한 소개는 모두 삭제했다.

생명과 평화를 존중한 한국 선비정신과 선비문화가 한국인의 가슴속에 다시 꽃피어나고, 그 향기가 전 세계로 퍼져나간다면 얼마나 좋은 일인가? 우리도 문화적으로 세계에 기여하는 길을 찾아야할 것이 아닌가? 우리는 외국문화를 수입만 하고 수출하는 나라가 될 수 없는가? 이런 문제에 대해 독자들과 함께 고민하고 싶은 것이 이 책을 쓰게 된 목적이다.

석학인문학 강좌에 초대해주고, 이 책의 발간을 도와준 한국연구재단에 감사를 드리고, 편집을 맡아준 세창출판사 여러분들에게도 고맙다는 인사를 전하고 싶다.

2014년 5월
관악산 기슭 호산재에서
한 영 우 쓰다

차례

제 5 장 | 대한민국 발전의 원동력과 미래를 위한 자성

제 1 장

—

선비정신의 뿌리

1. '선비'라는 말의 기원

'선비'라는 말의 기원은 확실하지 않다. 조선시대 유학자들을 흔히 선비로 불렀기 때문에 선비는 곧 유학자만을 가리키는 것으로 생각하지만, 선비라는 말은 고대로부터 써오던 고유한 우리말로 보인다.

우선, '선비'라는 말은 한국과 중국의 고대사에 보이는 선비족(鮮卑族)과 발음이 같다. 중국인들은 예부터 중국 북부 몽골지역과 요서지방에 살던 유목민 동호족(東胡族: 퉁구스족)의 일파를 선비족(鮮卑族)으로 불렀는데, 이들이 살던 지역에 선비산(鮮卑山)이 있다고 한다.

역사적으로 보면 선비족은 본래 우랄-알타이산맥 동쪽과 바이칼 호 주변의 중앙아시아에 살다가 해가 뜨는 따뜻한 동쪽으로 이동한 알타이어계 족속으로서 요서지방에 이르러 활발한 국가활동을 벌이기 시작했다. 요서에 세워진 고조선도 그 하나인 것으로 보인다. 고조선, 부여, 고구려 등을 건설한 예맥족(濊貊族)이나 한족(韓族)도 기본적으로는 선비족과 같은 족속이다. 출발은 선비족이었지만, 다른 종족과 피가 많이 섞여 변종한 족속이 거란족, 여진족, 돌궐족 등이다. 그래서 한국인은 이들과는 때로는 동족의식을 가지고 지내기도 하고, 때로는 전쟁을 하면서 적국이 되기도 했다.

18세기 청나라 건륭황제(乾隆皇帝)는 칙명으로 《만주원류고》(滿州源流考)라는 청나라 역사책을 편찬했는데, 이 책에서는 삼한(三韓)이나 고구려, 백제, 신라 등을 청나라 역사로 서술하고, 이들이 본래는 만주에 있다가 한반도로 내려온 족속으로 이해하고 있다. 한국사를 청나라 역사로 둔갑시킨 것은 무리가 있는 것이 사실이지만, 여진족이 한국인을 뿌리가 같은 족속으로 생각하고 있다는 점을 보여준 것은 흥미 있는 일이다. 고려시대에는 금(金)나라 시조 족속인 애친각라(愛親覺羅)의 여진족이 스스로 백두산에서 활동하던 신라 후손으로 자처한 것도 여진족이 비슷한 동류의식을 가지고 있었음을 말해준다.

요서에 있던 고조선주민은 뒤에 요동을 거쳐 만주와 한반도로 이주하고, 요서지역에 남아 있던 족속은 전연(前燕), 후연(後燕), 북위(北魏), 북제(北齊), 북주(北周) 등을 차례로 건설하여 5호16국 또는 위진남북조(魏晉南北朝) 시대를 열면서 이른바 북조(北朝)로 불리면서 남조(南朝)와 충돌하기도 하고, 한(漢), 수(隋), 당(唐)이 건설되면서 중국에 동화되기도 했으며, 고구려와 싸우기도 했다. 그러나 한반도로 이주하여 고구려, 백제, 신라, 가야에 이주하여 지배층으로 등장한 세력이 적지 않았다. 신라와 가야의 김씨왕족이 그러하다.

그러면 선비족은 어떤 풍습을 가진 족속인가? 《삼국지》 〈위지〉(魏志)의 〈동이전〉(東夷傳)을 비롯한 중국측 기록을 보면 선비족은 언어와 풍습이 오환(烏丸, 또는 烏桓)과 같다고 되어 있다. 그런데 오환의 풍속은 온돌을 사용하고, 사람이 죽으면 춤과 노래로 보내고, 천지일월성신(天地日月星辰)을 제사하고, 태양 가운데 까마귀가 있다고 믿었으며, 동쪽을 숭상한다고 한다. '오환'이라는 말도 '까마귀'와 '둥근 태양'을 표현하는 말이다.

오환과 선비의 풍속은 고구려 및 우리 민족의 전통적인 풍속과 너무나 똑같다. 또 그들이 살았던 지역도 고조선의 발상지역과 일치한다. 따라서 고조선의 주민 속에 오환과 선비족이 포함되었을 가능성이 크다. 뒤에 선비족이 세운 북위(北魏)가 고구려와 전쟁을 벌이기도 했지만, 그보다 앞서 고구려 태조왕은 선비족과 연합하여 요동지방을 공격한 일도 있어 두 종족이 서로 긴밀한 유대를 맺고 있었던 것을 알 수 있다. 고구려의 명장 을지문덕(乙支文

德)도 선비족 출신으로 알려지고 있다. 신라나 백제, 가야에도 뛰어난 기마술을 가진 선비족이 내려와 정치지배층으로 등장했으며, 이들 가운데 일부가 일본열도로 건너가 야마토국(大和國)을 세우기도 했다.

선비족은 본래 중앙아시아 초원지대의 유목민으로 살아와서 말을 잘 타고, 싸움을 잘하는 족속이었기 때문에 고대의 무사들을 '선비'로 부르게 된 것이다. 그런데, 삼국시대 이후로 중국인들은 삼국의 선비=무사들을 '선인'(仙人) 또는 '선인'(先人)으로 기록하기 시작하고, 삼국 스스로도 중국식 표현을 따라 '선인'(仙人) 또는 '선랑'(仙郞)으로 기록했다. 특히 고구려에는 '조의선인皁衣仙人'이라는 벼슬이 있었는데, 이들이 검은 옷을 입거나 흰옷에 검은 띠를 두르고 있어서 조의(皁衣)라는 호칭을 붙인 것이다. 신라는 화랑도를 '선랑'으로 불렀다. 하지만 순수한 우리말로는 이들을 '선비'로 불렀다.

오늘날 태권도나 일본에 건너가 만든 가라테(唐手)의 복장을 보면 흰옷에 검은 띠를 두르고 있으며, 검도(劍道)할 때 입는 옷은 검은 옷을 입고 있는데, 이런 것도 옛날 선비=무사의 유풍으로 볼 수 있다.

그러면 우리나라 최초의 선비는 누구인가? 《삼국사기》를 보면, "평양은 본래 선인왕검(仙人王儉)이 살던 곳"이라고 되어 있다. 그러니까 '단군왕검'을 우리나라 최초의 '선인', 곧 '선비'로 본 것이다. 《삼국사기》를 쓴 김부식(金富軾)은 고려시대 사람이었으므로 삼국시대의 용어를 빌려 '선비'를 '선인'으로 부르고, 그 '선인'의 시작을 '단군왕검'에서 찾은 것이다.

'선인'(仙人)이라는 말의 본래 뜻은 '산에 사는 사람' 또는 '신선'(神仙)을 가리킨다. 그런데 '신선'은 '산에 살면서 죽지 않고 신(神)이 된 사람'을 가리킨다. 그러니까 '선비'는 산에서 살고, 오래 살 뿐 아니라, 죽지 않고 신(神)이 되어 하늘로 승천했다는 뜻이 담겨 있다. 실제로 죽지 않는 사람은 없지만, 죽음에 대한 관념만은 '죽지 않고 하늘로 돌아간다'고 믿을 수 있다. 바로 우리의 '선비'들은 스스로 죽는다고 생각하지 않았음을 말해준다. 한국인들이 오늘날에도 '죽음'을 '돌아가셨다'고 말하는 이유가 여기에 있는 것이다.

〈단군신화〉를 보면 단군은 1908년간 살다가 아사달(阿斯達)에 들어가서 산신(山神)이 되었다고 되어 있으며, 《삼국사기》나 《삼국유사》를 보면 고구려 시조 주몽(朱蒙)도 19년간 고구려를 다스리다가 대동강가의 어느 바위[朝天石]에서 기린을 타고 하늘로 조천(朝天)하고, 신라시조 박혁거세(朴赫居世)도 육신은 땅에 떨어지고 혼(魂)은 승천(昇天)했다고 한다. 고구려 고분 벽화를 보면 무덤의 주인공은 모두 팔에 날개를 달고 신선이 되어 하늘로 승천하고 있다. 적어도 관념상으로 보면 한국인은 죽는 것을 '하늘로 돌아간다'고 믿고 있음을 알 수 있다.

고대 한국인의 이런 풍속은 중국인 눈에도 이상하게 보여 《후한서》 〈동이전〉을 보면 동이족 가운데 '군자불사지국'(君子不死之國)이 있다는 기록이 보인다. 곧 살아가는 풍속이 군자다울 뿐 아니라 죽지 않는 사람들의 나라가 있다는 것이다.

그런데 중국에서 유교 경전이 들어오면서 '사'(士)라는 용어가 함께 들어왔다. 여기서 공자와 맹자가 말한 '사'를 어떻게 번역할 것인가를 고민하던 한국인들은 '사'를 '선비' 또는 '도사'(道士)로 번역했다. 일반 《천자문》(千字文)에서는 '선비'로 번역하고, 16세기 중엽의 최세진(崔世珍)은 자신이 지은 《훈몽자회》(訓蒙字會)에서는 '도사'로 번역해 놓았다. 그러니까 중국인이 말하는 '사'는 한국의 전통사회에서 본다면 '선비'나 '도사'에 해당한다고 본 것이다. 여기서 '도사'는 중국의 도교(道教)를 믿는 종교인을 가리키는 것이 아니라, 한국의 고유신앙인 무교(巫教)나 신선사상을 가진 종교인을 가리킨다. 우리는 무교나 신선사상을 선교(仙教) 또는 신교(神教) 또는 도교(道教)로 불러왔다.

공자나 맹자가 말하는 '사'와 한국의 '선비'나 '도사'는 서로 비슷한 점이 있지만 반드시 똑같은 실체는 아니다. 왜냐하면 유교경전에서 말하는 '사'는 '도덕을 실천하는 문인(文人)'을 가리키지만, 우리의 '선비'나 '도사'는 '도덕을 실천하는 사람'이기도 하지만 동시에 무교나 신선사상을 가진 종교인인 동시에 무(武)를 겸비한 무사이기도 하기 때문이다.

지금까지의 이야기를 정리한다면, '선비'라는 말은 동호족(東胡族)의 일부 족속을 가리키는 명칭에서 발생하여, 삼국시대에는 한자식 표현인 선인(仙人) 또는 선랑(仙郞)으로 호칭이 바뀌었으며, 선비의 풍속은 군자(君子)요, 선교(仙敎)의 신봉자들이며, 태양을 비롯한 일월성신을 숭배하고, 태양이 떠오르는 동쪽을 숭상하고, 태양 속에 까마귀가 있다고 믿고, 죽음을 하늘로 돌아가는 것으로 믿으면서 장례식을 춤과 노래로 치르는 풍습이 있으며, 삼국시대에는 무사의 기능을 겸비했다는 것으로 요약된다.

2. 선비정신의 원형: 단군신화

앞에서 '선비'라는 호칭의 기원과 선비의 풍습을 간단히 살펴보았는데, 이제는 선비정신의 근본을 알아볼 차례가 되었다. 한국 선비정신의 뿌리를 담은 이야기는 바로 〈단군신화〉이다. 〈단군신화〉는 고려말기 일연(一然: 1206-1289) 스님이 쓴 《삼국유사》(三國遺事: 1281)에도 보이고, 비슷한 시기 이승휴(李承休: 1224-1300)가 쓴 《제왕운기》(帝王韻紀: 1287)에도 보이고 있지만, 《삼국유사》의 〈단군신화〉가 더 원형에 가깝고 내용도 자세하다. 다만, 《삼국유사》의 〈단군신화〉는 두 가지 문제점이 있다. 하나는 단군을 단군(壇君)으로 쓴 것이고, 다른 하나는 일연이 붙인 주석(註釋)이 불교적인 시각을 담고 있어 원형과 거리가 있다는 점이다. 예를 들면, 환인을 제석(帝釋)으로, 태백산

敍此紀異之所以漸諸篇也意在斯焉

古朝鮮 王儉朝鮮

魏書云乃往二千載有壇君王儉立都阿斯達 經云無葉山亦云白岳在白州地或云在開城東今白岳宮是 開國號朝鮮與高同時古記云昔有桓因 謂帝釋也 庶子桓雄數意天下貪求人世父知子意下視三危太伯可以弘益人間乃授天符印三箇遣往理之雄率徒三千降於太伯山頂 即太伯今妙香山 神壇樹下謂之神市是謂桓雄天王也將風伯雨師雲師而主穀主命主病主刑主善惡凡主人間三百六十餘事在世理化時有一熊一虎同穴而居常祈于神雄願化爲人時神遺靈艾一炷蒜二十枚曰爾輩食之不見日光百日便得人形熊虎得而食之忌三七日熊得女身虎不能忌而不得人身熊女者無與爲婚故每於壇樹下呪願有孕雄乃假化而婚之孕生子號曰壇君王儉以唐高即位五十年庚寅 唐堯即位元年戊辰則五十年丁巳非庚寅也疑其未實 都平壤城 今西京 始稱朝鮮又移都於白岳山阿斯達又名弓 一作方 忽山又今旀達御國一千五百年周虎王即位己卯封箕子於朝鮮壇君乃移於藏唐京後還隱於阿斯達爲山神壽一千九百八歲唐裵矩傳云高麗本孤竹國 今海州 周以封箕子爲朝鮮漢分置三郡謂玄菟樂浪

〈단군신화〉

을 묘향산(妙香山)으로 해석한 것이 그것이다.

〈단군신화〉는 불교가 들어오기 이전에 형성된 것으로 보아야 하기 때문에 불교적인 세계관이 담겨 있을 수는 없다. 또 단군을 단군(壇君)으로 쓴 것은 오직 《삼국유사》뿐이고, 《제왕운기》 이후로 모든 기록이 단군(檀君)으로 일원화되었으므로 이를 원형으로 보는 것이 옳다.

그래서 일연이 붙인 주석을 일단 접어두고, 단군(壇君)을 단군(檀君)으로 바꾼 조건에서 〈단군신화〉의 내용을 검토하는 것이 원형에 접근하는 데 도움을 주고 있다.

먼저, 《삼국유사》에 실린 〈단군신화〉를 번역하면 다음과 같다.

옛날에 환인(桓因: 하느님)의 서자(庶子)[01] 환웅(桓雄)이 있었는데, 늘 하늘 아래에 뜻을 두고 인간세상을 알아보고 싶어 했다. 아버지 환인은 아들의 뜻을 알고, 아래를 내려다보니 삼위태백(三危太白)이라는 곳이 홍익인간(弘益人間)하기에 좋은 곳임을 알았다. 그래서 천부인(天符印) 3개[02]를 아들에게 주고, 내려가서 그곳을 다스리도록 했다. 환웅은 무리 3천 명을 데리고 태백산 꼭대기에 있는 신단수(神壇樹) 아래로 내려왔는데, 이곳을 신시(神市)로 부르고, 환웅을 환웅천왕(桓雄天王)으로 부르게 되었다. 환웅천왕은 풍백(風伯), 우사(雨師), 운사(雲師) 등 세 신하를 데리고 곡식, 생명, 질병, 형벌, 선악을 주관했는데, 크게 보면 인간의 360여 가지 일을 주관하면서 인간세상을 이치로 다스렸다.

그런데 그때 곰 한 마리와 호랑이 한 마리가 같은 동굴 속에서 살면서 늘 환웅에게 사람이 되게 해달라고 기도했다. 그래서 환웅은 신령스런 쑥 한 다발과 마늘 20매를 주면서 "너희들이 이것을 먹고 100일 동안 햇빛을 보지 않으면 사람의 모습을 얻게 될 것이다"라고 말했다. 곰과 호랑이가 쑥과 마늘을 먹었는데, 곰은 삼칠일 동안 햇빛을 보지 않았더니 여자가 되었는데, 호랑이는 금기를 하지 못해 사람이 되지 못했다.

웅녀(熊女)는 혼인할 상대가 없어서 늘 신단수 아래로 가서 아기를 갖게 해달라고 빌었다. 그래서 환웅이 가짜로 사람으로 변하여 웅녀와 혼인하여 아들을 낳았는데, 이름을 단군왕검(壇君王儉)으로 불렀다. 이때는 당고(唐高: 堯임금)가 임금이 된 지 50년이 되는 경인년(庚寅年: 실제로는 丁巳年이므로 어느 것

01 서자는 첩의 자식이라는 뜻과 여러 아들 가운데 하나라는 뜻이 있는데, 하느님이 첩을 두었을 이치는 없다. 따라서 서자는 여러 아들 가운데 하나라는 뜻으로 보아야 한다.

02 천부인 3개는 무엇인지 확단하기 어렵지만, 칼, 거울, 옥(또는 방울)을 가리키는 것으로 보인다. 칼은 죄인을 다스리는 수단이고, 둥근 거울은 하느님을 비춰보는 도구이며, 옥(玉)이나 방울은 하느님의 목소리를 대신하는 도구이다. 상고시대의 유물 가운데 가장 많이 발굴되고 있는 것이 바로 칼과 거울과 옥이다.

이 맞는지 알 수 없다)이다.

단군왕검은 평양성(平壤城)에 도읍을 두고, 비로소 조선(朝鮮)으로 불렀다가 뒤에는 백악산(白岳山) 아사달(阿斯達)로 도읍을 옮겼다. 이곳은 궁홀산(弓忽山: 또는 方忽山) 또는 금미달(今彌達)이라고도 부른다. 단군왕검은 1500년간 나라를 다스리다가 주나라 호왕(虎王: 武王)이 임금이 된 기묘년에 기자(箕子)를 조선 임금으로 봉하자 단군은 장당경(藏唐京)으로 이동했다가 뒤에 아사달로 다시 돌아와 숨어 살다가 산신(山神)이 되었다. 나이는 1908년이다. 당나라 《배구전》(裵矩傳)을 보면, "고려는 본래 고죽국(孤竹國)인데, 주(周) 나라가 기자를 이곳에 봉하여 조선으로 불렀다.

위와 같은 〈단군신화〉에는 크게 두 가지 사실을 전해주고 있다. 하나는 우리나라 최초의 국가인 조선(朝鮮)을 누가, 언제, 어디에 세웠는지를 말해주고 있으며, 다른 하나는 조선을 세운 사람들이 지니고 있던 우주관과 윤리이다.

먼저, 조선을 세운 주체는 하느님의 후손을 자처하는 족속으로, 나라를 세운 지역은 태백산 부근의 아사달(阿斯達)이며, 국호는 조선(朝鮮)이고, 시기는 중국의 요(堯) 임금이 나라를 세운 뒤 50년이 되는 해이다. 최초의 임금 단군은 곰이 여자로 변한 웅녀(熊女)가 호랑이와 경쟁하다가 천손과 혼인하여 낳은 아들이다. 여기서 곰과 호랑이 이야기는 황당한 듯하지만, 그 속에는 곰을 조상으로 숭배하는 족속과 호랑이를 조상으로 숭배하는 두 족속이 서로 경쟁하다가 곰을 조상으로 숭배하는 족속이 왕비가 된 것을 말해준다. 그리고 쑥과 마늘이 등장하고, 풍백(風伯), 우사(雨師), 운사(雲師) 등이 등장하는 것으로 보아 어느 정도 농경생활을 하던 족속이었음을 알 수 있다.

조선의 건국과 관련하여 가장 문제가 되는 것은 조선이 터잡은 태백산, 평양, 고죽국, 아사달 등의 지명이 구체적으로 어느 곳을 가리키는 것인가이다. 〈단군신화〉를 소개한 일연은 태백산을 묘향산으로, 평양을 지금의 평양으로, 기자(箕子)가 주나라 무왕으로부터 봉함을 받은 지역을 고죽국(孤竹國)이라고 소개하면서 이곳이 지금의 황해도 해주海州로 해석하고 있다. 말하자면 조선의 발상지역을 한반도의 평안도와 황해도 일대로 보고 있는 것이다. 그러나 고죽국은 요서의 산해관(山海關) 부근에도 있고, 평양도 요서, 요동지역에도 있으며, 태백산도 요하 서쪽에 남북으로 뻗쳐 있는 의무려산(醫巫閭山)을 옛날에는 태백산으로 불렀으며, 그 밖에도 수많은 태백산이 있어서 조선의 발상지를 요서지역으로 볼 수 있는 근거가 많다.

고고학상으로 보면, 지금 요서지역에서 조선의 건국과 관련된 유적과 유물들이 많이 출토되고 있다. 예를 들면 우하량(牛河梁) 지역에서는 곰 발바닥을 조각한 토기와 여신상(女神像)을 조각한 토기와 곰을 상징하는 조각품들

1

2

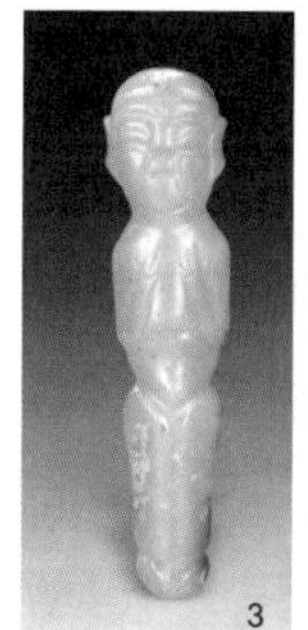
3

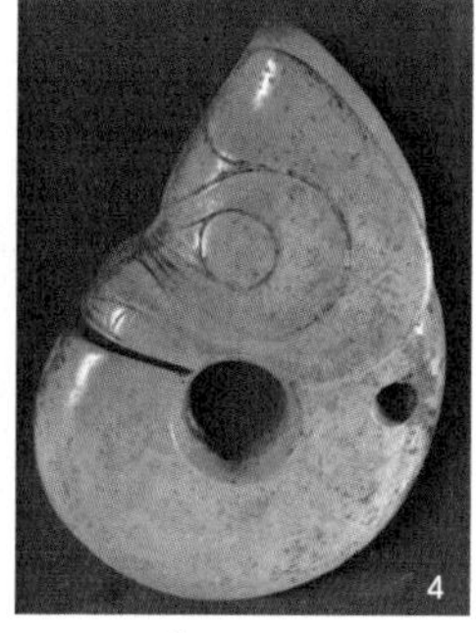
4

〈요서지역에서 발견된 곰과 관련된 유물〉

1 여신상(웅녀)
2 옥그릇(곰 얼굴)
3 옥그릇(남자상)
4 옥장식(곰)

이 많이 출토되고 있기 때문이다.

지명상으로 보더라도 아사달(阿斯達)이나 조선(朝鮮)은 다같이 '해가 떠오르는 동방의 땅'이라는 뜻이고, 태백산(太白山)도 '해가 떠오르는 밝은 산'이라는 뜻이다. 특히 곰과 관련된 유물이 다수 출토된 것은 바로 〈단군신화〉에 보이는 곰족과 웅녀를 연상시킨다. 요서지역의 여러 지명 가운데에도 '조선'이나 '아사달'과 비슷한 뜻을 가진 지명이 적지 않다. 조양(朝陽), 적봉(赤峰), 홍산(紅山) 등의 지명이 그렇다. 선비산(鮮卑山)이라는 말도 '빛날 선' 자가 들어 있는 것으로 보아 '해가 뜨는 동방의 산'을 가리키는 듯하다.

우리나라 역대 왕조의 이름도 '해 뜨는 동방의 땅'이라는 뜻을 가진 이름이 많다. 전국 곳곳에 태백산이나 백산(白山)이 있고, 동국(東國), 해동(海東), 서라벌, 서울 등의 이름도 마찬가지다. 동국과 해동은 '중국의 동쪽나라'라는 뜻이 아니고, 그저 해 뜨는 동방의 땅이라는 뜻이다. 서라벌의 '서라' 또는 '새라'는 동쪽을 가리키는 순수한 우리말이다. 동풍(東風)을 '샛바람'으로 부르는 이유도 여기에 있다. 서울은 서라벌과 같은 말이다. 우리 조상들이 고대에 일본 열도에 들어가서 이 지역을 일본(日本)으로 부른 것도 그곳을 태양의 본거지로 보았기 때문이다.

3. 단군신화에 보이는 '홍익인간'의 공동체윤리

〈단군신화〉는 고조선의 건국사실을 알려주고 있을 뿐 아니라 그 안에는 한국인의 원초적인 우주관과 윤리가 함께 담겨 있다. 이 점이 건국사실보다도 어떤 의미에서는 더 중요한 의미를 지니고 있다. 왜냐하면 조선의 건국은 약 2000년의 역사로 끝나버렸지만, 여기에 담긴 우주관과 윤리관은 조선이 망한 뒤에도 지금에 이르기까지 수천 년간 한국인의 가슴속에 유전적인 문화인자로 자리 잡아 왔으며, 앞으로도 영원히 살아남을 것으로 보이기 때문이다.

그러면 〈단군신화〉에 담긴 우주관과 윤리관은 무엇인가? 먼저 윤리관을 보여주는 것이 바로 '홍익인간'(弘益人間)이다. '인간에게 골고루 이익을 주자는 것'이 바로 '홍익인간'이다. 환인[하느님]의 아들 환웅이 지상에 내려와서 조선이라는 나라를 세운 목적이 바로 여기에 있었다. 홍익인간의 내용은 모두 360가지로서, 그 가운데 가장 중요한 것이 다섯 가지다. 곧 생명, 곡식, 질병, 선악, 형벌을 주관했다고 한다. 여기서 360가지라고 말한 것은 '모든 것'이라는 뜻이다. 360은 1년을 상징하는 숫자로서 우주자연의 질서가 한 주기를 끝내는 숫자이기 때문이다. 홍익인간의 구체적인 내용과 그와 관련된 민속은 뒤에 다시 자세히 알아볼 것이다.

환웅이 하느님의 서자(庶子)라고 한 것도 매우 겸손한 말이다. 만약 환웅을 하느님의 독생자(獨生子)라고 생각했다면, 하느님의 후손을 자처하는 다른 종교는 모두 이단(異端)으로 배척되어야 할 것이다. 하지만 하느님의 여러 아들 가운데 하나가 환웅이기 때문에 이 세상에는 하느님의 아들이 세운 나라나 다른 종교가 또 있을 수 있다고 본 것이다. 이런 모습은 예수를 하느님의 독생자로 보는 기독교나, 알라신만이 인류를 구제할 수 있다고 주장하는 이슬람과 비교할 때 매우 관용적인 종교의 모습을 띠고 있는 것이다.

'홍익인간'은 모든 인간을 똑같이 사랑하고 도와주자는 인간공동체 정신을 담고 있다. 이 정신은 한국인의 특이한 공동체문화를 실현하는 정신적 바탕이 되었다. 한국인의 언어 속에는 '나'라는 말보다는 '우리'라는 말을 더 존중한다. 서양인들은 '나의 나라'라는 말을 잘 쓰지만, 한국인은 '우리나라'로 부른다. '우리 마누라', '우리 남편'이라는 말도 문법상으로 보면 틀리는 말이지만, 한국인은 그렇게 부른다. '우리'는 바로 여러 사람을 감싸고 있는 '울타리'의 뜻이다.

한국인은 '정'(情)을 매우 중요하게 여긴다. '정 떨어진다'는 말도 있고, 정이 많은 사람을 좋은 사람으로 본다. 그러면 '정'이란 무엇인가? '정'은 곧 '나눔'이다. 남에게 베풀 줄 모르고 자기만을 생각하는 사람은 '정'이 없는 사람이고, 그런 사람을 '정 떨어지는 사람'으로 평가한다. 공동체는 서로 나누는 데서 유지되고, 공동체가 안정되면 개인의 행복도 보장된다.

한국인의 일상생활 속에는 정과 관계되는 풍속이 많다. 우선 음식문화 속에 정을 담은 대표적인 음식은 떡이다. 떡은 개인이나 가족이 먹기 위해서 만드는 음식이 아니라, 이웃과 서로 나누어 먹기 위해 만든다. 이사를 가면 떡을 만들어 이웃사람에게 나누어주고, 잔치나 제사를 지내고 나면 반드시 떡을 친지나 이웃에게 나누어준다. 품바로 불리는 거지들이 살아가는 이유도 음식을 나누는 풍습이 있기 때문이다.

음식상을 차릴 때에도 찌개를 가운데 놓고 모든 가족이 함께 떠먹는 풍습도 독특하다. 그것을 비위생적으로 볼 수도 있지만, 공동체적 음식문화의 한 단면을 보여주는 것은 사실이다.

한국인이 역사적으로 계(契)로 불리는 공동체 재원(財源)을 만들고 어려운 일을 당했거나 경사스러운 일을 만난 사람들에게 부조하는 풍습이 있다. 정을 나누는 풍속은 노동에도 있다. 농사를 지을 때 노동력을 서로 도와주는데 이를 품앗이라고 부른다. 장례를 치르거나 화재나 수재를 만나 집을 잃었을 때에도 마을사람들이 함께 집을 지어준다. 초가지붕을 새로 얹을 때에도 마을사람들이 함께 도와준다. 말하자면 자발적이고 공동체적인 사회복지로 볼 수 있다.

한국인은 '우리'를 너무 앞세우고 '나'를 찾지 않아서 개인의 인권(人權)이 무시되고 있다는 지적도 있다. 실제로 전통사회에는 '인권'이란 말이 없다. '인권'보다는 '인격완성'을 더 존중했다. '인격'이 완성되면 서로 존중하게 되므로 '인권'은 저절로 보장된다고 보는 것이다. 개인의 인권은 보장되는 것이 마땅하지만, 개인의 의지가 공동체의 이익과 충돌할 때에는 개인의 양보가 필요한 것이다. 개인이 지나치게 존중되면 오히려 개인의 소외를 가져와 외로운 존재로 떨어질 수도 있다. 사람은 서로 스킨십을 느끼며 살아갈 때 정서적 안정을 찾을 수 있다는 점을 고려할 필요가 있다.

4. 외국인이 본 한국의 선비문화(공동체문화)

한국인의 아름다운 공동체문화는 예부터 중국인의 눈을 사로잡았다. 그래서 '군자국'(君子國)이라는 호칭을 붙였다. 가장 먼저 군자국의 호칭을 쓴 사람은 바로 유교의 창시자인 기원전 5세기의 공자(孔子)이다. 《논어》(論語) 〈자한편〉(子罕篇)을 비롯한 여러 기록을 종합해보면 다음과 같은 글귀가 보인다.

> 공자는 자신의 도(道)가 행해지지 않는 것에 실망하여 뗏목을 타고 바다로 떠내려가서 구이(九夷)라는 나라에 가서 살기를 바랐다. 어떤 제자가 묻기를 "그곳이 누추하면 어떻게 하시렵니까?"고 묻자 공자는 "아니다. 그곳에는 군자(君子)가 살고 있다. 어찌 그곳이 누추하겠느냐?" (子曰 道不行 乘桴浮于海 欲居九夷之國 或曰 陋如之何 子曰 君子居之 何陋之有?)

이 글에서 공자가 뗏목을 타고 이민 가서 살고 싶어 했던 구이(九夷)라는 나라가 어디인지를 놓고 후세 중국인들은 그곳이 조선(朝鮮)이라고 해석했다. 《한서》(漢書) 〈지리지〉에 그런 해석이 보이고, 이때부터 중국인들은 고조선을 군자국(君子國)으로 부르기 시작했다. 아마 이 무렵의 조선은 지금의 대동강 유역의 조선이 아니라, 기자(箕子)가 통치하던 요서지방의 조선으로 보인다. 산해관 부근의 고죽(孤竹)에 기자조선이 있었다는 기록이 보이기 때문이다. 사실, 공자가 살던 산동지방의 곡부(曲阜)에서 요서지방의 기자조선은 매우 가까운 거리였기에 뗏목을 타고 가는 것이 어려운 일이 아니었다.

중국측 기록들을 보면 기자가 조선에 와서 《8조법금》(八條法禁)을 만들고 시서예악(詩書禮樂)을 가르치고, 정전제(井田濟)를 시행하면서 도둑이 없어져서 문을 닫고 살지 않았으며, 부인들이 정신(貞信)해져서 음탕한 짓을 하지 않았고, 농민들이 음식을 변두(籩豆)[03]에 담아 먹었다는 것이다. 그리고 동이족[조선사람]은 천성(天性)이 유순(柔順)하여 남방, 서방 북방의 나라들과는 달랐다, 그래서 공자가 조선으로 가고 싶어 한 이유가 여기에 있다는 것이다.

공자가 기자조선을 군자의 나라로 생각한 것은 공자 자신이 기자와 더불어 은(殷)나라 3현(三賢)의 하나인 미자(微子)의 후손이기 때문이었다. 사마천(司馬遷)의 《사기》(史記) 가운데 〈공자세가〉(孔子世家)를 보면, 공자는 멀리 은나라의 성군(聖君)인 탕왕(湯王)의 후손인 송 미자(宋 微子)의 후손이라고 한다. 그런데 일찍이 〈이하동서설〉(夷夏東西說)[04]을 주장한 부사년(傅斯年: 1896-1950)을 비롯한 중국 고고학자의 연구결과를 빌리면 은나라는 바로 산동지방의 동이족(東夷族) 곧 아사달족이 세운 나라로 보고 있다. 따라서 탕왕도 동이족이고, 기자도 동이족이고, 미자도 동이족이고, 공자도 동이족 출신인

03 변두의 변(籩)은 대나무로 만든 그릇을 말하고, 두(豆)는 나무로 만든 그릇을 말한다.

04 〈이하동서설〉은 화하족(華夏族)은 서쪽에 나라를 세우고, 동이족(東夷族)은 동방에 나라를 세웠다는 주장이다.

셈이다. 그러니 공자가 동이족의 문화에 대한 이해가 깊고, 여러 경전(經典)에서 동이문화를 칭송하고 있는 것도 매우 자연스럽다.

유교 경전(經典)들을 보면 유교에서 추앙하는 롤 모델의 대부분이 동이족으로 되어 있다. 황하의 치수사업을 잘하여 성인(聖人)으로 추앙된 순(舜) 임금도 동이족이고, 부모가 돌아가자 거상(居喪)을 정성스럽게 치러 효자의 상징으로 칭송받은 대련(大連)과 소련(少連)도 동이족이며, 조상의 제사를 정성스레 지내는 동이족문화에 감복하여 동이로부터 예(禮)를 배워야 한다고 가르쳤다. 그 밖에 팔괘(八卦)를 만들어 《주역》(周易)의 원초가 되도록 한 복희씨(伏羲氏)도 동이족으로 보았다. 그 밖에도 동이족 출신의 성인은 무수히 많다. 그래서 공자가 만든 유교(儒敎)는 백지상태에서 만들어낸 사상이 아니고, 동이족의 아름다운 풍속을 잘 알고 있는 공자가 이를 이론화시킨 것으로 보아도 무방하다. 역사적으로 중국인보다도 한국인이 유교를 더 열렬하게 실천한 이유도 여기에 있다. 한국인은 유교를 학문으로 배우기 이전부터 유교적으로 살아온 것을 알 수 있다.

공자 이후로 조선의 아름다운 공동체문화를 칭송한 기록은 더 있다. 가장 구체적으로 소개한 기록은 기원전 2-1세기 사람 동방삭(東方朔)이 쓴 《신이경》(神異經)이다. 이 책에는 동이족의 풍습을 묘사하여 "항상 공손하게 앉아 서로 침범하지 않으며, 서로 존경하여 헐뜯지 아니하며, 다른 사람이 근심스런 일이 생기면 목숨을 던져 구해 준다. 그래서 군자국(君子國)으로 부른다"(恒恭坐而不相犯 相譽而不相毁 見人有患 投死救之 曰君子國). 이 글을 보면, 조선이 군자국(君子國)으로 불린 이유가 바로 아름다운 공동체문화에 있음을 알려준다.

한편, 기원후 3-4세기의 곽박(郭璞)이 편찬한 《산해경》(山海經)에는 "동방에 군자국(君子國)이 있으며, 죽지 않는 사람들이 있다"(有君子之國 有不死之民)고 썼으며, 기원후 4-5세기에 후한(後漢)의 역사를 기록한 《후한서》(後漢書)

의 〈동이전〉(東夷傳)에도 "동이족은 착하고[仁], 생명을 사랑하며[好生], … 천성이 유순하여 도(道)로서 다스리기 쉽다. 군자(君子)로서 죽지 않는 나라가 있다"(仁而好生 天性柔順 易以道御 有君子不死之國)라고 기록하고 있다.

시대가 더 내려와 당나라, 송나라, 명나라 시대에는 삼국, 고려, 조선을 '동방예의지국'(東方禮義之國)으로 부르고, 한국에서 중국에 간 사신(使臣)은 다른 나라 사신보다 높은 자리에 배치하여 특별히 우대했으며, 한국에 보내는 사신은 문재(文才)가 뛰어난 인물을 선발하여 보내는 것이 관례가 되었다. 그만큼 한국을 예의(禮義)가 발달한 문명국으로 취급했던 것이다.

한국을 문명국으로 본 것은 이처럼 예의가 바르고 공동체문화가 발달한 것에 감동을 받은 것이지만, 특히 고려시대 이후로는 한국의 교육열에 대한 존경심이 첨가되고 있다. 고려 인종(仁宗: 1122-1146) 때 송나라에서 사신으로 온 서긍(徐兢)은 개경에서 약 한 달간 머문 뒤에 송나라에 돌아가서 견문기를 써서 책을 펴냈는데, 그것이 유명한 《고려도경》(高麗圖經)이다. 이 책에서는 고려자기를 비롯한 고려의 높은 문화수준에 대해 자세히 소개하면서 궁중의 도서관에 수만 권의 장서가 비치되어 있는데, 이곳에 원로 학자들[老儒塾師]이 모여 공부하고 있으며, 개경의 거리마다 학교가 있는 것에 놀라움을 표하고 있다. 고려의 궁중에는 청연각(淸讌閣), 임천각(臨川閣) 등의 도서관이 있었고, 이보다 앞서 송나라에 없는 책이 고려에는 많이 있어서 고려 선종(宣宗: 1084-1094) 때에는 송나라에서 수천 권을 필사해갔다는 기록이 《고려사》에 보이기도 한다.

잘 알려진 것처럼 고려 인종 무렵에는 개경에 국자감(國子監)으로 불리는 국립대학이 있었고, 그 밖에 전직 고관들이 은퇴하여 세운 사립학교가 12개나 있어서 이를 사학12도(私學十二徒)로 부르고 있었다, 거리마다 학교가 있다는 말이 거짓이 아님을 알 수 있다.

한국인의 교육열이 높다는 것은 개화기에 외국인이 쓴 글에도 보인다. 먼저 1866년 병인양요 때 강화도를 점령한 프랑스군은 강화읍에 있는 외규장각(外奎章閣)에 약 6천 권의 장서를 보고 놀랐는데, 이를 모두 가져갈 수 없어서 가장 아름다운 의궤(儀軌) 297종과 금은보화, 그리고 국보급 세계지도인 〈여지도〉(輿地圖) 등을 약탈하여 나폴레옹 3세에게 바치고 나머지 책들은 모두 태워버렸다. 이 책들은 그 뒤 프랑스 파리국립도서관에 소장되었는데, 안타깝게도 중국책으로 분류되어 있던 것을 얼마 전에 작고하신 박병선 여사가 발견하여 세상에 알려지게 된 것이다.

프랑스군은 강화도의 시골농촌을 조사해보고 또 한 번 놀랐다. 농촌에도 집집마다 책이 있으며, 책을 읽지 않는 사람을 멸시하는 한국인의 풍속을 알게 된 것이다. 그래서 프랑스군은 당시 프랑스의 농촌과 비교할 때 자존심이 상한다는 요지의 보고서를 본국에 보내기도 했다. 프랑스는 한국을 비롯한 아시아 여러 나라와 조약을 맺을 때 불평등조약을 맺었는데, 이는 기독교국가인 자신들만이 문명국이고, 기독교를 믿지 않는 아시아국가들은 야만국으로 생각하여 평등하지 않다고 보았기 때문이었다. 그런데 한국의 높은 책문화와 교육열에 충격을 받고 돌아간 것이다.

병인양요 때 약탈해간 297종의 의궤는 몇 년 전에 대여형식으로 한국으로 돌아왔으나, 국보급 지도인 〈여지도〉는 돌아오지 않았다. 그러나 필자는 그동안 중국지도로 잘못 알려진 그 지도를 찾아내어 논문으로 발표한 바 있다.[05] 이 지도 또한 반드시 한국으로 반환되어야 할 것이다.

한편, 개화기 시절 동양 3국을 여행한 어떤 서양인은 한국의 특징을 〈학자의 나라〉(land of scholar)로 부르고, 중국을 〈상인의 나라〉(land of merchant),

05 한영우, 〈프랑스 국립도서관 소장 한국본 여지도〉, 《우리 옛 지도와 그 아름다움》(효형출판), 1999.

일본을 〈무사의 나라〉(land of warrior)로 구별했다. 중국은 예부터 비단장사로 이름을 떨쳤고, 일본은 수천 년간 무사가 세습적으로 집권한 나라임을 정확하게 포착한 것이다. 이에 비해 한국은 장사꾼도 아니고, 무사도 아니고, 붓을 가지고 살아간 학자의 나라로 본 것이다.

근대 일본인 가운데에도 한국의 교육열을 칭송한 글이 있다. 일본 근대화의 아버지로 존경받는 후쿠자와 유키치(福澤諭吉: 1835-1901)는 한국을 무력으로 정복하자는 정한론(征韓論)을 주장한 인물이다. 한국이 장차 러시아에 종속될 가능성이 큰데, 백인종에게 종속되는 것보다는 같은 황인종인 일본의 지배를 받는 것이 한국을 위해서 도움이 될 것이라는 것이 정한론의 명분론이었다. 그런데 그는 한국이 비록 군사력은 약한 나라이지만 교육열이 높아 집집마다 글을 읽고 있는데, 일본인은 칼싸움만 즐기고 있으므로 한국인의 교육열을 배워야 한다고 주장했다.

최근 미국 대통령 오바마는 여러 차례 한국의 교육을 배우자고 주장하여 우리를 어리둥절하게 만들었다. 미국의 교육을 배우기에 여념이 없는 한국에서 교육을 배우자고 한 것은 뜻밖이다. 그런데 그 뜻을 곰곰이 생각해보면 한국의 교육제도를 배우자는 것이 아니라 한국인의 교육열을 배우자는 것으로 보인다. 미국에 살고 있는 어떤 한국 교민이 자식이 공부를 못하여 학교에서 질책을 받은 일이 있는데, 그 학생의 부모는 학교에 가서 "내가 자식을 잘못 가르쳐서 이렇게 되었다"고 사과한 일이 있었다. 이 말을 들은 미국 선생은 놀라움을 표시했다고 한다. 자식이 공부를 못하는 것을 자신의 잘못으로 받아들이고 있는 부모의 태도에 놀란 것이다. 바로 이런 자세가 한국인의 무서운 교육열이다. 한국인은 자식의 교육을 위해서 산다고 해도 과언이 아니다.

5. 〈단군신화〉에 보이는 '천지인합일'의 우주관

(1) 삼신(三神)

〈단군신화〉에는 홍익인간의 윤리뿐 아니라 천지인(天地人)을 바라보는 독특한 우주관이 보인다. 그 우주관의 특징은 우주를 구성하고 있는 천지인을 셋[三]으로 파악하고, 천지인이 하나의 생명공동체를 이루고 있다는 삼신일체(三神一體) 사상이 담겨 있다. 이런 우주관을 표현하기 위해 단군신화의 이야기 가운데 삼(三)이라는 숫자가 여러 군데 반영되어 있다.

삼(三)이 담긴 예를 들어보겠다. 첫째 천신(天神), 지신(地神), 인신(人神) 등 삼신(三神)이 등장한다. 환인은 천신이고, 환웅은 지신이고, 단군은 인신이다. 그런데 삼신을 합하면 일신(一神)이 되고, 삼신의 성별(性別)은 여성이 된다. 〈단군신화〉에서는 삼신을 모두 남성으로 표현하고 있지만, 우리 민속에서는 삼신을 〈삼신할머니〉로 이해하는 풍속이 수천 년간 내려왔다. 태초의 가족제도는 모계제(母系制)였기에 삼신을 여성으로 생각한 것으로 보인다.

일본 건국신화에 보이는 천조대신(天照大神: 아마테라스 오미카미)도 여성이다. 천조대신은 한국의 환인에 해당하는 귀신으로 실제로 한반도에서 건너간 한국인이 만든 신화이다. 삼신이 하는 일은 바로 '홍익인간'이다. 〈단군신화〉에서는 환웅이 '홍익인간'을 위해서 하늘에서 내려왔다고 기록했으나, 삼신일체 사상에서 보면 '홍익인간'은 환인, 환웅, 단군이 모두 똑같이 실행한 윤리이다. '홍익인간'의 구체적 내용은 인간 360여 가지의 일을 주관하는데, 그 가운데 가장 중요한 것이 생명, 곡식, 질병, 선악, 형벌의 다섯 가지다.

한국의 민속에서는 이런 다섯 가지 일을 삼신이 했다고 믿어 여성이 아기를 낳을 때 삼신밥을 지어 올리고, 어린이의 궁둥이에 있는 푸른 반점을 삼신반점(三神斑點)으로 부른다. 삼신이 생명을 점지해 주시면서 엉덩이를 때려 퍼런 멍이 들었다는 것이다. 아기를 낳지 못하면 삼신에게 기도한다. 삼신이 생명을 준다고 믿었기 때문이다. 또 어린 아이가 10살 미만에 어떤 위험을 만나면 삼신에게 기원하는 무당굿이 있었는데, 이를 '제석거리'(帝釋巨里)라고 불렀다. '제석'은 바로 삼신을 가리킨다. 삼신이 어린아이를 보호해준다는 믿음에서 생긴 굿이다. 19세기 중엽에 편찬된 《무당내력고》(巫堂來歷考)라는 책에 '제석거리' 굿의 모습이 그려져 있다.

《무당내력고》의 〈제석거리〉

가을에 햇곡식을 거두면 먼저 곡식을 단지나 흰 종이에 담아 마루에 정성스레 모셔두는데, 이를 삼신주머니, 업주가리(業主嘉利), 또는 부루단지(夫婁壇地)로 부른다. 삼신이 곡식을 주신 데 대한 감사의 표시이다. 들밥을 먹을 때 밥을 떠서 들에 뿌리면서 '고시레'라고 외치는 것도 단군의 신하 고시씨(高矢氏)가 곡식을 주셨다는 믿음에서 감사를 표시하는 행동이다.

사람이 질병을 앓으면 삼신에게 기도하는 풍습도 오래도록 내려왔다. 삼신이 질병을 치료해준다고 믿었기 때문이다. 황해도 문화현 구월산(九月山)에는 삼성사(三聖祠)라는 사당이 있어서 여기에 삼신을 모셔놓고 지사지내는 풍습이 고대로부터 내려왔는데, 전국에 질병이 돌면 삼성사에 가서 기도했다.

삼신이 선악을 판별하고 악한 자를 벌준다는 믿음에서 생긴 풍습이 '도깨

〈신라시대 도깨비 기와 및 문고리〉

비' 신앙이다. 삼신이 악한 자에게 벌을 줄 때에는 험상궂고 무서운 모습으로 변신하는데, 그렇게 변신한 삼신이 바로 도깨비 얼굴이다. 이렇게 험악하게 생긴 '도깨비' 얼굴을 조각한 기와를 만들어 지붕 위 용마루 끝에 붙이거나 대문 문고리에 도깨비를 조각한 쇠를 붙이면 악귀가 집에 들어오지 못한다고 믿었다. 삼국시대 기와에 이런 모습의 기와가 수없이 발견되고 있는데, 학계에서는 이를 귀면와(鬼面瓦)로 부르고 있지만, 그냥 귀신얼굴이 아니라 바로 도깨비의 얼굴이다.

그런데 '도깨비'라는 말은 '독아비' 곧 '독부'(纛夫)에서 나왔다. '독부'는 군대의 깃발을 들고 있는 남자를 가리키는데, 여기에 그려진 얼굴은 치우씨(蚩尤氏)이다. 사마천(司馬遷)이 쓴 《사기》(史記)를 보면, 옛날 화하족(華夏族)을 대표하는 황제 헌원씨(黃帝 軒轅氏)와 동이족을 대표하는 장수 치우씨가 탁록야(涿鹿野)에서 치열한 전쟁을 벌인 끝에 가까스로 황제 헌원씨가 승리하여 중국의 시조가 되었다고 한다. 그런데 치우씨가 너무 용맹하고 무서워 후세인들은 뒤에 치우씨의 얼굴을 군대 깃발에 그려 넣어 사용하기 시작했다. 무서운 얼굴로 적의 기를 꺾겠다는 뜻이다. 그런데 우리 민속에서는 치우씨를 단군의 신하 가운데 군대를 장악한 인물로 보면서 삼신의 분신(分身)으로 이해하고 있다. 그래서 치우씨 얼굴이 곧 도깨비이고, 도깨비가 곧 삼신의 분신이다.

(2) 삼위태백(三危太白)

〈단군신화〉에 보이는 삼(三) 가운데 삼위태백(三危太白)이 보인다. 봉우리가 세 개 있는 태백산이라는 뜻이다. 환웅이 하늘에서 홍익인간 하기 위해 내려온 곳이 바로 삼위태백이다. 여기서 태백산을 굳이 삼위태백으로 부른 것은 그런 지명이 있어서가 아니라 삼(三)이라는 숫자를 상징적으로 집어넣은 것에 불과하다.

(3) 천부인(天符印) 3개

환웅이 하늘에서 내려올 때 환인은 아들 환웅에게 천부인(天符印) 세 개를 주면서 이를 가지고 다스리라고 명했다. 천부인은 문자 그대로 해석하면 환인이 내려준 3개의 도장이라는 뜻이지만, 실제로는 도장이 아니라, 통치에 필요한 3개의 상징적인 물건이다. 그래서 현대 학자들은 상고시대 유적에서 가장 많이 발견되고 있는 구리칼[銅劍], 구리거울[銅鏡], 그리고 옥(玉) 또는 방울[鈴]을 천부인으로 해석하고 있다.

구리칼은 악한 자를 징벌하는 수단이고, 구리거울은 하느님의 얼굴을 비춰보는 도구이며, 옥이나 방울은 하느님의 목소리를 전하는 도구이다. 거울을 둥글게 만든 것은 하늘 특히 태양의 모습이 둥글기 때문이다. 한국인이 옥을 보석으로 여기는 것은 옥이 보여주는 소리 때문이다. 우리는 가장 아름다운 소리를 가리켜 '옥구슬이 굴러가는 소리'라고 말한다. 그리고 임금의 말소리를 '옥음'(玉音)이라고도 부른다. 삼국시대 임금이 쓰던 왕관(王冠)이나 귀고리, 허리띠 등에는 옥을 달아놓은 것이 많이 보인다. 이는 임금이 움직일 때마다 옥이 흔들리면서 내는 소리를 듣기 위함이다. 옥(玉)이라는 글자의 모습도 왕(王)과 돌[,]을 합쳐놓은 모습이다. 그래서 옥은 임금의 돌인 동시에 돌 가운데 임금이다. 그리고 옥이 내는 소리는 곧 하느님의 소리이기도 하다.

한반도와 중국의 요서, 요동지방에서 집중적으로 발견되고 있는 구리칼의 형태는 크게 두 종류가 있다. 하나는 비파형(琵琶形) 동검이고, 다른 하나는 세형동검이다. 그 가운데 세형동검은 실제 무기로 사용한 것이지만, 비파형 동검은 하늘에 제사지낼 때 쓰는 의식용이다. 그 모양이 비파(琵琶)라는 악기를 닮았다 하여 비파형 동검으로 부르고 있지만, 그런 모습으로 칼을 만든 이유는 밝혀져 있지 않다. 그런데 그 모습을 자세히 들여다보면 생김새가 나무를 닮았다. 칼을 거꾸로 꽂아 놓으면 나무가 서 있는 모습이다. 나무는 바로 하늘을 향해서 올라가는 식물이기 때문에 칼 모습을 나무로 만든 것이다.

구리거울의 경우에는 한 면에는 각종 그림이 새겨져 있고, 다른 한 면은 편편하고 반질반질하게 만들었는데, 반질반질한 면은 하느님의 얼굴을 보기 위한 것이고, 그림이 새겨진 부분은 하늘의 여러 모습을 형상화한 것이다. 그래서 학(鶴)이나, 용(龍)과 같은 짐승, 빗살무늬 등이 새겨져 있다. 빗살무늬는 빗살처럼 생겨서 붙인 이름이지만, 사실은 하늘에서 내리는 빗줄기나 번개모습을 형상화한 것으로 보인다. 이런 무늬는 토기에도 보인다. 거울의 모습이 둥근 것은 태양을 상징하는 것이고, 팔면으로 만든 거울은 하늘의 방위를 상징하는 것이다.

실제로 칼, 거울, 옥이나 방울은 무당이 굿할 때 많이 쓰이는 도구들이다.

상고시대에는 임금이 곧 무당이었으므로 임금이 하늘에 제사지낼 때 사용한 도구나 옷들이 무당의 풍습으로 전해져 온 것이다.

(4) 삼신(三臣)과 무리 3천 명

〈단군신화〉에는 환웅이 하늘에서 내려올 때 무리 3천 명을 데리고 왔으며, 신하 3명을 데리고 홍익인간을 했다고 한다. 여기서 3명의 신하 곧 삼신(三臣)은 바람을 다스리는 신하인 풍백(風伯), 비를 다스리는 신하인 우사(雨師), 구름을 다스리는 신하인 운사(雲師)이다. 바람, 비, 구름은 바로 농사에 절대 필요한 자연현상으로 이를 다스리는 신하가 있다고 본 것이다. 곰과 호랑이가 쑥과 마늘을 먹었다는 것도 자연산의 쑥과 마늘일 수도 있지만 농작물일 가능성도 있다. 실제로 고조선이 탄생한 지역은 어느 정도 농경이 이루어진 지역이라는 것을 암시한다.

여기서 농사에 관련된 신하 3명이 등장하는 것도 삼에 대한 숭상에서 붙여진 인원이다. 농업을 담당하는 신하는 반드시 있었을 것으로 보이지만, 꼭 3명이 있을 필요는 없기 때문이다. 우리 민속에서는 농사를 담당하는 신하로서 고시씨(高矢氏)가 있다고 전해온다. 그래서 들밥을 먹을 때 먼저 고시씨에게 밥을 바치는 풍습이 있는데, 고시씨가 바로 삼신의 하나이다.

환웅이 3천 명의 무리를 데리고 왔다는 것도 상징적인 숫자이다. 많은 무리를 데리고 왔다는 뜻인데, 이를 3천으로 표현했을 뿐이다. 우리의 풍습에도 많은 것을 3천으로 표현하는 관습이 있는 것을 볼 수 있다. 예를 들면, 백제가 망할 때 3천 궁녀가 낙화암에서 떨어져 죽었다는 것이 그것이다. 당시 3천 명의 궁녀는 있을 수 없다. 많은 궁녀가 죽은 사실을 그렇게 표현한 것뿐이다.

(5) 인간 360가지 일

〈단군신화〉를 보면 환웅이 하늘에서 내려올 때 홍익인간을 위해 360여 가지 일을 주관했는데, 그 가운데 중요한 것이 생명, 곡식, 질병, 선악, 형벌 등 다섯 가지라고 한다. 그런데 인간 360여 가지 일이란 반드시 360여 가지라는 뜻이 아니다. 여기서 360은 1년을 가리키는 숫자다. 1년의 날짜를 정확하게 말한다면 365일이지만, 3으로 나누어지는 숫자를 만들기 위해 360으로 표현한 것이다. 1년은 4계절이 한 바퀴를 돌고 원점으로 돌아오는 시간이므로 1년을 상징하는 360이라는 숫자는 '모든 것'과 같은 뜻이다. 그러니까 환웅이 홍익인간을 위해서 하는 일은 인간의 모든 일을 주관했다는 말이다.

1년 365일을 상징하는 정치제도가 있다. 조선시대 지방의 군현을 편제할 때 대략 360을 표준으로 하여 편제하고 수령을 파견했다. 이것은 임금이 하루에 한 고을을 다스린다는 가정 하에 1년이 지나면 전국을 다스린다는 뜻을 담고 있다.

(6) 삼칠일(三七日) 동안 햇빛을 보지 않다

〈단군신화〉에서 곰이 삼칠일(三七日) 동안 쑥과 마늘을 먹고 햇빛을 보지 않은 결과 여자가 되었다는 이야기도 흥미롭다. 여기서 삼칠일은 37일이 아니라 21일을 가리킨다. 그런데 3이라는 숫자를 넣어 21일을 표현하기 위해 삼칠일이라고 한 것이다.

우리 민속을 보면, 여자가 아기를 낳은 뒤 삼칠일 동안 문밖으로 나오지 않는 관습이 있다. 21일 동안 외부 세계와 접촉을 피하라는 뜻인데, 21일을 지금도 '삼칠일'로 부르고 있다. 전통이 얼마나 끈질기게 이어지고 있는지 놀라움을 금할 수 없다.

(7) 단군의 수명은 1908년, 단군의 치세는 1500년

〈단군신화〉에서 단군의 수명이 1908년이고, 단군이 나라를 다스린 기간이 1500년이라고 한 것도 재미있다. 인간이 2000년 가까이 살았다는 것은 있을 수 없는 일로서 황당한 말이지만, 이는 오래 살았다는 것을 과장해서 표현한 것이거나, 아니면 여러 단군의 수명을 합쳐서 표현한 것으로 보인다. 단군은 뒤에 아사달의 산신(山神)이 되었다고도 했으므로 오래 산 것은 사실이다.

한편, 1909년에 창립된 단군교(檀君敎, 뒤의 大倧敎)에서는 단군이 죽지 않고 백두산의 큰 연못에서 하늘로 돌아가셨다고 하여 이 연못을 조천지(朝天池) 또는 천지(天池)로 부르기 시작했다. 백두산을 한민족의 영산(靈山)으로 보는 이유도 단군이 하늘로 돌아가신 곳으로 여겼기 때문이다.

그런데 여기서 주목해야 할 것은 1908년과 1500년이라는 수치가 3으로 나누어지는 숫자라는 점이다. 3을 넣어서 숫자를 만든 듯한 인상을 준다.

6. 삼신일체(三神一體)의 우주관

(1) 음양오행사상

〈단군신화〉의 스토리는 셋[三]을 바탕으로 전개되어 있고, 셋이 상징하는 것은 하늘, 땅, 사람, 곧 천지인(天地人)을 뜻한다는 것을 알았다. 그러면 왜 셋을 합하여 '하나'(一)로 보는가? 이는 천지인이 곧 우주(宇宙)요, 우주는 곧 하나라는 생각이 담겨 있다. 그런데 〈하나〉라는 말은 〈크다〉는 뜻이 담겨 있다. 우주보다 더 큰 것은 없기에 〈하나〉는 가장 큰 숫자이다.

그렇다면 왜 우주는 하나인가? 그 답은 우주가 모두 생명체라는 데서 출발한다. 하늘도 생명체요, 땅도 생명체요, 사람도 생명체로 본다. 사람을 생명체로 보는 것은 지극히 당연한 이치이지만, 하늘과 땅이 모두 생명체라는 인식은 현대인의 과학과는 다른 점이 있다. 현대 과학은 우주자연 가운데 생명체는 사람, 동물, 식물로 보고, 그 나머지는 무생물로 보기 때문이다.

〈단군신화〉에는 천신(天神)인 환인[하느님]을 의지를 가진 생명체로 보기 때문에 그 아들 환웅을 태백산으로 내려보내 인간을 다스리도록 명했으므로 당연히 하늘은 살아 있는 실체가 된다. 그리고 땅에는 생명체가 있다.

그런데 〈단군신화〉에는 왜 하늘이 생명체인지에 대해서는 명백한 기록이 없지만, 그 답은 음양오행사상(陰陽五行思想)에서 찾을 수 있다. 고대 한국인들은 천지(天地)와 일월성신(日月星辰)에 대하여 제사지낸 것은 그것들이 모두 영혼이 있고, 살아 있다는 관념에서 출발한 것이다. 하늘과 땅은 양(陽)과 음(陰)이고, 해와 달도 양과 음이며, 별[星辰]은 오행(五行)으로 본다. 그래서 큰 별 다섯 개를 오행[水火木金土]의 이름을 붙여 수성(水星), 목성(木星), 화성(火星), 토성(土星), 금성(金星)으로 부르게 된 것이다. 그러니까 하늘에는 음양과 오행이 있고, 그래서 하늘을 살아 있는 생명체로 보는 것이다. 하늘을 살아 있다고 보고 그 이치를 따지는 것이 바로 천문학(天文學)이다.

땅에도 또한 음양과 오행이 있다. 산과 강이 양과 음이고, 오행이 땅에 있다. 따라서 땅은 살아 있고, 땅의 살아 있는 이치를 따지는 것이 지리학(地理學), 특히 풍수지리학(風水地理學)이다.

사람에게도 음양과 오행이 있다. 남자와 여자가 양과 음이고, 몸 안에 있는 다섯 개의 장기(臟器) 곧 오장(五臟)이 오행이다. 오장은 폐장(肺臟: 金), 간장(肝臟: 木), 비장(脾臟: 土) 심장(心臟: 火), 신장(腎臟: 水)을 말한다.

이렇게 우주만물은 모두가 음양과 오행으로 구성되어 있는데, 음양이 만나면 생명이 탄생하고, 오행이 작용하면 생명이 성장하고 발전한다고 보는 것이다. 그러니 우주는 모두 살아 있는 생명체이다.

그런데 중요한 것은 살아 있는 생명체는 서로 공생(共生)하는 관계를 갖는다고 본다. 서로 싸우는 관계가 아니고, 서로 도와주면서 함께 살아가는 존재라는 것이다. 그리고 생명체를 아끼는 마음이 바로 사랑[愛]이고, 선(善)이고, 정(情)이고, 착함[仁]이다. 유교에서도 인(仁)은 생명을 사랑하는 마음이라고 정의하고 있다. 또 생명을 싹트게 하는 곡식이나 과일의 씨눈[맹아]을 인(仁)으로 부르기도 한다.

한국인의 우주관 속에는 선악(善惡)이 서로 대결하는 구도가 없으며, 기본적으로 성선설(性善說)을 따르고 있다. 물론 죄악이 전혀 없는 것은 아니고, 악한 자에 대한 징벌도 중요하다고 본다. 그래서 '홍익인간' 가운데 선악(善惡)을 구별하고, 악한 자를 벌주는 내용이 들어 있다. 하지만, 본질적으로 성선설을 바탕으로 죄악을 바라보는 것과 성악설(性惡說)을 바탕으로 죄악을 바라보는 시각은 매우 다르다. 전자의 경우에는 죄악을 다스리는 방법이 따뜻하고 도덕적인 방법을 존중하지만, 후자의 경우에는 가혹한 형벌이 강조된다.

서양인의 우주관 속에는 선악대결 구도가 매우 강하다. 그리스, 로마의 신화(神話)를 보면 대부분 선악이 대결하는 구도로 짜여져 있다. 기독교의 《성경》을 보면 아담과 이브는 사탄의 유혹에 넘어가 선악과[사과]를 따먹음으로써 원죄(原罪)를 짓고 에덴동산에서 쫓겨난다. 아담과 이브의 두 아들 카인(Cain)과 아벨(Abel)도 악과 선을 각각 상징한다. 그래서 기독교에서는 원죄(原罪)를 속죄하는 데에서 구원이 시작된다고 보는 것이다.

서양의 역사를 보면 동양에 비해 계급투쟁과 종족간 전쟁이 한층 심하다. 고대에는 오리엔트와의 투쟁, 중세에는 십자군 전쟁, 근세에는 '지리상의 발견'[대항해시대]을 통한 아메리카대륙 정복과 아시아진출, 그리고 근대에는 제국주의를 통한 세계정복을 이룬 것이 서양의 역사이다. 내부적으로도 고대의 노예해방투쟁, 근세의 농노해방투쟁, 근대의 부르주아해방투쟁, 그리고 현대에는 공산주의자들의 무산자해방투쟁까지 이어지고 있다. 이렇게 인류 역사는 투쟁과 전쟁을 통해서 문명이 발달했다고 보는 것이 서구인의 세계관이다. 서양철학의 근간을 이루는 헤겔(Hegel)의 변증법(辨證法)도 모순과 대립을 강조하는 갈등이론을 바탕에 깔고 있다.

동서양 사람들의 세계관의 차이는 아마도 자급자족의 농경문화로 살아온 동양과, 다른 인종을 대상으로 시장과 교역을 통해서 차액을 얻으면서 살아온 서양인의 상업적 생활방식의 차이에서 유래한 것으로 보인다. 하지만 전자가 평화지향적이라면, 후자는 공격적이고 약육강식적 성격을 갖게 되는 것은 자연스런 이치다. 지금 우리는 세계화의 물결 속에서 시장과 교역을 통해서 살아가고 있으므로 서양인의 공격적, 약육강식적, 경쟁적 생활방식을 따르지 않을 수 없는 처지에 있는 것도 사실이다. 하지만, 동양인의 공동체를 사랑하는 평화지향의 생활방식을 모두 버린다면 인류평화는 영원히 담보되기 어려울 것이다.

(2) 포용적 조화의 철학

천지인이 모두 음양과 오행으로 구성된 생명체로서 상생과 공생의 관계를 가진 하나의 생명공동체를 이루고 있다는 믿음은 '셋'과 더불어 '하나'를 숭상하는 마음으로 이어진다.

우리말에 큰 것을 '한'으로 부르는 예는 무수히 많다. 대전(大田)을 '한밭'으로 부르고, '한강'(漢江)도 '큰 강'이라는 뜻이다. 한성(漢城)도 '큰 성'이라는 뜻이다. 할아버지는 '큰 아버지' 곧 '한 아버지'에서 유래한 것이다. 대한민국이라는 국호도 '크고 큰 나라'라는 뜻이다. 대한제국 때 삼국(三國)을 모두 통합한 나라를 세운다는 뜻에서 국호를 '대한'으로 만든 것이다. 덕수궁의 정문인 대한문(大漢門)도 '큰 하늘 문'이라는 뜻이다. 북한산(北漢山)과 남한산(南漢山)도 북쪽과 남쪽의 '큰 산'이라는 뜻이다.

'셋'이 합쳐져 '하나'가 된다는 논리는 여러 개가 합쳐져 아주 큰 것이 된다는 말이다. 그리고 '하나'는 다시 '우리'로 이어진다. '하나' 속에 많은 것이 내포되어 있기 때문에 '하나'는 결코 개체를 의미하는 것이 아니라, 많은 개체를 포함한 '우리'라는 공동체를 말한다.

'우리'는 많은 것을 품어 담고 있는 '울타리'를 말하기도 하며, 더 나아가 '크다'는 뜻도 들어 있다. '우리'는 때로는 '아리', '어르'로도 부른다. 윗사람을 '어르신'으로 부르고, 한강을 '아리수' 또는 '어르하'로 부르고, 한성(漢城)을 '위례성'으로 부르고, 백제에서는 임금을 '어라하'라고 불렀다. 울릉도는 '우르뫼' 곧 '큰 산'이라는 뜻이다.

한국의 민요를 대표하는 노래인 '아리랑'은 여러 가지로 해석되고 있지만, '어른 낭군', 곧 '큰 낭군'을 말한다고 본다. 여인이 애인남자를 높여서 부르는 말이다. 그 애인이 나를 버리고 고개를 넘어서 갈 때에는 십리도 못 가서 발병이 난다는 것이 가사에 담겨 있다. 아리랑의 곡조가 애절한 것도 실연당한 여인의 슬픈 감성이 담겨 있기 때문이다. 여기서 '하나'는 '우리', '어르'로 통하고, '크다'는 뜻으로 퍼져간 것을 알 수 있다.

여러 개가 합치면 '하나'가 되고 '큰 것'이 된다는 것은 '포용적 조화철학'으로 불러도 좋다. 서양식으로 표현하면 'Comprehensive Harmony'로 표현할 수 있을 것이다. 쉽게 말하면, 모든 사물을 독립적인 개체로 보지 않고 쇠사슬처럼 얽혀 있는 모습으로 인식한다는 것이다. 다원적 일원론(多元的 一元論)이기도 하다. 이런 사고방식은 〈단군신화〉에서 시작하여 무교(巫敎)의 기본철학이 되고, 불교와 유교가 들어온 뒤에도 그 틀이 그대로 유지되었다.

불교에는 여러 종파가 있었지만, 화엄경(華嚴經)이나 법화경(法華經) 등에 보이는 기본이론은 사물을 대립적으로 보지 않고 하나의 통일체로 보는 이론이다. 이런 생각을 '색(色: 현상계)이 곧 공(空: 있는 것도 아니고 없는 것도 아니다)이요, 공(空)이 곧 색(色)이다'[色卽是空 空卽是色], '이(理)와 사(事)는 장벽이 없다'[理事無碍], '모든 현상계의 사물은 장벽이 없다'[事事無碍], '하나가 많은 것이요, 많은 것이 하나이다'[一卽多 多卽一], '하나가 전부요, 전부가 하나다'[一卽一切 一切卽一] 등으로 표현했을 뿐이다. 원효(元曉) 대사의 원융사상(圓融思想)도 마찬가지다.

불교에서는 이런 이치를 실험적으로 증명하기 위해 여러 가지 비유를 들고 있다. 예를 들면 중천에 떠 있는 달은 하나이지만, 그것은 모든 사람이 보는 수많은 달과 똑같은 것이다. 두 개의 거울을 비스듬하게 마주 보게 놓고, 그 사이에 촛불을 놓으면, 그 촛불의 영상(映像)이 무한대로 거울 속에 나타난다.

조선왕조를 중흥으로 이끈 18세기의 정조대왕은 자신을 만천명월주인옹(萬川明月主人翁)으로 자처했다. 모든 개울을 비추는 달과 같은 존재라는 것이다. '하나가 일체요, 일체가 하나라'는 불교이론을 받아들여 자신이 모든 백성을 품어 안는 달과 같은 존재가 되겠다는 뜻이다.

성리학(性理學)의 이기론(理氣論)도 마찬가지다. 이(理)와 기(氣)를 형이상(形而上: 형체가 보이지 않는 것)과 형이하(形而下: 형체가 보이는 것)로 일단 나누어 보지만, 이와 기를 완전히 대립으로 보는 학설은 없다. 학자에 따라 이와 기의 역할에 대해 조금씩 다른 해석이 있지만, 본질에 있어서는 이와 기가 하나로 합쳐져 있다고 보는 것이다. 곧 이 속에 기가 있고, 기 속에 이가 있다는 말이다. 그래서 이와 기는 '하나이면서 둘이요, 둘이면서 하나'로 보고, 이와 기는 '일이이 이이일'(一而二 二而一)로 표현하기도 했다. 율곡 이이(栗谷 李珥)의 이기론이 특히 이런 주장을 강하게 담고 있다.

조선후기에 창립된 동학(東學)의 교리도 포용적 조화철학을 담고 있다. 동학에서는 "사람이 곧 하늘"이라는 이른바 '인내천'(人乃天) 사상을 주장하면서 사람마다 가슴속에 하늘을 모시고 있다고 주장하고 있는데, 이것은 바로 천지인 합일사상에서 나온 것이다.

대한제국기인 1909년에 강력한 반일민족주의를 표방하고 중창된 단군교[뒤의 대종교]도 그 교리 속에 천지인을 하나로 보는 삼신일체(三神一體) 사상이 담겨 있다. 그래서 경전 가운데 《회삼경》(會三經)과 《삼일신고》(三一神誥)라는 것이 있다. 여기서 환인은 우주만물을 창조한 조화주(造化主)요, 환웅은 사람에게 홍익윤리를 가르쳐준 교화주(敎化主)요, 단군은 처음으로 나라를 세운 치화주(治化主)로 보고, 삼신이 합치면 하나의 일신(一神)이 된다고 보면서 삼신의 가르침을 교리로 삼고 있다. 이러한 단군교의 철학은 기본적으로 무교의 교리를 현대적으로 발전시킨 것에 지나지 않는다.

무교[巫敎: 仙敎, 또는 神敎]에서 시작된 '포용적 조화철학'의 특성을 지닌 한국 철학은 이렇게 불교와 성리학, 동학, 그리고 단군교[대종교]를 거치면서 연면히 이어져 한국인의 우주관을 형성하는 문화적 유전인자로 자리잡았다.

(3) 사람은 죽어서 하늘로 돌아간다

천지인합일사상은 한국인의 사생관에도 큰 영향을 주었다. 곧 사람은 하늘에서 태어나서 죽으면 하늘로 돌아간다는 믿음을 심어주었다. 단군도 천신(天神)의 후손이므로 하늘에서 태어났는데, 〈단군신화〉에는 그가 구월산에 들어가서 신선(神仙)이 되었다고 되어 있지만, 우리의 민간신앙에서는 단군이 백두산의 큰 연못에서 하늘로 돌아가셨다고도 한다. 그래서 이 연못을 조천지(朝天池) 또는 천지(天池)로 부르고, 신성하게 여기게 된 것이다.

《삼국사기》와 《삼국유사》를 보면 고구려시조 고주몽(高朱蒙)도 하늘에서 태어나 하늘로 돌아갔다고 한다. 고주몽의 아버지인 해모수(解慕漱)는 바로 다섯 마리 용이 끄는 오룡거(五龍車)를 타고 하늘에서 내려온 천손(天孫)의 후손이므로 고주몽은 하늘에서 태어났다. 그런데 고주몽은 19년간 나라를 다스린 뒤에 대동강 가의 어느 바위에서 기린을 타고 하늘로 조천(朝天)했다고 되어 있다. 그래서 그 바위를 조천석(朝天石)으로 부르게 되었다는 것이다.

신라시조 박혁거세(朴赫居世)도 마찬가지다. 그는 알에서 태어났지만, 그 알을 가져다 놓은 것은 백마(白馬)인데, 백마는 알을 낳고 하늘로 올라갔다고 한다. 그래서 6촌장은 그를 일러 천자(天子)로 불렀다. 곧 하늘의 후손이다. 박혁거세는 61년간 나라를 다스리다가 그 혼(魂)이 하늘로 올라가고 7일 뒤에 유해(遺骸)가 땅에 흩어졌다고 한다. 그러니 박혁거세도 죽지 않고 하늘로 돌아가셨다.

한국인들은 지금도 사람이 죽으면 하늘로 "돌아가셨다"고 말한다. 단군, 고주몽, 박혁거세 만 하늘로 돌아가신 것이 아니라, 모든 한국인들이 하늘에서 태어나 하늘로 돌아갔다고 보는 것이다. 한국인이 죽으면 하늘로 돌아간다는 믿음은 까마귀를 죽음의 상징으로 보는 풍습을 낳았다. 한국 풍속에 동네에서 까마귀가 울면 누가 돌아가셨다고 생각하는 풍습이 있다. 까마귀는 바로 태양 속에서 살고, 지상에서도 살기 때문에 천치인(天地人)을 매개하는 새로 본다. 그래서 고구려 고분벽화에 세발달린 까마귀 벽화가 무수히 보인다. 이를 삼족오(三足烏)라고도 부른다.

조선시대에는 임금이 행차할 때 따라가는 여러 의장(儀仗) 깃발이 있는데, 그 가운데 머리가 셋, 다리가 세 개 달린 주작기(朱雀旗)가 있다. 이런 새는 실제로 없는 것이지만, 임금이 천지인의 이치를 합하는 정치를 한다고 믿어 그렇게 만든 것이다. 왕(王)이라는 글자의 모습도 천지인을 하나로 합친다는 뜻을 담고 있다.

고구려 고분벽화에 보이는 삼족오

주작기(조선시대 임금의 행차에 쓰인 의장기의 하나)

〈삼족오와 주작기〉

(4) 제천(祭天)은 곧 효(孝)이다

한국인들은 어느 민족보다도 부모에 대한 효(孝)를 중요시한다. 유교의 가르침을 따르면, 효는 두 가지 행동이 중요하다. 하나는 부모가 살아 있을 때 정성을 다하여 봉양(奉養)하는 것이고, 다른 하나는 부모가 돌아가신 뒤에는 정성을 다하여 제사를 지내는 일이다. 그래서 제사를 소홀히 하는 것을 큰 불효로 본다. 양반이 반드시 지켜야 할 법도는 크게 두 가지가 있는데, 하나는 봉제사(奉祭祀)요, 다른 하나는 접빈객(接賓客)이다. 조상에 대한 제사를 잘 하는 것과 집에 찾아온 손님을 정성껏 대접해야 한다는 말이다. 그러니까 양반은 제사와 공동체적 윤리를 가장 중요하게 여겼다는 말이다. 조선후기에 천주교가 들어왔을 때 이를 사교(邪教)로 본 이유도 천주교도들이 조상의 신주(神主)를 불태우고 제사를 지내지 않았기 때문이었다. 천주교를 퍼뜨린 서양을 오랑캐로 본 이유도 여기에 있었다.

그런데 한국인은 부모에 대한 제사와 하늘에 대한 제사를 똑같은 의미로 보았다. 왜냐하면 하늘이 곧 조상이기 때문이다. 하늘에서 태어나고, 죽은 사람은 모두 하늘나라로 돌아간다고 믿고 있기 때문에 하늘에 대한 제사가 곧 조상에 대한 제사와 똑같은 뜻을 지니고 있다.

한국인은 역사적으로 전국민적인 제천행사(祭天行事)를 존중해왔다. 고구려의 동맹(東盟: 새뭉), 부여의 영고(迎鼓: 맞이굿), 예(濊)의 무천(舞天) 등이 그것이다. 동맹을 행할 때에는 해가 떠오르는 동쪽의 굴에 모셔져 있던 조상의 신상(神像)을 모셔다 놓고 행사를 치렀는데, 신상을 나무로 조각했다고 한다. 동쪽을 숭상하고 맹서를 한다는 점에서 그 행사를 '동맹'으로 부른 것이다. 그러니까 동맹은 하늘과 조상을 동시에 제사지낸 것이다. 무당이 행하는 여러 가지 '굿'도 하늘에 대한 제사이다. 이렇게 집단적으로 하늘에 대한 제사를 행하는 이유는 하늘이 곧 우리 모두의 조상이기 때문에 제천은 바로 근본에 대한 보답으로 여겼기 때문이다. 그래서 제천은 곧 근본에 대한 보답으로 보아 제천보본(祭天報本)이라는 말이 생겨났다.

이렇게 제사는 불교나 유교가 들어오기 이전부터 조상에 대한 보답 즉 효의 형식으로 시작되었는데, 유교에서도 효를 강조하기 때문에 효로서의 제사는 더욱 강화되었던 것이다. 그런데 유교의 효도 그 뿌리는 동이족[아사달족]의 제천보본의 풍습에서 유래한 것이다. 그래서 공자(孔子)는 효자의 상징을 동이족 사람인 대련(大連)과 소련(少連)에서 찾았던 것이다. 한국인의 효와 제사는 다른 어느 민족보다도 강렬한 모습을 보여 왔고, 이것이 한국의 가족제도를 유지해오는 중요한 기둥이 되었던 것이다.

오늘날에도 한국인은 추석이나 설날에는 조상의 무덤을 찾아가 성묘(省墓)하고, 집에서도 온 가족이 모여 제사를 지내는 풍습이 이어져오고 있다. 한국인의 각별한 효는 유교의 영향을 받아 그리된 것이 아니라 유교 이전부터 있어온 고유풍속이었던 것이다.

7. 음양오행사상의 심화

(1) 음양과 태극

우주만물이 음양으로 구성되어 있고, 음양에서 만물이 탄생한다는 사상은 태극사상으로 이론화되었다. 음양을 합치면 하나의 둥그런 태극(太極)이 된다. 그런데 많은 사람들은 태극사상을 중국 철학으로만 해석하고 그 뿌리가 한국인의 조상인 아사달족에 있었다는 것은 모르고 있다. 물론, 태극사상을 이론적으로 발전시킨 것은 중국인이다. 일찍이 《주역》(周易)에 태극이론이 있고, 그 뒤에 북송의 주돈이(周敦頤)가 이를 발전시키고, 그것이 주자(朱子)의 성리학으로 이어져 온 것은 사실이다. 또 중국의 도교사상에도 태극사상이 깃들어 있다.

하지만, 태극사상과 관련된 역(易)과 팔괘(八卦)를 만든 것은 먼 옛날 동이족, 곧 아사달족 출신인 복희(伏羲)가 만들었다고 중국측 문헌에 기록되어 있다. 전국시대에는 제자백가 가운데 음양오행사상을 발전시킨 추연(鄒衍)이라는 인물이 있는데, 추연도 제(齊)나라에 살던 동이족으로 알려지고 있다. 그보다 더 중요한 것은 실제 일상생활 속에 태극을 적극적으로 받아들여 살아온 것은 바로 한국인이다.

지금 대한민국의 국기(國旗)가 태극기임은 누구나 다 아는 사실이다. 그러면 태극기는 중국 사상을 받아들여 만든 것인가? 아니다. 태극기의 유래는 아주 멀리 올라간다. 태극은 생명의 근원으로서 그 모양이 둥근 것은 하늘을 상징한다. 하늘이 곧 생명의 출발점이다. 태극 속에는 음양이 있는데, 음양의 모습은 S자형으로 되어 있다. 그래서 음과 양은 모두 꼬부라진 올챙이 모습을 하고 있다. 상고시대 유적에서 이렇게 생긴 옥(玉) 장식을 무수히 발견할 수 있다. 그 모습이 얼핏 보면 올챙이처럼 보이지만, 자세히 보면 올챙이 머리에 구멍이 뚫려 있어 뱃속의 태아(胎兒)를 닮기도 했다.

음양이 합쳐진 태극문양은 신라시대 감은사(感恩寺) 터에서 발견된 초석(礎石)에 새겨져 있다. 태극 가운데에는 삼태극(三太極) 무늬도 보이는데, 삼태극은 천지인을 상징한다. 그런데 태극무늬 초석이 사찰에서 발견된 것은 불교와는 전혀 관계가 없다는 것을 말해준다. 조선시대 이후로 민속품에는 태극문양을 사용한 물건들이 많다. 열쇠패, 부채와 같은 생활용품뿐 아니라, 향교(鄕校)의 대문이나 왕릉 등 신성한 지역의 홍살문 등에도 예외 없이 태극문양이 보인다.

조선시대에는 명나라와 청나라 사신을 맞이할 때 태극과 괘(卦)가 그려진 태극기를 들고 나갔다. 임진왜란 때 노량(露梁)에 있던 이순신장군의 본부에 태극기가 꽂혀 있는 그림이 있고, 그 옆에는 명나라 장수 진린(陳璘) 제독이 머무는 집 앞에 천병(天兵)이라고 쓴 명나라 깃발이 걸려 있다.

〈봉사도에 보이는 태극기〉

조선후기에는 청나라 사신을 맞이할 때 역시 태극기를 들고 나가서 맞이했다. 영조 초 청나라 사신 아극돈(阿克墩)을 맞이하는 그림인 《봉사도》(奉使圖: 1724-1725)에도 조선에서 태극기를 들고 나가서 맞이하는 그림이 보이고, 19세기 후반에 그린 평양성 병풍그림을 보면 청나라사신을 맞이하는 영접사의 행렬도에 태극기가 등장한다.

1882년에 수신사(修信使)로 일본으로 가던 박영효(朴泳孝)가 배 안에서 작은 태극기를 그려 가지고 갔는데, 이때부터 태극기는 국기(國旗)로 사용되기 시작했다. 근대 이전에는 국기라는 개념이 없다가 개화기 때 비로소 전 세계적으로 국기라는 개념이 생겨나서 우리도 태극기를 정식 국기로 정하게 된 것이다. 이때 조선을 속국으로 취급하면서 내정을 크게 간섭하던 청나라는 우리가 독자적인 국기를 만드는 것을 싫어하고, 용이 그려진 청나라 깃발을 사용하기를 원했으나, 우리는 이를 따르지 않고, 역사적으로 연면히 써오던 태극기를 국기로 정한 것이다.

대한제국 때에는 태극기를 어기(御旗)로도 사용하고 국기로도 사용했으며, 법전(法殿)인 경운궁(慶運宮)에 태극전(太極殿)이라는 건물도 지었고, 태극훈장(太極勳章)을 만들기도 했다. 대한제국이 선포되던 날에는 집집마다 태극기를 집 앞에 걸어놓고 축하했다는 기록이 《독립신문》에 보인다. 1919년 3·1운동 당시 조선인이 모두 손에 태극기를 들고 나와 만세운동을 벌인 것도 여기에 이유가 있었다. 3·1운동 직후 상해에 세워진 대한민국 임시정부가 태극기를 국기로 사용하고, 1948년에 탄생한 대한민국도 그 전통을 계승하여 태극기를 국기로 사용하여 오늘에 이르게 되었다. 이렇게 보면 태극기가 대한민국의 국기가 된 것은 그 뿌리가 깊다는 것을 알 수 있다.

한국인은 태극을 그릴 때 음양의 형태를 S자 모양으로 그리고 있는데, 여기에 하늘[태양]을 상징하는 양(陽)을 붉은색으로, 땅을 상징하는 음(陰)을 푸른색으로 칠한다. 이렇게 음양을 청색과 적색으로 표현하는 것도 한국인의 특성이다.

오늘날 한국인의 의복색 가운데 가장 많이 애용되고 있는 빛깔은 태극의 빛깔인 붉은색과 푸른색이다. 특히 혼인 때 신랑 어머니는 청색, 신부 어머니는 홍색 옷을 입는 것이 관례로 되어 있다. 중국이나 일본에서는 볼 수 없는 특징이다.

(2) 오행사상의 발전

음양오행사상을 이론적으로 발전시킨 이는 기원전 4-3세기 동이족[아사달족] 출신의 제(齊) 나라 사람 추연(鄒衍)이고, 그 뒤로 진한(秦漢) 시대를 거치면서 더욱 심화되어 갔는데, 특히 오행과 관련하여 상생설(相生說)과 상극설(相克說)이 생겨나고, 또 오행을 오방(五方: 다섯 개의 방위), 오절(五節: 다섯 개의 계절), 오색(五色: 다섯 가지 색깔), 오수(五數: 다섯 가지 숫자), 오덕(五德: 仁義禮智信), 오수(五獸: 다섯가지 신령스런 짐승), 오장(五臟: 다섯 가지 臟器), 오관(五管: 다섯 가지 감각기관: 눈, 코, 입, 피부, 귀) 등과 연결시켜 해석하는 이론이 나타났다.

먼저, 상생설(相生說)은 오행이 서로 발생한다는 이론으로, 물은 나무를 낳고[水生木], 나무는 불을 낳고[木生火], 불은 흙을 낳고[火生土], 흙은 금을 낳고[土生金], 금은 물을 낳는다[金生水]는 것이다. 오행의 상생은 경험상으로 보아도 맞는다. 물이 나무를 키우고, 나무를 태우면 불이 생기고, 불에 타면 모두가 흙이 되고, 흙 속에서 금속이 나오고, 금속을 녹이면 물이 되기 때문이다.

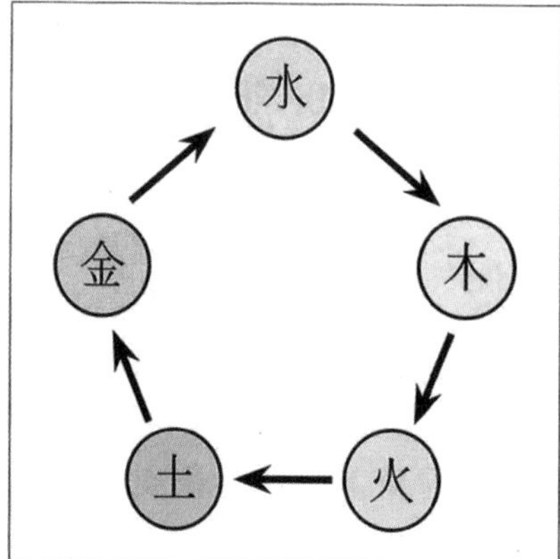

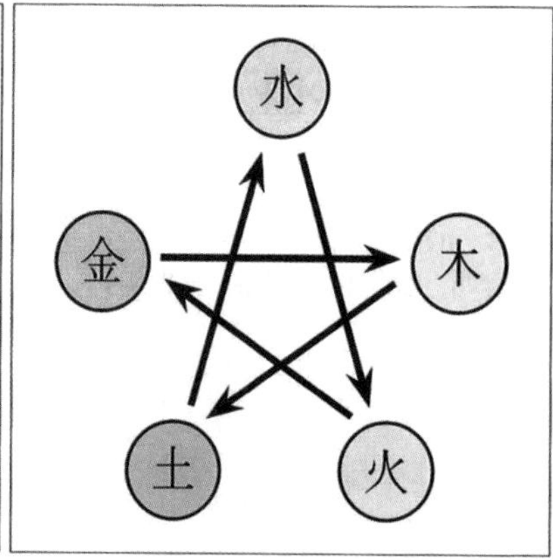

〈오행의 상생설과 상극설〉

상극설(相克說)은 오행이 서로 이긴다는 이론으로, 물은 불을 이기고[水克火], 불은 금을 이기고[火克金], 금은 나무를 이기고[金克木], 나무는 흙을 이기고[木克土], 흙은 물을 이긴다[土克水]는 것이다. 상극설도 경험상으로 맞는다. 불을 끄려면 물을 써야 하고, 금속을 녹이려면 불을 써야 하고, 나무를 자르려면 금속을 써야 하고, 나무는 가장 단단한 흙인 돌도 부수면서 자라고, 홍수는 흙으로 둑을 쌓아야 막을 수 있기 때문이다. 이렇게 보면 오행의 상생설과 상극설은 과학적 근거가 있는 말이다. 다만, 상생설이 평화적인 이론이라면, 상극설은 갈등적인 이론이다.

그런데 중국인들은 역사적으로 상생설보다 상극설을 더 선호하는 데 반해, 한국인들은 상극설보다 상생설을 더 선호해 왔다. 예를 들어 왕조교체를 설명할 때 중국인은 상극설로 설명하고, 한국인은 상생설로 설명한다. 그러니까 뒤 왕조가 앞 왕조를 이겨서 왕조가 바뀌었다고 보는 것이 중국인의 사고방식이고, 앞 왕조가 뒤 왕조를 탄생시켰다고 보는 것이 한국인의 사고방식이다.

사람이 출생할 때 한국인은 항렬(行列)을 따라 이름을 짓는다. 항렬이란 오행의 상생순서를 말한다. 그래서 수(水)→목(木)→화(火)→토(土)→금(金)→수(水)가 들어간 글자의 순서에 따라 이름을 짓는다. 예를 들면, 할아버지가 수자(水字) 돌림이면, 아버지는 목자(木字) 돌림, 본인은 화자(火字) 돌림, 아들은 토자(土字) 돌림, 손자는 금자(金字) 돌림을 따라 이름을 짓는다. 이렇게 오행의 상생순서에 따라 이름을 짓는 나라는 한국밖에 없다. 우리 집의 예를 들어 보겠다. 나의 증조할아버지는 진 자(鎭字=金) 돌림이고, 할아버지는 원 자(源字=水), 아버지는 동 자(東字=木), 나는 우 자(愚字=火), 내 아들은 기 자(基字=土), 손자는 만 자(萬字=金), 증손자는 구 자(九字=水) 돌림이다.

〈음양오행표〉

五行	五方	五節	五色	五數	五德	五獸	五臟	五管	왕조	4대문	관직
水	北	겨울	玄[黑]	六	智	[玄]武	腎臟	피부	고려	昭智門 [肅靖門]	工曹(冬官)
木	東	봄	靑	八	仁	[靑]龍	肝臟	눈	조선	興仁門	禮曹(春官)
火	南	여름	赤	七	禮	[朱]雀	心臟	귀	[정감록]	崇禮門	兵曹(夏官)
土	中央	夏-秋	黃	五	信	[黃]龍	脾臟	입	?	普信閣	議政府 (黃閣)
金	西	가을	白	九	義	[白]虎	肺臟	코	신라	敦義門	刑曹
											吏曹[天官] 戶曹[地官]

위 표에 보이는 음양오행이론은 한국인의 생활 속에 깊이 스며들어 내려왔다. 한국인은 이론으로서 음양오행을 받아들였다기보다 생활 그 자체 안에서 음양오행사상을 품고 살아온 것이다.

이론상으로 볼 때 오행사상은 현대 과학과는 다르지만 과학적인 측면도 없지 않다. 먼저, 오행과 오방(五方)과의 관계를 살펴보자. 물을 북방으로 상정한 것은 북극의 빙하를 상상할 수 있고, 불을 남방으로 설정한 것은 남방으로 갈수록 기후가 더운 것을 상정한 것이고, 나무를 동방으로 본 것은 동방에 산이 많은 것과 일치하고, 금을 서방으로 설정한 것은 서방에 금속이 많은 것을 상정한 듯하다. 흙을 중앙으로 설정한 것은 우리가 사는 중심지가 평야지대임을 의미한다.

오행을 다섯 계절과 연결시킨 것도 과학적 근거가 있다. 물이 겨울인 것은 위에 말한 것처럼 빙하가 겨울에 해당한다고 본 것이고, 불을 여름으로 본 것은 여름의 기후가 더운 것을 말하고, 나무를 봄에 비정한 것은 수목이 싹트는 계절과 일치한다. 금을 가을에 비유한 것은 마치 금속무기가 사람을 심판하듯이 가을이 모든 생명체를 심판하여 열매를 맺든가 잎이 떨어지든가 하는 계절이기 때문이다. 흙을 여름에서 가을로 가는 중간계절로 본 것은 곡식을 키우는 흙의 활동이 가장 왕성한 시기를 상정한 듯하다.

오행과 오색(五色)의 관계도 사실에 매우 가깝다. 물을 현색(玄色)으로 본 것은 강이나 바다의 빛깔은 하늘색을 반영하고 있지만, 사실은 강이나 바다의 깊은 곳을 보면 그윽하게 어두운 빛깔을 띠고 있다. 그래서 거무스름한 색깔이 진짜 물의 빛깔이다. 제사를 지낼 때 진짜 술이 없으면 냉수로 대신하는데, 이때 냉수를 현주(玄酒)라고 불렀다. 나무의 빛깔이 푸른 것은 사실이고, 불의 빛깔이 붉은 것도 사실과 같다. 금속의 빛깔을 흰색으로 본 것도 금속무기가 희게 번쩍이므로 사실에 가깝고, 흙빛이 노란 것도 사실이다.

오행과 오수(五數)의 관계는 과학적 근거를 가진 것은 아니요 자의적인 설정으로 보이고, 오행과 오덕(五德)의 관계는 매우 사실에 가깝다. 곧 물은 형태가 천태만상으로 변하므로 지(智)를 상징하고, 나무는 생명을 움트게 하므로 인(仁)을 상징하고, 불은 반드시 위로만 올라가는 질서가 있으므로 예(禮)를 상징하고, 금속은 무기가 되어 악한 자를 징벌하므로 의(義)를 상징하며, 흙을 이용한 농업은 사람을 속이지 않으므로 신(信)을 상징한다. 공자(孔子)가 "어진 사람은 산을 좋아하고, 지혜로운 사람은 물을 좋아한다"(仁者樂山, 知者樂水)고 말한 이유도 오행의 오덕을 알고 한 말이다.

오행과 오수(五獸)의 관계도 상당한 근거가 있다. 거북을 물과 관련시킨 것도 타당성이 있고, 나무를 용(龍)과 관련시킨 것은 하늘을 향해 뻗어 오르는 모습이 비슷하고, 금속을 호랑이와 연관시킨 것은 무기의 두려움이 호랑이와 같기 때문이다. 불을 공작새와 연관시킨 것도 공작새가 더운 지방에 살고 있기 때문이고, 흙을 황룡(黃龍)과 관련시킨 것은 흙 속에 살고 있는 지렁이를 그렇게 부른 것 같다. 지렁이는 땅을 비옥하게 만드는 이로운 곤충

인데 지렁이를 토룡(土龍)으로 부르기도 한다.

임금은 중앙에 있으므로 황룡(黃龍)을 수놓은 옷을 입었다. 다만, 중국 황제는 옷도 노란색을 입고, 그 위에 황룡을 수놓았으나, 조선의 임금은 중국의 간섭으로 노란 옷을 입지 못하고 제후의 격식에 맞추어 붉은색 옷을 입었다. 그러나 가슴, 어깨, 등에는 황색으로 수놓은 황룡보(黃龍補)를 넣어 중국의 황제와 똑같은 모습을 보여주었다.

한국인은 예부터 오수(五獸)를 즐겨 그렸다. 특히 무덤과 깃발에 오수 그림이 많다. 용은 동방에 해당하므로 좌청룡(左青龍)으로 부르고, 호랑이는 서쪽에 해당하므로 우백호(右白虎)로 부르고, 거북이는 북쪽에 해당하므로 북현무(北玄武)로 부르고, 주작은 남쪽에 해당하므로 남주작(南朱雀)으로 부른다. 다만, 오수 가운데 중앙의 황룡(黃龍)은 그리지 않았다. 황룡의 자리에는 무덤의 주인공이 있기 때문이다. 그래서 사신도(四神圖)로 부른다. 무덤에 사신도를 그리는 것은 사신이 무덤의 주인을 보호한다는 믿음 때문이었다.

조선시대 왕이나 왕비의 장례(葬禮)를 치를 때에도 시신을 임시로 안치한 찬궁(攢宮)의 네 벽에 사신도를 그렸다. 장례를 치르고 나면 찬궁을 불태워 버리기 때문에 찬궁은 남아 있는 것이 없다. 하지만 장례식 보고서인 《국장도감의궤》(國葬都監儀軌)에 사신도가 그려져 있어 그 실체를 알 수 있다. 다만, 사신도의 그림모습이 고구려 고분벽화의 사신도에 비해 매우 사실적으로 그려진 것이 다를 뿐이다.

조선시대 임금이 행차할 때 따라가는 의장기(儀仗旗) 가운데에는 사신도가 아닌 오수도(五獸圖)를 그린 깃발이 있다. 그 가운데 황룡기[06]는 임금을 상징하고, 사수도(四獸圖) 깃발은 임금이 사방을 다스린다는 뜻이 담겨 있다.

06 황룡기는 중국 황제만이 쓸 수 있도록 되어 있어 조선 임금의 황룡기는 황제를 상징하는 노란 천에 청룡을 그린 깃발을 사용했다. 그러나 대한제국기에는 중국 황제와 똑같은 황룡기를 사용했다.

〈정조대왕국장도감에 보이는 찬궁의 사신도 그림〉

좌청룡　　우백호

북현무　　남주작

오행을 오장(五臟) 및 오관(五管)과 관련시킨 것은 과학적 근거가 크다. 신장(腎臟: 콩팥)을 물, 피부, 검은색과 관련시킨 것은 신장이 나쁠 때 몸이 붓고 피부가 검어지는 증상과 일치한다. 간장(肝臟)을 나무, 눈, 청색과 관련시킨 것도 그렇다. 간이 나쁘면 눈에 이상이 온다. 심장(心臟)을 불, 귀, 붉은색과 관련시킨 것은 심장이 장기 가운데 가장 뜨겁고, 심장이 나쁘면 귀가 붉어진다. 비장(脾臟: 쓸개, 지라)을 흙, 입, 황색과 관련시킨 것도 재미있다. 비장이 나쁘면 입과 입술에 이상이 오며, 노란빛을 띤다. 이를 황달이라고 한다. 폐장(肺臟)을 금속, 백색, 코와 연관시킨 것도 의학적 근거가 있다. 폐는 호흡기를 통해 들어오는 공기의 금속성 물질의 영향을 직접 받는데, 폐가 나쁘면 코에 이상이 생기고, 창백한 모습을 띤다.

오행을 왕조교체와 맞추어 설명한 것은 한국사의 큰 특징 가운데 하나이다. 신라는 금덕(金德)을 칭하고, 9라는 숫자를 선호했다. 그래서 경주를 금성(金城)으로도 부르고, 전국을 9주(九州)로 편제하고, 황룡사탑을 9층으로 만들고, 9서당(九誓幢)으로 불리는 아홉 개의 군대조직을 두었다. 고려는 수덕(水德)을 칭하고, 6이라는 숫자를 선호했다. 전국을 5도와 양계(兩界)로 편제하고, 성종 때 12목(牧)을 두었으며, 인종 때 반란을 일으킨 묘청(妙淸)은 서경[평양]으로 도읍을 옮기면 36국이 조공을 바치게 된다고 주장했다. 여기서 12목과 36국이라는 수치는 6이라는 수치에 맞추어 선택된 숫자라는 느낌을 준다.

조선왕조는 건국과정에서부터 목덕(木德)을 표방했다. 그래서 목자(木子)의 성(姓)을 가진 이씨(李氏)가 임금으로 선택되었으며, 8이라는 숫자를 선호하여 전국을 8도로 편제하고, 8백년 왕업이 이어진다고 선전했다.

조선중기에는 민심이 이반하면서 정씨성(鄭氏姓)을 가진 인물이 새로운 세상을 연다는 예언사상이 떠돌았다. 《정감록》(鄭鑑錄)은 그러한 예언서 가운데 하나이다. 정씨는 화덕(火德)을 가진 성씨이기 때문에 목덕(木德)을 대신할 수 있는 성씨로 지목되었던 것이다. 실제로 정씨의 시대를 여는 데는 실패했지만, 조선중후기 반란지도자 가운데에는 정씨 성을 가진 인물이 많았다. 정여립(鄭汝立)과 정희량(鄭希亮)은 대표적인 정씨반란세력이었다.

오행, 오방(五方), 오덕(五德)의 이론을 따라 설계된 도시가 바로 조선왕조 수도인 한양(漢陽)이다. 도성(都城)의 4대문과 중앙의 종각(鐘閣)이 바로 오행사상을 바탕으로 이름을 지었다. 동대문을 흥인지문(興仁之門: 仁을 일으키는 문), 서대문을 돈의문(敦義門: 義를 돈독하게 하는 문), 남대문을 숭례문(崇禮門: 예를 숭상하는 문), 북문이 소지문(昭智門: 智를 밝히는 문, 뒤에 肅靖門으로 개명)으로 정한 이유가 여기에 있다. 그리고 서울의 중앙인 종로에 종각을 세우고 이를 보신각(普信閣: 信을 퍼뜨리는 집)으로 불렀다. 서울의 서쪽에 의주로 (義州路)가 있고, 서울의 동쪽에 숭인동(崇仁洞), 인창동(仁昌洞) 등 인 자(仁字)가 들어간 지역이름이 많은 이유도 여기에 있다. 이로써 한양은 인의예지신(仁義禮智信)의 오덕을 갖춘 왕도(王都)가 된 것이다.

마지막으로, 음양오행사상은 의정부와 6조의 행정기관에도 적용되었다. 이는 정치도 음양오행의 원리를 따른다는 사상이 담겨 있다. 가장 높은 정치기관인 의정부(議政府)는 오행의 중앙인 흙에 비유하여 황각(黃閣)으로 부르고, 공조(工曹)는 물에 비유하여 동관(冬官), 병조(兵曹)는 불에 비유하여 하관(夏官), 예조(禮曹)는 나무에 비유하여 춘관(春官), 형조(刑曹)는 금속에 비유하여 추관(秋官)으로 불렀다. 조선후기에 《춘관통고》(春官通考)와 《추관지》(秋官志)가 간행되었는데, 이는 각각 예조와 형조에 관한 책이다.

한편, 6조 가운데 이조(吏曹)와 호조(戶曹)는 각각 하늘과 땅의 이치를 따른다고 믿어 천관(天官)과 지관(地官)으로 불렀다. 그러니까 이조와 호조를 각각 양(陽)과 음(陰)으로 본 것이다.

(3) 오방색(五方色) 문화

오행문화 가운데 한국인의 일상생활에 가장 깊숙이 침투한 것은 오방색 문화이다. 다시 말해 오방(五方)을 상징하는 거무스름한 색[물], 붉은색[불], 푸른색[나무], 백색[금], 그리고 황색[흙]이 그것이다. 오방색은 음양을 가리키는 붉은색 및 푸른색과도 겹쳐 있다. 우주자연의 빛깔은 기본적으로 오방색이며, 오방색이 섞이면서 무수히 다양한 빛깔을 연출하고 있다. 무지개는 7색이지만, 기본적으로는 오방색을 바탕으로 하고 있으며, 각종 꽃이나 채소들도 기본적으로 오방색으로 이루어져 있다.

조선시대 제작된 한반도의 채색고지도(彩色古地圖)를 보면 8도의 빛깔이 오방색으로 칠해져 있다. 전라도와 경상도는 남방에 있기 때문에 붉은색으로 칠하고, 강원도는 동방이므로 푸른색을 칠하고, 황해도는 서방이므로 백색, 평안도와 함경도는 북방이므로 검은색, 그리고 경기도는 한반도의 중앙이므로 노란색을 칠했다. 이렇게 국토의 지도를 오방색으로 그린 나라는 우리나라밖에 없다.

전통시대의 의복 가운데에는 오방색을 넣은 옷이 많다. 이를 색동옷으로 부르기도 한다. 이 색동옷을 최초로 입은 것은 무당(巫堂)이다. 무당이 하늘에 제사지낼 때에는 제단(祭壇)의 주변에도 색동천을 매달아 놓았다. 무당이 색동옷을 입고 주변에 색동천을 걸어 놓고 굿을 하는 것은 지금까지도 민속으로 전해오고 있다.

고구려벽화에는 춤추는 여인의 모습이 보이는데, 치마는 색동옷이다. 일본 나라 아스카의 다카마쓰 고분[高松塚古墳]에서 발견된 벽화에도 색동치마를 입은 여인의 모습이 그려져 있다. 이 무덤의 주인은 백제계 천황이나 귀족으로 보인다.

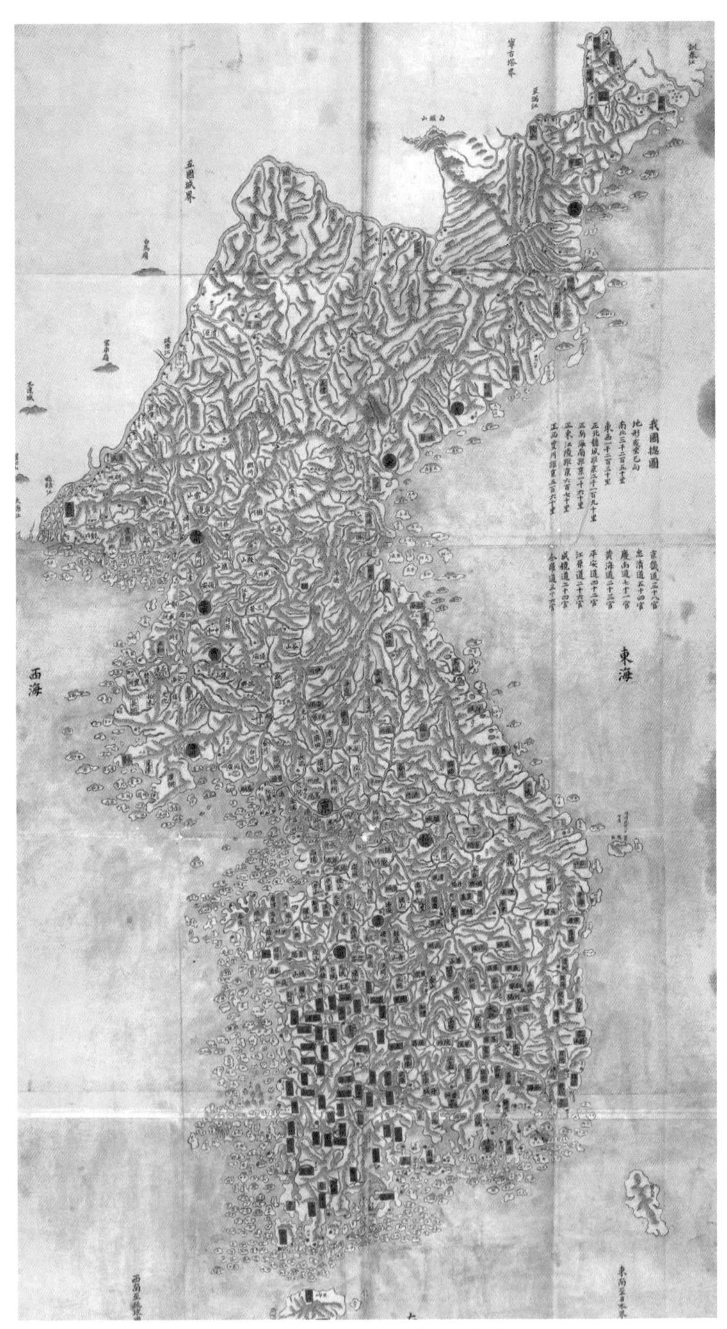

18세기 중엽 《해동지도》에 보이는 〈아국총도〉

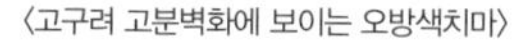

〈고구려 고분벽화에 보이는 오방색치마〉

〈일본 나라 다카마쓰고분에 보이는 오방색치마〉

조선시대 궁중에서 연출된 정재(呈才)의 여성춤꾼들도 색동소매가 달린 옷을 입고 춤을 춘다. 특히 5명이 나와서 추는 처용무(處容舞)는 각기 다른 오방색옷을 입고 있다. 임금의 행차에 따라가는 깃발 가운데에는 오방색기가 반드시 등장한다. 조선시대에는 한때 벼슬아치의 관복과 혼동을 일으킬 것을 우려하여 일반 백성들이 색깔 있는 옷을 입지 못하게 금지하여 흰옷을 많이 입었지만 조선후기에는 법도가 무너지면서 각종 색깔 옷을 입었다. 특히 여성들의 옷은 색깔을 금지하지 않았다.

한국의 음식문화에도 오방색사상이 강하게 들어가 있다. 특히 제사음식은 오방색 음식을 만들어 방위에 따라 배치했다. 그래서 붉은색 과일류는 남쪽에, 푸른색 음식은 동쪽에, 흰색과일은 서쪽에 배치하고, 북쪽에는 밥과 물[냉수]을 배치했다. 냉수는 물이므로 거무스름한 색으로 취급되었다. 다만, 겨울에 푸른 음식이 없는 것을 고려하여 푸른 음식 대신에 붉은색 음식을 동쪽에 허용했다. 이를 청동백서(靑東白西) 또는 홍동백서(紅東白西)로 부른다.

일반 음식도 오방색을 따른 것이 많다. 특히 비빔밥은 전형적인 오방색 음식이다. 가운데 에 계란 노른자위를 올려놓은 것은 정확하게 오방색의 위치를 맞춘 것이다. 신선로도 비슷하다. 오방색 채소를 골고루 먹는 것이 건강에 좋다는 것은 의학계의 상식이다.

건축에도 오방색이 사용되었다. 단청(丹靑)이 그것이다. 단청은 물감이 귀하여 일반 가옥에서는 사용되지 않았지만, 왕궁 건물이나, 사찰 등 신성한 건물에 사용되었다. 이렇게 건축 처마에 오방색의 단청을 사용한 나라는 한국밖에 없다.

제 2 장

—

예술에 반영된 선비정신

1. 전통 예술을 보는 눈

모든 예술은 독자적으로 존재하는 것이 아니라 그 제작자의 우주관, 세계관, 종교, 생활감정, 자연환경 등과 밀접한 관련을 맺고 있다. 말하자면 사람들이 살고 있는 자연환경 및 그 환경에 적응하여 형성된 종교와 생활감정과 생활형태의 소산을 바로 예술로 보아야 한다.

한국의 전통 예술도 당연히 이런 시각에서 통합적으로 접근할 필요가 있다. 그런데 지금까지의 한국 전통예술론은 주로 예술의 표면적인 조형적 특성에 초점을 맞추고 이해되어 왔으며, 한국인의 내면적인 종교적, 철학적 심성에 대한 이해가 부족했다.

한국 미술사연구의 개척자로 알려진 일본인 야나기 무네요시(柳宗悅: 1889-1961)가 일제강점기에 만든 이론이 나온 이후로 수많은 이론이 국내외 학계에서 제기되었지만, 크게 보면 야나기의 이론틀에서 근본적으로 벗어난 이론은 없는 듯하다. 한마디로 지금까지의 이론의 핵심을 요약한다면 '곡선(曲線)의 사랑'과 '무위자연'(無爲自然)을 한국미의 특성으로 보고 있다. 인공적인 작위가 없고 자연 그대로의 아름다움을 있는 그대로 표현한다는 것이다. 논자에 따라 소박, 단순, 적요(寂寥), 구수함, 비애[슬픔], 해학, 우아함 등을 말하기도 하고, 조형적인 면에서 곡선(曲線)의 특성을 지적하기도 한다. 이런 이론들이 전혀 틀렸다고는 말할 수 없지만, 가장 중요한 핵심이 빠져 있다. 그것은 '곡선'이나 '무위자연'이 지니고 있는 본질적인 우주관을 간과하고 있다는 점이다.

'자연'을 따르는 것이 마치 죽은 듯이 고요하고, 단순하고, 소박하고, 구수하고, 정이 있고, 오래 보아도 싫증이 나지 않는 아름다움을 지녔다는 것인데, 이는 자연에 대한 해석을 잘못 내린 것이다. 또 '해학'이 '자연'과 어떻게 연결되는지도 설명이 없다.

지금까지의 한국 미학이 이런 수준에 머문 것은 미술사연구자들이 한국인의 전통적 종교와 우주관에 대한 연구가 부족한 것과 관련이 있다. 한국의 전통 종교와 우주관은 무교[巫敎=仙敎=神敎=道敎]를 밑바탕에 두고, 불교(佛敎) 및 유교(儒敎)가 접목되어 내려왔다는 사실에서 출발해야 한다. 다시 말해 한국 전통예술에 반영된 종교와 우주관은 시대에 따라 변한 것이 있고, 변하지 않은 것이 있다. 변하지 않은 것은 원초적인 무교적 심성이고, 변한 것은 불교 및 유교의 의식(儀式)이다.

원초적 무교의 심성이 변하지 않고 밑바탕에 깔려 내려온 것은, 그것이 자연환경에 적응하여 탄생된 고유한 심성으로 유전되어 왔기 때문이다. 불교는 외래종교이기 때문에 비한국적 요소가 적지 않고, 유교도 풍속상으로는 한국인의 심성을 따르고 있지만, 의식면에서는 비한국적 요소가 적지 않다. 그렇지만, 불교와 유교를 받아들인 한국인의 심성에는 무교가 바탕에 깔려 있기 때문에 한국적 특성을 지니게 되었던 것이다. 그래서 한국인의 종교적 심성은 시대에 따라 변한 것이 있고 변하지 않은 것이 있다.

한국 전통예술의 특성을 이해하려면 위에 말한 변한 요소와 변하지 않은 요소를 모두 주목할 필요가 있지만, 가장 중요한 것은 시대를 초월하여 변하지 않은 특성을 발견하는 일이다. 그래서 무교에 대한 이해가 절대로 필요한 것이다. 그럼에도 무교는 아주 미개한 미신이라는 선입관을 가지고 있어서 의식적으로 이를 기피하는 경향이 있다.

한국의 무교전통은 이미 앞에서 설명한 바와 같이 '천지인합일'과 '음양오행'의 우주관과 '홍익인간'의 윤리가 핵심이다. 그런데 이런 종교와 우주관의 핵심은 기본적으로 '생명사상'이다. 그 생명사상은 천지인이 가지고 있는 생명의 기(氣), 곧 '생명에너지'를 하나로 모으는 데서 생명력이 크게 약동한다는 생각이다. 이런 '생명에너지'를 한국인은 예부터 '신바람', '신명', '흥' 등으로 불렀다. 서양식으로 말하면 '소울'(Soul), 또는 '엑스터시'(Ecstasy) 또는 '그루브'(Groove)라고 불러도 좋을 것이다.

'신바람', '신명', '흥'은 '적요'도 아니고, '비애'도 아니고, '무위자연'도 아니다. 그것은 무아지경에서 매우 역동적으로 생명의 에너지를 키우는 일종의 최면(催眠)이다. 자연의 겉모습을 그대로 따르는 것이 아니라 자연과 인간이 발산하는 폭발적인 '생명의 힘'을 표현한 것이다. 그 '신바람'을 굿이라는 의식을 통해서 만들어내는 제사장이 무당이다. 일반인들은 무당이 아니지만, 아름다운 대자연 속에 살면서 일상적으로 대자연과 하나가 되는 삶을 살고 있다. 한국은 산의 나라다. 알프스나 히말라야나 안데스 같은 숨쉬기도 어렵고 곡식도 자라지 않는 그런 산이 아니고, 나무가 있고, 계곡이 있고, 바위가 있고, 공기가 맑고, 새와 짐승이 있고, 곡식이 자라고, 집이 있는 그런 나지막한 산이다.

조선 17세기 학자 홍만종(洪萬宗: 1643-1725)은 중국인이 장수(長壽)하는 법과 한국인이 장수하는 법이 다르다는 것을 지적하여, 중국인은 단약(丹藥)을 즐겨 먹고, 한국인은 산수(山水)의 기(氣)를 호흡한다고 말했다. 정확한 지적이다. 산수의 기를 마시고 사는 것이 바로 한국인의 일상적인 '신바람'이요, '흥'이다. 등산하면 기분이 좋아지고, 산이나 들에서 밥을 먹으면 밥맛이 좋고, 그래서 에너지가 축적되는 것이다.

한국의 전통예술이 인공(人工)이 없다고 말하는 것은 잘못이다. 예술은 사람이 만드는 것이기에 인공(人工)이 없을 수 없다. 건축이나 그림이나 노래나 춤이나 공예품이나 모두 사람 손으로 만들어낸 인공물(人工物)이다. 다만, 표현하는 방법이 자연과 인간을 합치려는 마음을 담아 생명에너지를 보여주려는 것이다. 전통예술이 감동을 주는 이유는 바로 여기에 있고, 그런 전통이 현재 대중예술과 접목되어 이른바 '한류'(韓流) 바람을 전 세계적으로 일으키고 있는 것이다.

전통예술은 건축, 그림, 공예, 노래, 춤 등 다양한 분야가 있지만, 어느 분야를 막론하고 공통적인 특징은 바로 '신바람'이다. 그 가운데 노래와 춤은 공연예술로서 '신바람'을 가장 감각적으로 보여주고 있지만, 건축, 그림, 공예품 등은 움직이지 않는 예술이기 때문에 얼핏 보면 정적(靜的)으로 보이기 쉽다. 하지만, 자세히 보면 그 속에서 생명이 약동하여 사람을 기분 좋게 만들고, 웃음을 이끌어내고, 행복감을 준다. 바로 '신바람'이 숨 쉬고 있다.

2. 한국의 '미'(美)는 무엇인가.

전통예술을 논할 때 우리는 '미'(美)라는 단어를 사용하고 있다. 그러나 이 단어는 서양인들이 만들어낸 말이다. 한국인이 생각하는 '미'는 서양인들이 말하는 '미'와는 뜻이 다르다. 서양인들이 말하는 '미'는 매우 물리적이고 수학적인 개념이다. 곧 '균형'(Balance)과 '비례'(Proportion)가 잘 되어 있는 것을 '아름답다'고 표현한다.

지금 서양에서 시행하고 있는 이른바 미인대회를 보면 신체의 각 부위의 치수를 재어 균형과 비례가 잘 되어 있는 여인을 미인으로 뽑고 있다. 여기서 이른바 팔등신(八等身) 미인이라는 말이 생겨났다. 이는 얼굴의 길이를 1로 보고, 몸체의 길이가 8배로 된 체격을 가진 여자를 말한다. 8등신은 키가 크고 얼굴이 작은 서양 여성에게서는 흔히 볼 수 있지만, 얼굴이 크고 키가 작은 한국 여성 가운데에는 이런 팔등신의 체격을 가진 여성이 극히 드물다. 이렇게 우리에게 맞지 않는 미인의 기준을 가지고 미인을 뽑고 있으니 한국에서 '미스 월드'가 나오기 어려운 것은 당연하다.

서양에서 명작으로 꼽히는 사람의 조각이나 초상화를 보면 대부분 수학적인 비례와 균형을 잘 갖춘 남녀를 가리킨다. 명품으로 알려진 그리스 조각이나 르네상스의 미술품이 모두 그런 기준에서 선택된 것이다. 미로의 '비너스상'을 미인의 표준으로 보고, 미켈란젤로의 '다윗상'이 미남의 기준이 되는 것은 이런 이유에서다.

잘생긴 사람과 사랑스런 사람은 다르다. 서양의 미인이나 미남은 잘생겼지만 미남과 미인이 반드시 사랑스러운 것은 아니다. 사랑스러움은 생명체를 표현하는 눈에서 가장 잘 드러나는데, 서양의 미인과 미남은 눈에서 풍기는 사랑스러움을 표현하는 데에는 크게 주력하지 않는다. 서양 미인의 표준으로 삼는 미로의 비너스(Venus)도 얼굴의 균형을 강조하고, 미켈란젤로(Michelangelo)의 다윗상도 몸매의 균형을 더 강조하고 있을 뿐 사랑스러움을 강조하지는 않는다. 레오나르도 다 빈치(Leonardo da Vinci)의 '모나리자'(Mona Lisa)는 지금 프랑스 루브르박물관에서 가장 인기를 끌고 있는 명작인데, 그 알듯 모를 듯한 미소 때문에 관심을 더 끌고 있다. 하지만 얼굴의 균형을 제외하면 그다지 정감을 주는 얼굴은 아니다. 비례와 균형으로 미를 따지는 것은 육체적인 아름다움이지 정신적인 아름다움은 아니다.

서양식 미의 기준을 가지고 한국 미술을 설명하는 학자들도 적지 않다. 그래서 불상(佛像)이나 도자기 등에서 비례를 가지고 아름다움을 측정하기도 한다. 그러나 만약 이런 기준으로 한국의 불상을 평가한다면 하나도 비례에 맞는 걸작은 없을 것이다. 석굴암의 부처는 너무 뚱뚱하고, 논산 관촉사의 미륵불은 얼굴이 지나치게 크고, 국보로 지정되어 있는 금동미륵반가사유상(金銅彌勒半跏思惟像)은 지나치게 허리가 가늘다. 서양의 기준으로 본다면 비례가 맞지 않는 졸작들이다. 그러나 그 기준을 부처의 눈에 두고 살펴보면 모두가 걸작이다. 눈에 평화가 있고, 만인을 끌어안고 있는 사랑=생명력이 넘쳐나고 있기 때문이다.

한국인이 생각하고 있던 '미'는 그러한 수학적인 균형이나 비례가 아니라, '사랑=생명력'을 보여주는 것이 '미'였다. 그리고 그 생명력은 음양과 천지인이 하나로 합쳐질 때 생겨난다고 보았다.

〈삼국시대 금동미륵반가사유상〉 6세기

〈일본 광륭사 소장 목제미륵반가사유상〉 7세기

실제로 '미인'(美人)이라는 말은 우리나라에서는 아름다운 여인을 말하기도 했지만, 임금을 가리키는 경우도 있다. 16세기 가사문학의 대가인 송강 정철(松江 鄭澈)이 지은 〈사미인곡〉(思美人曲)과 〈속미인곡〉은 아름다운 여인을 사모하는 글이 아니라 임금 선조(宣祖)를 그리워하는 글이었다. 임금은 천지인을 사랑하는 마음으로 백성을 다스리는 존재이기에 임금을 미인으로 부른 것이다. 유교 경전을 보면 요순(堯舜)이나 주공(周公) 또는 무왕(武王)과 같은 성인(聖人)의 정치를 평하여 '아름답다'[美哉]고 표현한 글이 많다. 하늘과 땅과 사람의 뜻을 받들어 사람을 행복하게 만든 성인이 바로 미인이라는 뜻이다.

옛날에는 요즘 유행하듯이 아름다운 여인을 보고 미인으로 부른 일은 거의 없다. 그런 경우라면 '곱다', '예쁘다', '요염하다'라고 말한다. '곱다'나 '예쁘다'는 '사랑스럽다'는 뜻이다. 지금 성북동 간송미술관 소장품 가운데 가장 인기가 있는 그림은 혜원 신윤복(蕙園 申潤福: 1758-?)이 그린 것으로 알려진 '미인도'(美人圖)이다. 그러나 신윤복 자신은 이 그림에 '미인도'라는 화제(畵題)를 넣지 않았다. 그 대신 다음과 같은 7언시를 써넣었다.

반박흉중만화춘(盤礴胸中萬化春)	책상다리 하고 앉은 내 가슴속 만 가지 봄기운 일어나니
필단능여물전신(筆端能與物傳神)	내 붓끝으로 물(物)과 신(神)을 함께 전해주노라

이 글은 기생으로 보이는 여인의 고운 자태를 앉아서 쳐다보면서 봄기운의 감정을 느끼고 그 여인의 몸과 정신을 함께 그렸다는 뜻이다. 그러니까 신윤복은 이 여인을 팔등신(八等身) 미인으로 본 것이 아니라 그 여인의 몸에서 풍기고 있는 정신, 곧 생명의 봄기운을 느껴서 그렸다는 것이다. 요즘말로 하면 '관능' 곧 '섹시함'을 '봄기운'으로 느끼고 그 여인의 몸과 마음을 동

시에 그렸다고 해석해도 좋을 것이다. '색시함'은 바로 '생명력'인데, 그 여인이 마치 봄과 같은 생명력, 곧 '신바람'을 품고 있다고 본 것이다.

이렇게 본다면 전통예술의 아름다움은 자연의 생명력과 인간의 생명력이 하나로 합쳐질 때 느끼는 '신바람' 바로 그것을 의미한다고 할 수 있다. 이것이 바로 비례와 균형을 강조하는 서양의 '미'와 다른 한국의 '미'개념이다.

〈신윤복의 미인도〉

3. 한국의 옛 건축과 조경(造景)

(1) 건축재료

한국의 건축을 이해할 때 고려해야 할 것은 재료의 문제, 국가정책상의 문제, 그리고 표현방법의 문제 등 세 측면에서 검토할 필요가 있다.

먼저, 건축재료는 자연환경의 특성과 밀접하게 관련되어 있다. 다시 말해 건축재료는 국토에서 생산되는 재료에 제약될 수밖에 없다. 서양에서는 부드럽고 빛깔이 다양한 대리석이 지중해연안에서 풍부하게 생산되어 왕궁이나 성당(聖堂)의 건물재료, 나아가 조각재료로 널리 이용되었다. 대리석은 땅속에서 캐내면 질감이 부드러워 조각하기가 매우 쉽다. 그래서 칼을 가지고도 조각이 가능하다. 인물을 조각할 때 혈관과 근육의 질감, 그리고 나부끼는 옷자락까지도 섬세하게 조각할 수 있는 이유가 여기에 있다. 또 대리석의 빛깔이 가지각색이어서 그 색을 조화시켜 합쳐놓으면 화려한 천연그림이 탄생한다.

또 서양의 왕궁이나 성당(聖堂)에 들어가 보면 금빛 찬란한 장식이 눈을 사로잡는데, 금은 자체생산도 있지만, 15세기 이후로 이른바 '지리상의 발견'으로 아메리카 대륙에서 금을 대량으로 가져온 것이 큰 요인이 되었다. 그래서 서양 건축은 아름다운 대리석과 황금이 합쳐져 한층 찬란하게 보인다.

중국의 경우는 대리석이 주로 운남성 대리(大理)에서 생산되고 있으나 빛깔이 서양처럼 다양하지 못하다. 그 대신 질 좋은 황토(黃土)가 많아 이를 이용한 벽돌건축이 주류를 이루고 있다. 사찰의 탑들이 대부분 벽돌로 쌓은 이유가 여기에 있고, 불탑을 높이 쌓을 수 있었던 까닭도 여기에 있다.

일본의 경우는 크고 질 좋은 나무가 많아 건축재료의 주류는 목제이다. 특히 키가 크고 몸통이 곧게 뻗은 삼나무[스기]와 편백나무[히노키] 등이 많아 높은 목조건축에 적합하다. 그래서 일본의 사찰이나 목제불탑은 규모가 크고, 작은 불상(佛像)은 주로 목제로 만들었다. 일본이 세계에 자랑하는 광륭사(廣隆寺: 코류지)의 미륵반가사유상(彌勒半跏思惟像)이나 법륭사(法隆寺: 호류지)의 백제관음상(百濟觀音像) 등이 모두 목제로 되어 있다. 다만 이 불상들은 모두 한반도에서 건너간 백제계 일본인들이 만든 것이다.

우리나라의 경우, 석재는 주로 단단한 화강암이나 현무암이 대부분이다. 그래서 불탑(佛塔)과 큰 불상(佛像)은 거의 대부분 화강암을 사용했다. 그러나 화강암은 너무 단단하여 끌과 망치를 가지고 쪼아내어 조각하기 때문에 혈관이나 근육과 같은 미세한 부분을 사실적으로 조각하는 것이 어렵다. 이런 재료의 특성을 고려하면 석굴암의 부처상은 마치 살아 있는 사람의 피부를 연상시킬 정도로 정교하다. 불국사의 다보탑(多寶塔)이나 부여 정림사지(定林寺址) 5층탑 등은 석탑이면서도 마치 나무를 깎은 듯이 섬세하고 날렵하여 화강암을 다루는 기술이 매우 뛰어났음을 보여준다.

한국의 목재는 소나무가 주류를 이루고 있다. 소나무는 보기에는 아름다우나 곧게 뻗은 것이 드물어서 건축재료로 사용할 때에는 불편이 많았다. 특히 규모가 큰 궁궐의 전각(殿閣)을 지을 때에는 키가 크고 반듯한 목재가 필요하지만 구하기가 어려워 정부에서 강원도와 태안반도 등지에 봉금산(封禁山)을 지정하여 민간에서 벌채하지 못하도록 하고, 여기에서 목재를 가져다가 사용했다. 말하자면 좋은 목재를 얻기 위해 '그린벨트'를 지정한 것이다. 요즘은 그린벨트 정책마저 없어졌기 때문에 궁궐이나 문루(門樓)를 복원하는 데 좋은 목재를 구하지 못하여 수입목을 사용하는 일이 많다.

한국 건축에 사용한 기둥이나 서까래, 대들보 등을 보면 둥글고 비틀어진 나무를 그대로 사용한 경우가 많은데, 이는 목재의 특성에 기인한다. 서까래와 대들보를 직각으로 깎아 사용하는 일본 건축과 다르다. 또 직선보다는 자연스런 곡선을 사랑하는 한국인의 취향과도 관련이 있다. 충남 서산시 운산면에 있는 개심사(開心寺)는 비틀린 목재를 그대로 사용한 대표적 건축이다.

(2) 국가의 건축정책

조선시대 건축의 특성을 이해하려면 국가의 정책도 반드시 알아두어야 한다. 건축물의 크기를 법으로 규제했기 때문이다. 이는 백성을 사랑하는 민본정신과 아울러 청렴과 검소함을 강조하는 유교규범에 따라 사치와 낭비를 막기 위함이었다. 《경국대전》을 보면 왕궁은 장엄해야 하지만 사치스럽고 화려한 장식을 하지 말도록 규정하고 있다. 그래서 황금장식을 금하고, 그 대신 단청(丹青) 페인트를 가지고 장식한 것이다. 한국의 왕궁건물은 다른 나라에 비해 규모가 작고 검소하게 보이는 이유가 여기에 있다.

《경국대전》에는 가옥이나 무덤의 크기도 신분에 따라 차등을 두어 크기를 제한했다. 그래서 왕궁 이외에는 100간짜리 집을 지을 수 없도록 규정했다. 또 도자기의 경우에도 화려하고 비싸고 사치스러운 청화(青華)나 철화(鐵畵), 또는 진사(辰砂)를 사용하지 않도록 규제했다. 그래서 조선전기에는 순백자가 널리 유행했는데, 조선후기에는 그 법도가 무너지면서 청화백자, 철화백자, 진사백자 등이 나오게 된 것이다.

왕과 왕비의 능(陵)을 조성할 때, 조선 세조(世祖) 이전까지는 고려시대의 전통을 계승하여 관(棺: 梓宮)을 안치하는 방[玄宮]을 돌로 석실(石室)을 만들었으나, 석실의 비용이 많은 것을 염려한 세조가 죽으면서 돌 대신 값싼 삼물(三物)을 쓰도록 하고, 봉분 주위에도 병풍석(屛風石)을 두르지 말라고 유언하여, 세조의 왕릉인 광릉(光陵)에는 석실이 없고 병풍석도 없다. 그리고 이런 전통이 후세 임금들에게 계승되었다. 여기서 삼물(三物)이란 황토, 모래, 회(灰)를 말하는데, 이 세 가지를 섞어서 바르면 오늘날의 시멘트나 돌보다도

〈병풍석이 없는 광릉〉 (경기도 남양주시 진접읍)

더 단단한 방이 만들어졌다. 비용은 석실에 비해 월등하게 낮아졌다.

몇 년 전에 세곡동에 있는 중종비 장경왕후(章敬王后) 윤씨의 초장지인 희릉(禧陵)을 발굴했는데, 처음에는 세종대왕의 초장지인 영릉(英陵)으로 착각하고 발굴했는데 뜻밖에도 현실(玄室)이 석실(石室)이 아닌 회격(灰隔)으로 되어 있어 이 능이 희릉임을 알게 되었다. 세종대왕의 능은 석실로 되어 있다는 기록이 보이기 때문에 이 능이 영릉이 아닌 것은 확실하다.

지금까지 국가정책에 따라 건축에 어떤 제한을 두었는지를 알아보았는데, 이런 사정을 모르고 조선시대 건축의 규모가 작고 검소한 것을 보고 국력이 약해서 그렇게 되었다고 말하는 것은 잘못이다. 백성을 사랑하는 민본정치의 영향이 왕실이나 지도층의 건축을 검소하게 만든 주된 이유였다는 것을 정확하게 알고 평가하는 일이 중요하다.

조선과 비슷하게 유교국가를 운영했던 베트남의 19세기 원씨왕조(阮氏王朝: 응우옌왕조)의 왕궁과 왕릉을 보면 우리와는 너무나 다르다. 후에지방에

〈타지마할〉

〈앙코르 와트〉

건설된 왕궁의 크기도 경복궁이나 창덕궁보다 훨씬 클 뿐 아니라 왕릉의 규모도 엄청나게 크고 화려했다. 왕 자신이 살아 있을 때 자신의 능을 직접 설계한 임금도 있었는데, 인공적인 시설물들이 마치 왕궁을 연상시킬 정도로 크고 화려했다. 백성을 사랑하고 검소함을 숭상했던 조선시대와는 너무나 달랐다. 19세기의 원씨왕조는 프랑스의 지배하에 들어가 망하고 말았는데, 그 원인 가운데에는 부패한 왕조에 대한 민심이탈이 가장 큰 요인이었다.

인도의 아그라(Agra)에 있는 타지마할(Taj Mahal) 묘는 세계 7대 불가사의 가운데 하나일 만큼 크고 화려한 왕비무덤이다. 무굴황제 샤자한(Shah Jahan: 1592-1666)이 사랑하는 죽은 왕비를 위하여 22년(1632-1653년)에 걸쳐 수십만 명의 인원을 동원하고, 세계 각지에서 보석을 사들여 막대한 국가재정을 쏟아부어 세웠는데, 공사가 끝난 뒤에 이보다 더 아름다운 집을 짓지 못하도록 하기 위해 공사에 참여한 인부들의 손목을 잘랐다고 한다. 17세기 중엽에 조선의 임금이 만약 죽은 왕비를 위해 이렇게 국가경비를 낭비하여 호화찬란한 무덤을 만들었다면, 아마 그 왕은 신하와 국민의 저항을 받아 목숨을 잃었을 것이다.

캄보디아 서북부 시앤립에는 세계 7대불가사의 하나인 유명한 앙코르 와트(Angkor Wat)로 불리는 거대한 사원이 있다. 수리아바르만 2세가 12세기 중엽에 죽은 어머니를 위해 수십 년에 걸쳐 지은 힌두교사원으로, 직사각형으로 된 사원의 한 변 길이가 1.5킬로미터를 넘는다. 모든 건물이 돌로 되어 있으며, 기나긴 회랑에는 왕의 업적을 기리는 그림이 부조로 새겨져 있는데, 그 가운데에는 캄보디아 왕이 피정복민을 죽창(竹槍)으로 무참하게 죽이는 장면도 보인다.

1960-1970년대 중국에서 문화대혁명이 일어나 수많은 지식인을 숙청할 때 캄보디아의 공산당 크메르 루즈 지도자 폴 포트(Pol Pot: 1928-1998)는 이에 자극을 받아 1975-1979년에 약 200만 명의 양민을 죽창으로 찔러 죽였는데, 바로 앙코르 와트 사원에 새겨진 캄보디아 왕의 잔인한 모습을 그대로 따랐다고 한다. 이 끔찍한 사건을 영화로 만든 것이 유명한 〈킬링 필드〉(Killing Field)로서 지금도 그때 죽은 사람의 해골들이 산더미처럼 전시되어 있어서 보는 이의 가슴을 아프게 한다.

그런데 앙코르 와트 사원이 건설될 무렵에 고려의 김부식(金富軾)은 《삼국사기》(1145)를 편찬하여 삼국시대의 불교정치가 민생을 파탄에 몰아넣었다고 비판하고 백성을 사랑하는 민본정치의 중요성을 강조했다. 캄보디아는 백성을 괴롭히면서 거대한 사원을 세웠는데, 고려는 정반대로 귀족정치를 비판하면서 삼국시대의 역사를 편찬한 것이다. 불가사의한 거대한 건축물을 남긴 캄보디아는 정신적으로는 매우 빈약했음을 말해준다. 고려말기 공민왕은 죽은 노국대장공주를 추모하기 위해 별로 크지도 않은 영당(影堂)을 짓다가 정도전(鄭道傳) 등 신진사대부의 혹독한 비난을 받은 사실이 《고려사》에 전한다.

(3) 건축조형의 특징

한국의 건축과 조경(造景)에 반영된 조형(造形)의 특징은 무엇인가? 여기에는 크게 두 가지 특징이 있다. 하나는 조형에 있어서 동그라미와 네모꼴을 선호한다는 것이고, 다른 하나는 자연과 건축의 경계(境界)가 없다는 것이다.

조형상 동그라미와 네모꼴을 선호하는 이유는 하늘과 땅의 모습을 상징한다고 보기 때문이다. 곧 하늘은 둥글다고 보고, 땅은 네모꼴로 본다. 이를 천원지방(天圓地方)이라고 한다. 하늘은 모난 곳이 없을 뿐 아니라 그 가운데 둥근 태양이 있기 때문에 둥글다고 생각한다. 땅은 동서남북의 방위를 가지고 있으므로 네모꼴로 보는 것이다. 여기에 사람은 세모꼴로 보는데, 이는 남녀가 세모꼴처럼 합쳐져야 사람이 되고, 또 사람이 팔다리를 펴고 누우면 삼각형이 되기 때문이다. 그러므로 천지인(天地人)을 조형상으로 표현할 때에는 원방각(圓方角)이 된다. 그림으로 표현하면 ○ □ △이다. 그런데 건축에 사람을 넣을 필요는 없으므로 원방(圓方)의 조형만이 적용된다.

한국의 초가집은 지붕이 둥글고, 방이 네모꼴이다. 원시시대의 움집도 원뿔모양으로 만들고 입구에 네모난 문을 만들었다. 죽은 사람이 들어가는 무덤의 형태도 그렇다. 최초의 무덤인 고인돌은 네모난 돌방을 만들고 그 위에 둥근 판석을 올려놓았다. 둥근 하늘 아래 네모난 땅을 만들고 그 안에 사람을 매장하여 천지인이 하나가 되도록 연출했다. 후대의 무덤인 봉토분(封土墳)도 마찬가지다. 둥근 봉토 안에 네모난 관곽(棺槨)을 만들고 그 안에 사람을 매장했다. 무덤을 둥글게 만든 나라는 한국이 유일하다. 4-5세기 일본에서 이런 모습의 고분이 발굴되어 전방후원분(前方後圓墳)으로 불리고 있는데, 그 무덤의 주인은 모두가 한국계 일본인으로 알려지고 있다.

석굴암은 하늘나라에 올라간 부처님의 무덤으로 볼 수 있다. 그 모습은 입구를 네모지게 만들어 땅을 상징하고, 부처님이 앉아 있는 방은 둥글게 만

〈황룡사지에서 발굴된 치미(막새기와)〉

〈용머리 막새기와〉 (조선)

들어 하늘을 상징했다. 그 모습을 위에서 보면 열쇠구멍과 같다. 이렇게 부처님이 둥근 방에 앉아 있는 모습으로 만든 석굴사원은 석굴암이 유일하다. 돈황(敦煌)의 막고굴(莫高屈)이나 그 밖에 중국의 석굴사원은 규모가 어마어마하지만, 모두가 네모난 방으로 되어 있어 우리와 다르다.

한국의 기와집은 둥근 지붕이 없는 것이 초가집과 다르다. 그 대신 기와집의 지붕은 새가 날개를 펴고 하늘로 비상하는 모습을 닮았다. 그래서 용마루 끝의 막새기와 모습을 새 꼬리나 새의 주둥이 모양으로 만들었다. 삼국시대 이런 모습의 기와를 치미(鴟尾)라고 불렀는데, 치미는 우리말로 '올빼미 꼬리'라는 뜻이다. 한편 기와지붕의 처마를 보면 그 모습이 마치 새가 날개를 편 모양을 닮았다. 서까래의 가지런한 모습은 그대로 날개의 깃털을 연상시킨다. 처마의 완만한 곡선도 새 날개의 곡선 그대로이다.

조선시대 궁궐 지붕의 용마루 막새기와는 새 꼬리 대신 용(龍)의 얼굴을 조각했는데, 용도 하늘로 승천하는 짐승일 뿐 아니라 임금을 상징하는 동물이기도 하다. 요컨대 기와집의 지붕은 초가집처럼 둥근 모습을 하고 있지는 않지만, 그 대신 하늘로 올라가는 새나 용의 형상을 연출했다는 점에서 하늘과 하나가 되려는 몸짓은 똑같다고 할 수 있다.

전통시대의 인공적인 조경(造景)은 지나치게 인공미를 집어넣는 중국이나 일본의 정원과는 다르다. 한국의 정원에는 하늘과 땅이 반드시 배합된다. 네모난 연못을 파고, 연못 안에 둥근 섬을 만든다. 네모난 연못은 땅을 상징하고, 둥근 섬은 하늘을 상징한다. 하늘과 땅이 만나는 연못 가운데 쪽배를 띄우고 사람이 논다. 이렇게 되면 천지인이 하나가 되는 것이다.

삼국시대의 연못이 대부분 이러한 천원지방(天圓地方)의 모습을 따르고 있다. 지금 경주의 안압지(雁鴨池)도 대체로 그런 모습이고, 부여의 궁남지(宮南池)도 그렇다. 조선시대 왕궁인 경복궁과 창덕궁의 연못은 완벽하게 천원지방의 형태를 따르고 있다. 경복궁의 향원지(香遠池)를 보면 네모난 연못 한가운데에 둥근 섬이 있고, 섬 안에 정6각형의 향원정(香遠亭)을 세웠다.

〈창덕궁의 연못 그림〉(동궐도)

창덕궁(昌德宮)에도 천원지방의 연못이 많다. 후원에 있는 부용지(芙蓉池)가 대표적이다. 네모난 연못 가운데 둥근 섬이 있고, 부용지 가장자리에 정사각형의 부용정(芙蓉亭)을 세웠다. 이 연못에서 임금이 쪽배를 띄우고 낚시를 즐겼다. 창덕궁 옆에 붙어 있는 창경궁(昌慶宮)에도 원래 천원지방의 연못이 있어 춘당지(春塘池)로 불렸는데, 일제강점기에 이를 허물고 오늘날과 같은 일본식 연못을 만들었다.

〈경복궁 향원지와 향원정〉

천원지방의 건축은 제천단(祭天壇)으로도 표현되었다. 강화도 마니산 정상에 있는 참성단(塹城壇)은 단군이 하늘에 제사를 지냈다고 전해지는 제단인데, 그 모습이 천원지방을 따르고 있다. 대한제국 때 황제가 하늘에 제사 지내기 위해 세운 환구단(圜丘壇)도 네모난 담장 위에 둥근 모습의 제단을 지었는데, 일제강점기에 네모난 담장을 헐고 그 자리에 호텔을 지었고 그것이 지금 웨스틴-조선호텔이다. 그래서 지금은 위패를 모셔두는 황궁우(皇穹宇)만 외롭게 남아 있다.

정원에 심는 나무도 절지(折枝)를 하지 않고 있는 그대로 두었다. 절지는 생명체를 불구자로 만드는 가혹행위이기 때문이다. 정원에 돌을 갖다 놓거나 개울이나 땅을 파거나 하여 인공적인 아름다움을 추구하지 않았다. 정원에 집을 지을 때에는 자연경관을 훼손하지 않기 위해 일부러 조그만 정자(亭子)를 세웠다. 창덕궁 후원[秘苑]의 정원은 가장 전형적인 한국식 정원이다.

중국이나 일본의 정원에는 이런 모습의 연못이나 정원이 없고, 서양에도 이런 정원은 없다. 서양의 왕궁 정원을 보면 대부분 나무를 반듯하게 깎아 기하학적으로 꾸몄다. 예를 들면 베르사유궁전의 정원이 그렇다. 중국의 정원은 외지에서 기이하게 생긴 돌을 가져다가 쌓아 놓은 것이 많고, 일본의 정원은 마당에 모래를 깔고 갈퀴로 긁어서 파도 모양을 연출하기도 하고, 나무를 둥글게 절지한 것이 많다. 매우 인공적인 미를 추구하고 있으나 자연스럽지 못한 것은 사실이다. 이런 차이가 나타나는 이유는 정서적 차이도 있지만, 자연환경의 차이도 작용한다. 우리나라는 왕궁이나 주택 주변에 아름다운 산이 많지만, 서양이나 중국, 일본의 경우는 그렇지 못하고, 대부분 평지에 정원을 조성하기 때문에 인공적인 요소가 많이 들어가게 된 것으로 보인다.

천원지방의 조형은 고려와 조선시대의 동전(銅錢)에도 응용되었다. 조선시대 상평통보를 비롯한 엽전을 보면 둥근 테두리 안에 네모난 구멍을 뚫었다. 그 구멍에 줄을 꿰어 사람이 들고 다녔다. 이렇게 되면 천지인이 하나가 된다. 동전까지도 자연과 인간이 하나가 되려는 마음을 담은 것이다.

천원지방을 따르다 보면 자연히 곡선(曲線)이 나타난다. 둥근 하늘을 완벽하게 둥글게 표현할 수도 있지만, 동그라미의 일부를 차용하면 곡선이 생긴다. 또 대자연의 선은 기본적으로 곡선이다. 사실 한국 미술의 조형적 특징 가운데 가장 두드러진 것은 곡선의 아름다움이다. 이 사실은 일찍이 야나기 무네요시(柳宗悅)도 지적한 바 있지만, 그는 곡선이 나타난 이유를 잘못 해석했다. 슬픔과 고난으로 얼룩진 한국 역사의 흐름 속에서 고생을 상징하는 꼬부라진 곡선이 생겼다고 본 것이다. 그러나 그런 해석은 전혀 잘못된 것이다. 우리나라 역사가 그렇게 슬픔과 고난으로 점철된 것도 아니고, 슬픔과 고난이 있으면 곡선을 사랑하게 된다는 것도 설득력이 없다.

〈바르셀로나 구엘공원의 광장〉

〈구엘공원〉

스페인의 건축가 안토니오 가우디(Antonio Gaudi: 1852-1926)는 건축에 직선을 가급적 피하고 곡선을 도입한 혁명적 건축가로 유명하다. 지금 바르셀로나에는 그가 설계한 성 가족성당(聖家族聖堂)을 비롯하여 구엘공원 등을 보기 위해 국내외 관광객들이 구름처럼 모여들고 있다. 그가 곡선을 사랑한 것은, 직선은 인간이 만든 선(線)이고, 곡선은 신(神)이 만든 선이라고 생각한 때문이었다. 그러니까 곡선은 대자연의 선이라는 뜻이다. 한국인이 곡선을 사랑한 것과 가우디의 생각은 기본적으로 같다. 그러니 곡선을 슬픔과 고난의 상징으로 본 야나기의 해석이 얼마나 잘못된 것인지를 알 만하다.

한국의 곡선문화는 의식주문화 전반에 걸친 특징적 현상이다. 영주 부석사 조사당(祖師堂)의 기둥은 배흘림[엔타시스]으로 처리되어 부드러운 곡선의 자태를 보여주고 있으며, 서산 개심사(開心寺)의 기둥은 비틀어진 목재를 그대로 사용한 것으로 유명한 것은 앞에서 이미 설명했다.

중국인도 곡선을 많이 사용하고 있지만 중국의 곡선은 지나치게 날카롭다. 중국 기와집의 처마선을 보면 송곳처럼 날카롭다. 일본은 곡선이 거의 없고 직선문화로 거의 대부분 일관되어 있다. 고대의 기와집 지붕은 곡선이 보이는데, 이는 한반도인의 영향 때문이다.

한국의 곡선예술은 건축뿐 아니라 각종 의복이나 공예품에 더 두드러지게 나타난다. 도자기의 선이 그렇다. 특히 풍성한 보름달이나 태양을 떠올리는 모양의 달항아리는 가장 한국적인 그릇이다. 부채의 손잡이 모양도 그렇고, 갓 모양도 완벽한 원형이다. 소반의 다리도 곡선으로 처리되고, 한복의 소매나 동정의 선도 그렇다. 버선의 선도 그렇다.

한국 건축의 또 다른 특성은 건축과 대자연의 경계가 없다는 점이다. 가령 창덕궁의 후원[비원]을 가보면, 수목이 우거진 깊은 산속에 들어와 있는 기분이 들고 있다. 인공적인 정원이라는 느낌이 들지 않는다. 나무를 절지(折枝)하지 않아 더욱 자연스럽다.

가옥의 구조도 그렇다. 비록 가옥에 울타리를 두르고 대문을 달고 있지만, 담장이 매우 낮아서 바깥세상과 가옥이 단절되어 있지 않다. 마루에 앉아 있으면, 바깥세상이 통째로 시야에 들어와서 답답하지 않다. 겨울에는 온돌난방이 되어 있는 방에서 살고, 여름에는 시원하게 트인 마루에서 주로 생활한다. 사계절에 맞는 공간이 모두 갖추어져 있다. 흙으로 된 벽은 숨을 쉬고 있으며, 황토흙벽은 건강에도 좋다. 가옥 자체가 자연을 그대로 옮겨 놓은 셈이다. 우리는 마당에 인공적인 조경을 하지 않는 대신 외부세계의 넓은 경관을 그대로 안아들이는 조경을 좋아한다. 이 모든 것이 자연과 인간이 하나가 되려는 마음을 담은 것이다.

조선시대 왕릉(王陵)을 보면 풍수지리에서 명당으로 지목된 땅에다 왕릉을 조성하기 때문에 주변 경관이 뛰어나게 아름답다. 그러나 막상 왕릉 자체는 매우 작다. 하지만 이렇게 주변에 아름다운 경관을 가진 왕릉은 세계 어느 나라에도 없다. 왕릉과 대자연의 경계선이 없어서 사람과 자연이 한 몸통을 이루고 있다. 조선시대 왕릉이 유네스코 세계문화유산으로 등록된 것도 이런 점이 높이 평가된 결과이다.

한국의 전통 가옥은 집을 크게 짓고, 가옥과 외부세계를 차단시키고 있는 서양의 성곽식 건물이나 중국 및 일본의 가옥구조와도 다르다. 특히 일본은 담장을 높이 쌓아 가옥을 밀폐시키고 있으며, 마당에 모래를 깔아 놓은 경우가 많은데, 이는 외부인의 침투를 막으려는 의도가 강하다.

4. 악기와 노래

범종(삼국, 고려)

한국을 대표하는 악기는 거문고나 가야금 등 현악기가 있지만, 사찰의 범종(梵鐘)이 가장 한국적인 특색을 보여주고 있다. 삼국시대와 고려시대의 범종을 보면 한결같이 걸개 옆에 파이프가 하늘을 향해 달려 있는데, 이를 음관(音管)으로 부른다. 범종 아래에는 땅을 움푹 파놓았는데, 이를 음통(音筒)

으로 부른다. 이런 장치는 중국이나 일본 종에는 보이지 않는다.

한국 범종이 음관과 음통을 설치한 것은 하늘의 소리와 땅의 소리를 함께 담으려는 의도가 있다. 실제로 이런 구조를 가진 범종의 타종소리는 이런 구조를 지니지 않은 종소리와 확연히 구별된다. 한결 음색이 웅장하면서도 부드럽고 여운이 매우 길어 듣는 사람의 마음을 안정시켜 준다. 서울대학교 공과대학에서 실험을 통해 음색을 연구한 결과 음색의 차이가 분명하게 드러났다. 다만, 불교가 밀려난 조선시대에는 종의 기능이 단순히 시간을 알리는 도구로 변하면서 음관이 사라졌다. 그래서 종로의 보신각종(普信閣鐘)을 비롯하여 조선시대의 종에는 음관이 보이지 않는다.

어느 프랑스 교수의 말을 들어보면, 프랑스에서 정신병자에게 한국의 범종소리를 들려주는 치료법을 쓰고 있다고 한다. 가야금의 대가 황병기 교수의 말을 들어보면 세계 음악인들이 모여 세계 각국의 종소리를 평가하는 모임에서 한국의 봉덕사 신종(神鐘) 소리를 최고로 평가했다고 한다.

동양의 범종은 공통적인 특징이 있다. 통나무를 가지고 밖에서 타종하는 방식이 그것이다. 이런 방식은 종 안에 쇠로 만든 추를 매달아 놓고 종을 좌우로 흔들어 타종하는 서양의 종과 다르다. 서양의 종은 쇠가 쇠를 때리기 때문에 그 소리가 지나치게 날카롭다. 가까이서 듣는 종소리는 거의 소음에 가깝다. 그러나 한국의 범종은 나무로 쇠를 때리기 때문에 음색이 한결 부드럽고, 여운이 매우 길다.

한국의 악기는 쇠로 만든 것[편종, 징, 꽹과리 등], 돌로 만든 것[편경, 경 등], 나무로 만든 것[柷, 敔대, 拍 등], 대나무로 만든 것[피리, 퉁소, 태평소 등], 흙으로 만든 것[塤], 박[匏]으로 만든 것[笙], 풀로 만든 것[풀피리], 명주실로 만든 것[아쟁, 해금, 거문고, 가야금, 향비파 등], 가죽으로 만든 것[북, 장고 등] 등 다양한 자연물을 재료로 이용하고 있다. 그래서 그 악기의 소리가 대자연의 소리를 닮았

〈한국 범종〉(고려시대)

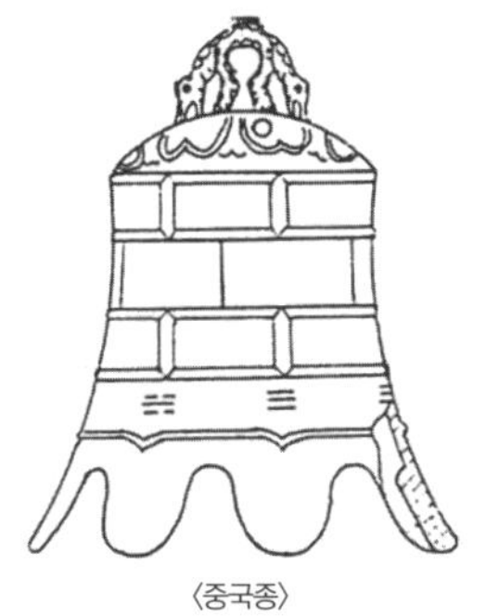
〈중국종〉

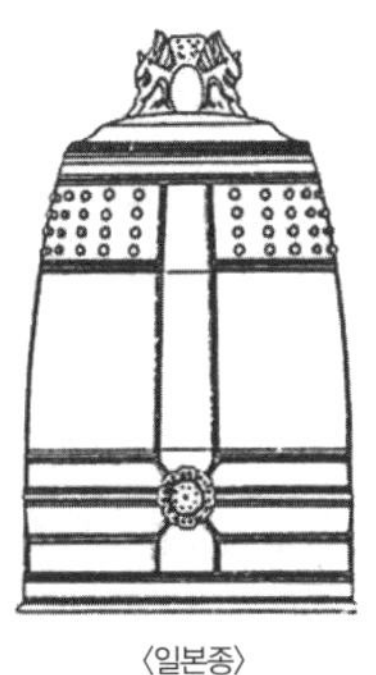
〈일본종〉

다. 이에 반해 서양악기는 현악기나 취주악기를 막론하고 대부분 금속악기이고, 가죽[드럼]과 나무[피아노] 악기가 일부 있을 뿐이다. 실, 돌, 대나무, 흙, 박 등 천연물로 된 악기는 없다. 그래서 악기의 소리가 대부분 차가운 금속성을 띠고 있다.

한국 고유의 현악기인 거문고와 가야금은 각각 고구려와 가야에서 만든 것으로 알려지고 있는데, 거문고는 줄이 6개요, 가야금은 12줄이다. 6줄과 12줄은 3을 바탕으로 만든 수치로 보인다. 중국 악기인 아쟁은 7줄, 당비파는 4줄인 것과 다르다.

한국의 민요는 대부분 3박자로 되어 있다. 여기에 간혹 2박자가 가미된다. 아리랑, 노들강변, 천안삼거리 등이 그렇다. 이는 우리의 언어구조가 천지인을 상징하는 삼(三) 또는 음양을 상징하는 둘[二]에 대한 사랑과 관계가 있다. 한국인이 현재 4분의 3박자 트로트나 2박자 뽕짝을 좋아하는 이유도 여기 있을 것이다.

중국어는 한 글자나 두 글자로 된 어휘가 많다. 우리가 한자문화를 받아들여 한 글자나 두 글자 단어를 많이 쓰게 되었지만, 그런 경우에도 세 글자를 만들어 표현하는 경우가 많다. 예를 들면, 처가(妻家)를 '처갓집'으로 부르고, 역전(驛前)을 '역전앞'으로 부른다. 한국의 지명도 원래는 세 글자로 되어 있는 것이 대부분이었으나 신라 경덕왕(景德王) 이후로 한자로 바꾸면서 두 글자 지명이 되었다. 예를 들면, 수유(水逾)는 '무너미', 두모(豆毛)는 '두모리', 전주(全州)는 '온고을', 한강(漢江)은 '아리수', 광주(光州)는 '빛고을', 이현(梨峴)을 '배오개', 마포(麻浦)는 '삼나루' 등으로 부른 것이 그렇다. 또 지금 한 글자로 된 단어도 원래는 두 글자인 경우가 많다. 예를 들면, '게'[蟹]나 '개'[犬]를 충청도에서는 '그이'와 '가이'로 부른다. 원래 두 글자인 것을 현대에 와서 한 글자로 줄인 듯하다.

언어와 노래는 서로 밀접한 관련이 있기 때문에 우리의 민요가 언어구조에 맞추어 그렇게 된 것으로 보는 것이 온당한 해석일 것이다.

한국인은 예부터 춤과 노래를 좋아하는 민족으로 중국인들이 평가했다. 그래서 《삼국지》 〈위지〉(魏志) 동이전(東夷傳)을 보면 '동이족은 가무(歌舞)를 즐긴다'고 했다. 이런 전통이 지금까지 계승되어 한국인처럼 노래와 춤을 즐기는 민족이 세계적으로 드물다. 가무는 서로 떨어져 있지 않고, 노래를 부르면 반드시 춤을 추고, 춤을 출 때에는 반드시 노래가 따른다. 그래서 춤과 노래를 곁들인 K-POP이 오늘날 한류(韓流)의 주류를 이루게 된 것이다.

서양인들은 춤추는 댄서와 노래하는 가수가 대체로 분리되어 있다. 그런데 미국의 흑인가수 마이클 잭슨(Michael Jackson)이 나와 춤과 노래가 합쳐지면서 세계적인 인기를 끌게 된 것이다. 그런데 우리는 예부터 춤과 노래가 자연스레 합쳐져 온 전통이 있다.

5. 한국의 춤

앞에서 우리 민족이 예부터 춤과 노래를 좋아했다고 했는데, 한국 전통 춤의 동작은 무엇을 상징하는 것일까? 춤을 말할 때 한국인은 흥겨우면 '어깨춤이 절로 난다'고 한다. 또 "덩실덩실 춤을 춘다"는 말도 있다. 어깨에 포인트가 있다는 뜻이다. 어깨에는 팔이 달려 있으므로 어깨춤은 자연히 팔동작으로 연결된다. 곧 어깨를 들썩이면서 팔을 흔드는 동작이다. 춤을 출 때 무릎을 오므렸다 펴는 동작을 반복한다. 이를 '오금질'이라고 한다. 이렇게 어깨와 팔, 그리고 무릎에 포인트가 있는 한국춤은 기본적으로 새가 날개를 펴고 하늘로 날아오르는 모습을 닮았다.

한국춤의 기원을 보여주는 그림이 고구려 고분벽화에 보인다. 무덤의 주인공이 죽어서 신선(神仙)이 되어 하늘로 올라가는 모습을 그려놓은 것인데, 팔에 날개를 달고 머리에 태양[남자]과 달[여성]을 이고서 하늘로 날갯짓을 하

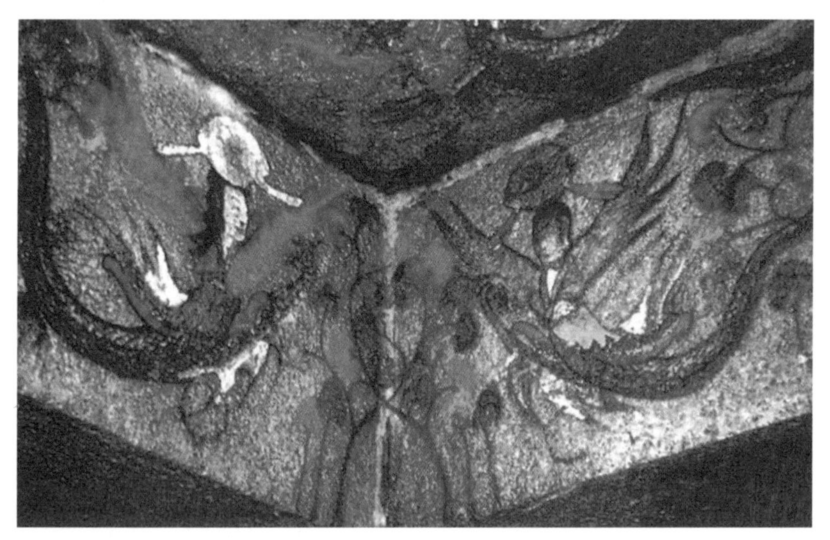

〈고구려 고분벽화에 보이는 일월신선도〉

면서 올라가고 있다. 간혹, 학(鶴)이나 기린 등 짐승에 올라타서 하늘로 올라가는 그림이 보이기도 한다. 여기서 팔에 날개를 달았다는 것은 새가 날아오르는 모습과 같다는 뜻인데, 이렇게 날개를 흔들면서 하늘로 올라가는 동작이 바로 춤의 기원이다.

한국 춤은 하늘과 하나가 되는 몸짓이기 때문에 수직운동과 수평운동이 함께 따른다. 이렇게 수직운동과 수평운동을 합쳐서 춤의 모습이 매우 역동적으로 보인다. 무당이 굿을 할 때 추는 춤도 기본적으로 이런 동작이다. 무당은 하늘과 접신(接神)하기 위해 상하로 뛰는 것이다.

전 세계적으로 보면 아프리카나 인디언의 춤이 수직운동을 좋아하지만, 우리처럼 새가 날아올라가는 듯한 우아한 모습을 따르지는 않는다. 서양이나 중국 및 일본의 춤은 한국춤과 다르다. 중남미의 춤인 맘보(Mambo), 삼바(Samba) 등은 원래 흑인 노예들이 백인 농장주인을 유혹하기 위해 시작된 것으로 엉덩이를 흔드는 것이 핵심이다. 아르헨티나의 탱고(Tango)는 항구의 술집 여인이 뱃사람을 유혹하기 위해 추는 춤에서 시작된 것으로 반드시 남녀가 한 쌍이 되어 추는데, 포인트는 다리에 있다. 남녀가 다리를 서로 꼬면서 상대를 유혹한다. 스페인의 플라멩코(Flamenco)는 집시(Gypsy)들이 길거리에서 동냥을 얻기 위해 시작한 춤으로 손에 딱딱이를 들고 박자를 맞추고 다리로 땅을 치는 것이 핵심동작이다. 일본 춤은 주로 몸을 비틀면서 손을 좌우로 흔드는 것이 기본동작이고, 중국 춤은 곡예(曲藝)에 가깝다. 이렇게 본다면 한국 춤은 세계적으로 독특한 모습을 지니고 있으며, 우아하면서도 역동적이다.

6. 한국의 그림

(1) 고분벽화와 불교미술

한국의 전통그림은 삼국시대에는 고분벽화와 사찰그림으로 시작되었는데, 고려 이후는 고분벽화 그림은 거의 사라지고, 사찰의 탱화(幀畵)로 거의 일원화되었다. 그러다가 고려말기 사대부층이 성장하면서 문인화(文人畵)가 등장하고, 조선시대 이후에는 도화서의 화원(畵員)과 사대부층의 문인화로 이어져 갔다. 그리고 조선후기에는 일반 평민 사이에 민화(民畵)가 발달하기 시작했다.

고분벽화는 석곽분을 만든 고구려와 백제에서 유행했는데, 고구려의 고분벽화가 양적으로 보면 압도적으로 많아 세계적으로 이렇게 많은 고분벽화를 남긴 나라가 없다. 고구려 고분벽화의 특징은 당시 사람들의 세계관인 무교[巫敎=神敎=仙敎=道敎]와 음양오행사상을 담고 있으며, 부분적으로는 불교적인 세계관도 합쳐져 있다. 그 세계관의 특징은 천지인합일사상과 음양오행사상이다. 그래서 죽은 이가 하늘나라로 올라가는 모습, 하늘나라의 모습, 살아 있을 때의 생활모습 등이 그려져 있다. 그러니까 천지인을 모두 그린 것이다.

천지인합일 사상을 가장 전형적으로 보여주는 그림이 춤추면서 하늘로 승천하는 모습과 태양 속에 그려진 세발까마귀[三足烏], 그리고 사신도(四神圖) 그림이다. 춤추면서 승천하는 모습은 이미 앞에서 설명한 것과 같다. 그런데 태양 속에 그려진 세발 까마귀모습이 독특하다. 다리가 세 개 달린 까마귀는 없다. 태양 속에 보이는 흑점을 까마귀로 본 것인데, 그 까마귀는 땅에서도 살고 있어서 천지인을 매개하는 새로 본 것이다. 그래서 다리를 세 개로 그렸다.

우리 민속에 까마귀가 울면 사람이 하늘로 돌아갔다고 믿는다. 어깨에 날개를 달고 하늘로 올라가는 춤도 천지인합일 사상이다. 사신도는 좌청룡(左靑龍), 우백호(右白虎), 북현무(北玄武), 남주작(南朱雀)을 말하는데, 이는 전형적인 오행사상이다. 천지인합일사상과 오행사상을 합친 것이 바로 무교(巫敎)요 선교(仙敎)이다. 여기에 부분적으로 불교를 상징하는 연화문(蓮花紋) 등이 가미되어 있으나 주류적인 사상은 아니다.

사찰의 탱화는 고려시대에 크게 발달했는데, 지금 남아 있는 탱화 가운데 가장 규모가 크고 걸작으로 꼽히고 있는 것은 양류관음도(楊柳觀音圖 또는 水月觀音圖)이다. 관음보살은 아직 부처가 되지 못한 보살이지만 때로는 천 개의 손을 가지고, 때로는 11개의 얼굴을 가지고 모든 중생을 구제하는 데 앞장선 대자대비한 존재이다. 비유하자면 〈단군신화〉에서 홍익인간(弘益人間)을 하기 위해 하늘에서 내려온 환웅(桓雄)과 비슷한 존재이다. 부처가 환인(桓因)에 비유된다면, 관음은 환웅에 비유된다. 관음에 대한 사랑이 탱화의 주제로 많이 등장한 이유도 여기에 있는 듯하다.

불교미술을 대표하는 것은 탱화 이외에 불상(佛像)이 있다. 여기에는 한국인의 '신바람' 곧 미소와 낙천성이 그대로 나타난다. 석굴암의 본존불(本尊佛)이나 수많은 미륵반가사유상(彌勒半跏思惟像)이나, 서산의 마애삼존불(磨崖三尊佛)이나 웃음이 특징이다. 그 웃음은 천지인이 하나가되는 데서 생기는 '흥'과 '신바람'의 웃음이다.

한국 불상의 미소는 다른 나라의 불상에서 보이는 근엄함과는 다르다. 그 웃음은 우주를 품어 안고 있는 생명의 미소이다. 그러기에 일본 광륭사(廣隆寺)의 목제미륵반가사유상을 본 독일의 실존철학자 칼 야스퍼스(Karl Jaspers: 1883-1969)는 일찍이 이 작품을 보고 인류 최고의 미술품이라고 극찬했다. 인간의 최고 이상을 품고 있는 걸작이기 때문이란다. 그런데 야스퍼스는 이

〈석굴암부처 얼굴〉

〈광륭사 소장 미륵반가사유상(목제)〉

〈금동미륵반가사유상 반신상〉(삼국시대)

〈마애삼존불(서산시 운산면)〉(백제)

〈삼국시대 미륵반가사유상〉

작품이 백제인이 만든 것은 알지 못했고, 또 그것과 꼭 닮은 한국의 금동미륵반가사유상은 보지 못했으며, 그보다 더 아름다운 미소를 머금고 있는 석굴암의 부처는 보지 못했던 것이다.

범종의 표면에 비천상(飛天像)을 새긴 것도 독특하다. 비천상은 불교적인 세계관과 관계가 있지만 중국은 비천상을 벽화에 그렸을 뿐 범종에는 보이지 않는다. 그런데 삼국시대와 고려시대의 범종에는 한결같이 비천상이 새겨져 있다. 비천상은 한국 범종의 특색인 천지인 합일사상과 연결시켜 해석할 필요가 있다. 종소리를 듣는 순간 사람이 신선이 되어 하늘과 하나가 된다는 뜻을 담은 것으로 보인다.

(2) 겸재 정선의 신바람 산수화

조선시대 그림은 불교에서 벗어나 유교의 영향을 받아 세속적인 산수화(山水畵)나 선비의 지조를 상징하는 사군자(四君子), 화초도(花草圖) 또는 일반 서민의 생활상을 그린 풍속화(風俗畵)가 발달했다. 산수화는 조선전기와 조선후기에 변화가 나타난다. 조선전기에는 중국산수를 많이 그렸으나, 조선후기에는 한국산수를 주로 그렸다.

특히 17-18세기에 활약한 겸재 정선(謙齋 鄭敾: 1676-1759)의 산수화는 가장 한국적인 산수화를 정립시킨 인물이다. 그의 산수화를 '진경산수'(眞景山水)로 부르고 있는데, 진경산수에 대해서는 그동안 약간의 오해가 있다. 진경산수는 우리나라 산천을 그렸다는 뜻으로 보기도 하고, 있는 경치를 그대로 묘사했다는 뜻으로 보기도 한다. 그러나 '진경'(眞景)이란 '참된 경치'를 그렸다는 뜻이지만, 여기서 '참된 경치'란 산수의 실제모습을 사진 찍듯이 그렸다는 뜻이 아니고, 산수가 내뿜고 있는 '생명의 기'를 강조해서 그렸다는 것으로 보아야 한다. 다시 말해 산수에서 음양(陰陽)의 만남을 찾아서 그 음양

〈풍악내산총람도〉(간송미술관 소장)

〈금강산전도〉(고려대학교 박물관 소장)

이 발산하고 있는 '생명의 기' 곧 '신바람의 기'를 강조해서 그렸다는 것이다. 그래서 정선의 진경산수는 산수의 실제 모습과는 많이 다르지만, 그 산수가 보여주고 있는 생명력은 정확하게 포착하고 있다.

정선의 그림 가운데 가장 특색을 발휘하고 있는 것은 금강산 그림과 여러 폭포그림이다. 금강산과 폭포의 공통점은 산세가 수직으로 되어 있다는 점이다. 금강산의 1만 2천 봉우리가 그렇고, 해금강의 총석정(叢石亭)과 통천 문암(門巖)이 그렇고, 그 밖의 유명한 폭포들이 모두 수직으로 된 경관들이다.

정선이 그린 금강산 그림은 지금 여러 종류가 전하고 있는데, 고려대학교 박물관, 리움미술관, 그리고 왜관수도원 소장본이 가장 좋다. 그 가운데 왜관수도원 금강산그림에는 아무런 제언이 없으나, 나머지 두 개의 그림 속에

〈금강전도〉(리움미술관)

는 제언시(題言詩)가 보여 정선이 금강산을 그린 의도를 엿볼 수 있다. 먼저 리움미술관 소장 〈금강전도〉에는 다음과 같은 제언이 보인다.

1만 2천봉이 모두 개골산(皆骨山)인데 어떤 사람이 능히 참된 모습을 그릴 수 있을까? 뭇 향(香)이 떠돌아 온 세상 끝까지 퍼지고, 쌓여진 기(氣)가 넓게 온 세계 안에 서려 있다. 축 늘어진 부용(芙蓉)의 … 발로 답사하여 두루두루 다녀본다 한들 어찌 베갯머리에서 이 그림을 마음껏 보는 것과 같겠는가?

다음에 고려대학교박물관 소장 〈금강산전도〉에는 다음과 같은 제언시가 보인다.

금강산은 내외(內外)로 되어 있는데, 하나는 신비스럽게 빼어나고[神秀], 다른 하나는 크고 넓다[宏博]. 이 둘이 합쳐서 1만 개의 구슬로 만든 밭과 굴[萬玉圃窟]을 이루고 있다. 대저 멀리서 보는 것이 가까이서 보는 것보다 낫고, 다시 와서 보는 것이 처음 와서 보는 것보다 낫다. 그래서 갔다가 다시 돌아오기를 여섯 차례, 일곱 차례가 되었는데, 지팡이를 다스리면서 늙은이가 되었을 뿐이다.

〈금강내산전도〉(왜관수도원 소장)

초(楚)나라 남쪽에 사람은 적고 돌은 많다. 천지가 사람과 돌의 영혼을 키울 적에 그 분수(分數)를 서로 다투었는데, 나는 이런 생각을 부셔버리고 싶다. 1만 2천 봉의 금강산 봉우리는 1만 2천의 금강한(金剛漢: 金剛力士)을 널리 모은 것이기 때문이다.

첫 번째 제언시는 금강산이 풍기는 향(香)과 기(氣)가 온 세상을 뒤덮고 있다는 것을 강조한 것이고, 뒤의 제언은 금강산이 내금강과 외금강으로 나누어져 있는데, 하나는 신수(神秀: 신비스럽게 빼어남)를 품고, 다른 하나는 굉박(宏博: 크고도 넓음)하다는 것이다. 말하자면 내금강은 빼어나게 아름다워 여성과 음(陰)에 비유한 것이고, 외금강은 크고 넓어 남성과 양(陽)에 비유한 것이다. 동시에 금강산 1만 2천 개의 봉우리는 1만 2천의 금강역사(金剛力士)를 모아놓은 것과 같다고 본 것이다. 다시 말하면 금강산은 음양과 남녀의 두 모습을 지니고 있으면서 힘센 금강역사(金剛力士)를 거느리고 있는 하나의 생명체로서 온 천지에 향과 기를 발산하고 있다는 것이다.

금강산을 이렇게 보았기 때문에 정선은 바로 금강산의 그런 생명체 이미지를 그리기 위해 금강산 전체를 좁은 공간에 압축해서 그렸으며, 내금강과 외금강을 각각 어두운 색과 밝은 색으로 칠하여 음양이 서로 대조적으로 보이도록 그렸다. 그런데 리움미술관 소장 〈금강전도〉는 외금강이 내금강을 감싸는 형태로 그렸고, 고려대 〈금강산전도〉는 반대로 내금강이 외금강을 감싸 안은 형태로 그려 약간의 차이가 있다. 하지만 양과 음이 서로 조화를 이루면서 생명의 기를 발산하고 있다는 느낌은 변함이 없다.

내금강과 외금강은 색깔로만 대비시킨 것이 아니라, 붓놀림 자체를 달리했다. 외금강은 도끼로 찍듯이 붓을 수직으로 내리꽂아 금강역사의 남성적 기운을 강조하고, 내금강은 붓을 수평으로 찍어 토산(土山)과 우거진 나무숲

〈단발령도〉

의 여성적인 아름다움과 부드러움을 절묘하게 대비시키고 있다.

정선의 〈단발령〉 그림도 내금강과 외금강을 절묘하게 음양으로 대비시켜 그려놓고, 단발령 고개에서 외금강을 바라보는 사람들의 신바람난 모습도 빠뜨리지 않고 있다.

이렇게 한국의 산수를 음양으로 대비시키면서 강인한 수직과 부드러운 수평의 붓놀림기법을 교차시킨 것은 비단 금강산 그림만이 아니라 그가 즐겨 그린 각종 폭포그림이나 총석정(叢石亭) 그림 등에도 공통적으로 나타난

〈철원 삼부연폭포〉
〈삼부연도〉(왼쪽)
〈삼부연 사진〉(오른쪽)

다. 그래서 그의 산수화는 남성적인 기백과 여성적인 포근함을 함께 발산하면서 오묘한 감동을 불러일으킨다. 바로 그것이 신기(神氣)요, 신바람이다.

정선의 대표작 가운데 하나인 〈철원 삼부연폭포〉와 〈개성 박연폭포〉 그림을 보면, 폭포수의 좌우에 우람하게 생긴 바위가 그려져 있다. 여기서 비단결 같은 폭포수는 음[여성]을 상징하여 부드럽게 그리고, 좌우의 바위는 양[남성]을 상징하는 것으로 묘사하여 강인한 필치로 그려냈다. 음과 양이 만나 생명의 기를 뿜어내는 모습을 강조한 것이다. 그리고 폭포 아래에는 몇 사람의 구경꾼들이 손가락질을 하면서 경치를 감상하고 있는데, 자연과 인간이 하나가 되면서 뿜어내는 '신바람'의 '흥'을 보여주고 있다.

수많은 조선시대 산수화가 가운데 정선이 특이하게 이런 산수화를 만든 것은 그의 특이한 인성(人性)과 관련이 있다. 그의 그림을 보고 당대 지식인

〈개성 박연폭포〉

〈개성 박연폭포〉(오른쪽)
〈박연폭포 사진〉(왼쪽)

들은 이구동성으로 '신필(神筆)이다', 또는 '신회(神會)했다', 또는 '역(易)을 아는 사람이다'라고 평했는데, 이는 그가 신들린 사람, 곧 '신바람'을 가진 사람이라는 뜻이다. 실제로 정선의 경력을 보면 도화서에 들어가기 전에 역(易)을 가지고 점을 치면서 살았다고 한다. 역(易)은 바로 음양오행의 원리를 담고 있는 책이다. 그는 이런 지식과 경험을 가졌기 때문에 산수를 바라보는 눈이 남달랐던 것으로 보인다. 말하자면 정선은 한국 산수에서 '신바람'을 찾은 화가이며, 풍수지리적 안목을 가지고 산수를 그렸다고 말해도 좋다.

정선의 산수화에는 산수를 즐기는 구경꾼이 자주 등장한다. 그 구경꾼들은 신바람이 난 듯 손가락질을 하면서 구경하고 있다. 그야말로 천지인이 하나로 합쳐지는 순간이다. 그리고 그 그림을 보는 사람이 저도 모르게 신바람을 느낀다. 정선의 그림이 묘한 매력을 보이는 이유가 여기에 있다.

정선의 진경산수가 나오게 된 배경을 보면 당시 서울의 문단(文壇)에서 삼연 김창흡(三淵 金昌翕: 1653-1722) 등이 나와 인간의 타고난 자연적 감정을 존중하던 천기주의(天機主義)와 진기주의(眞機主義) 문학이 풍미한 것에서 영향을 받은 점도 있는 듯하다. 천기(天機)나 진기(眞機)라는 것은 천지조화(天地造化)의 심오한 이치 또는 천성(天性)을 존중한다는 뜻이다. 그래서 시(詩)를 쓰거나 글을 짓는 데에도 그런 천성을 따라야 하며, 성리학의 규범적인 시각을 투입할 필요가 없다는 말이다. 이것은 그동안 풍미했던 도문일치론(道文一致論), 곧 문장은 도덕을 반영해야 한다는 이론에 대한 도전이기도 하다.

겸재 정선을 도화서에 천거하고 그의 그림을 중국에 소개한 것도 김창협(金昌協), 김창흡, 김수증 등 안동김문 일가였다. 문학에서의 천기주의, 진기주의가 그림에 반영된 것이 정선의 진경산수로 나타난 것이다. 천기, 진기, 진경은 모두 같은 말이다.

(3) 김홍도와 신윤복의 낙천적 풍속화

조선후기에는 풍속화에서도 전성시대를 열었다. 풍속화의 대가로는 단원(檀園) 김홍도(金弘道: 1745-1806 이전)를 비롯하여 혜원(蕙園) 신윤복(申潤福: 1758-?), 긍재(兢齋) 김득신(金得臣: 1754-1822) 등이 대표적인 화가이다. 그림의 소재는 다양하다. 농업이나 수공업, 상업 등 생업과 관련된 것, 선비들이 공부하는 모습, 집짓기, 바깥나들이, 춤추고 노래하는 모습, 술집풍경, 남녀간의 밀회, 뱃놀이, 단오놀이, 씨름하기, 빨래하기, 활쏘기, 길쌈하기, 고기잡이, 시장풍경 등 일상생활을 다루고 있으며, 풍속화에 등장하는 인물도 남녀노소와 양반, 한량, 상민을 가리지 않는다. 그 가운데 특히 가무(歌舞) 그림이 많은 것은 한국인의 일상생활 속에 춤과 노래가 차지하는 비중이 크다는 것을 보여준다.

그런데 그림에 등장하는 사람들은 한결같이 즐겁고, 낙천적이고, 익살스러운 모습을 띠면서 공동체생활의 즐거움을 누리고 있는 것이 가장 큰 특징이다. 이런 특성은 당시 사람들의 생활감정이 낙천적이고 익살스러운 것을 보여줄 뿐 아니라 그것을 표현하는 화원들의 붓끝이 이런 특성을 더욱 강조해서 표현하고 있다. 그래서 풍속화를 보고 있노라면 저절로 웃음이 나온다.

익살스런 그림의 몇 가지 예를 들어보겠다. 김홍도가 그린 서당그림을 보면 서당훈장에게 야단맞은 학동 하나가 울고 있는데, 주변의 아이들은 그 아이를 보고 웃고 있다. 우는 아이와 웃는 아이들이 대비되면서 전체 분위기는 웃음을 자아낸다.

〈서당〉(김홍도)

김홍도 그림 가운데 부부가 어린 아이를 데리고 나들이 가는 그림이 있다. 여인은 어린이를 안고 소를 타고 가는데, 그 남편은 어린아이

〈애처가 선비〉(김홍도)

〈춤추는 소년〉(김홍도)

를 등에 업고 그 뒤를 걸어서 따라가고 있다. 그 옆에는 소를 타고 가는 선비 하나가 그 장면을 보고 입에다 부채를 대고 슬며시 웃고 있다. 남존여비로 알려진 조선시대에도 여성을 아껴주는 애처가 선비가 있었음을 보여주고 있다. 여자에게 소를 태우고 자신은 힘들게 걸어가는 남자의 모습이 재미있게 대조를 보이면서 웃음을 자아낸다. 길거리에서 한 패의 놀이패들이 악기를 연주하고 무동(舞童)이 노래에 맞춰 신나게 춤추는 그림도 있다.

신윤복의 풍속화는 더욱 재미있다. 〈단오절 풍경〉을 보면 한 무리의 여인들이 계곡에 모여 있는데, 한 여인은 머리를 감고, 한 여인은 그네를 뛰고, 세 여인은 계곡에서 상체와 하체를 드러내 보이면서 목욕을 하고 있다. 이 장면은 얼핏 보면 그저 야한 그림으로 보이지만, 뜻밖의 반전이 있다. 계곡 위에서 머리를 깎은 두 사람의 승려로 보이는 남자가 목욕하는 여인들을 바위틈에서 훔쳐보고 있다. 금욕(禁慾)과 색욕(色慾)이 교차하는 승려의 상반된 감정을 매우 해학적으로 표현하고 있어 저절로 웃음이 나온다.

〈단오절 풍경〉(신윤복)

〈말썽꾸러기 동물들〉(김득신)

〈연소답청〉(年少踏靑)으로 화제가 붙여진 그림을 보면 기생으로 보이는 세 여인은 모두 말을 타고 가는데, 갓을 쓴 세 사람의 선비들은 모두가 흩어진 자세로 걸어가고 있다. 주변에 꽃이 피어 있는 것으로 보아 꽃놀이풍경을 그린 것으로 보인다. 이 그림 역시 남존여비사회의 파격적인 변칙을 보여주

〈씨름〉(김홍도)

〈빨래터〉(김홍도)

면서 웃음을 자아낸다.

신윤복의 그림 가운데에는 가무(歌舞) 그림도 많다. 두 사람의 기생이 음악에 맞춰 신나게 검무(劍舞)를 추는 그림이 있는데, 그 밖에 모든 놀이에는 가무가 함께 등장하고 있어 한국인들이 가무를 얼마나 좋아했는지를 실감나게 보여준다.

그러면, 한국인의 '낙천성', '해학', '웃음'은 어디서 온 것인가? '낙천'이라는 말 자체가 '하늘을 좋아한다', '대자연을 사랑한다'는 뜻이다. 그러니까 천지인합일 사상이 배어 있는 민족성이다. 낙천적인 사람은 자연히 '해학'[유머]을 즐기고, 웃음이 많다. 낙천적인 사람은 노래와 춤도 즐긴다. 여기서 풍속화에 보이는 정서는 그대로 앞에서 설명한 춤이나 음악, 건축 등에 보이는 정서와 기본적으로 같다는 것을 확인할 수 있다.

조선시대 화조도(花鳥圖)에도 음양이 반드시 등장한다. 꽃과 더불어 새든 짐승이든 암놈과 수놈이 반드시 함께 등장하여 음양의 이치, 곧 생명의 이치를 보여주고 있다. 서양인들이 즐겨 그리는 정물화는 꽃이든 과일이든 음양개념이 없고, 생명개념이 없다. 그래서 화병에 담긴 죽은 절지화(折枝花)를 그리고, 풍경화에는 풍경만 있고 사람은 없다. 그래서 서양의 화조도나 풍경화는 우리의 화조도나 산수화와 다른 것이다.

조선후기에 유행한 궁중의 병풍그림에도 음양오행사상이 담겨 있고, 오방색이 찬란하게 칠해져 있다. 예를 들어 십장생도(十長生圖)를 보면 학, 복숭아, 사슴, 거북, 불로초, 소나무 등 십장생이 모두 암수가 짝을 이루고 있으며, 오방색으로 칠해져 있다, 임금의 용상 뒤에 있는 일월오봉도(日月五峰圖)는 가장 전형적인 음양오행사상을 담고 있다. 해와 달, 두 개의 소나무, 두 개의 폭포는 음양을 상징하고, 다섯 개의 산봉우리는 오행을 상징한다. 여기에 태양, 물, 소나무, 바위는 10장생의 일부이기도 하다. 이런 모습은 임금이 천

〈일월오봉도 병풍〉

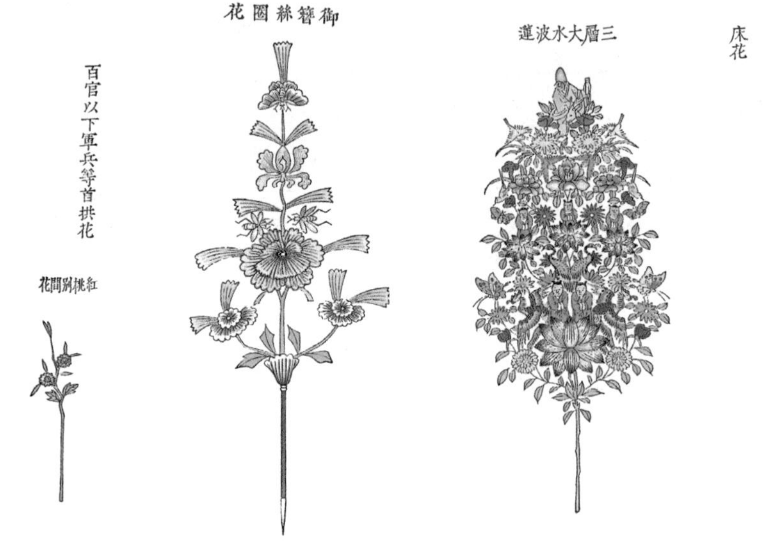

〈오른쪽은 수파련, 왼쪽은 머리에 꽂는 절지화〉(원행을묘정리의궤)

지인을 포함한 우주의 생명체를 모두 다스린다는 상징성을 가지고 있다.

궁중 병풍 가운데 모란병풍도 중요하다. 궁중의 잔치나 또는 장례식에 주로 사용한 모란병풍은 모란 자체가 부귀를 상징하고 있지만, 동시에 모란과 바위가 오방색으로 그려져 있어 오행사상을 담고 있다.

조선시대 문인화의 주류를 이루고 있는 것은 매란국죽(梅蘭菊竹)의 사군자(四君子)이다. 이는 식물 가운데 추위를 이겨내는 가장 강인한 생명력을 가진 식물을 대표하는 것으로 '변하지 않는 지조'를 상징한다. 사군자 말고도 소나무도 지조를 상징하는 식물로 많이 그렸다. 그런데 지조의 근원이 생명력에 있기 때문에 사군자도 결국은 생명사랑에서 파생된 것이다.

조선후기 민간에서 사랑받은 민화(民畵)의 소재는 암수의 사랑이 기본을 이루고 있다. 암수의 상징으로 새, 나비, 동물, 물고기 등을 소재로 그리지만, 암수의 사랑은 곧 음양이론이고, 음양은 생명의 근원이다. 음양의 화합에서부터 가정이 평화를 누리고, 여기서 생명이 탄생하여 자손이 번창하고, 부귀와 장수(長壽)가 보장된다고 믿는다.

조선시대에는 궁중잔치 때 반드시 꽃이 등장하는데, 생화(生花)를 사용하지 않고 주로 비단으로 만든 채화(彩畵)를 만들어 사용했다. 생화를 사용하는 것은 생명을 죽이는 일이기 때문에 하지 않는다. 채화는 화병(畵甁)에 꽂기고 하고, 머리에 꽂기도 하는데 화병에 담은 꽃을 수파련(水波蓮)으로 부르고, 머리에 꽂는 채화를 절지화(折枝花)라고 부른다. 그런데 수파련에는 꽃과 더불어 나비나 새가 함께 만들어져 향기가 있음을 보여주고 있다. 그러니까 향기가 없는 꽃은 꽃으로 보지 않는다. 향기야말로 생명체를 상징하는 것이기 때문이다.

7. 자연에 순응한 한국의 공예

한국의 공예미술은 도자기와 그 밖에 각종 상, 각종 문방구, 옷장 등이 있다. 우선 공예품의 재료를 보면 흙, 나무, 자개, 쇠뿔, 종이, 왕골, 대나무 등 다양하다.

도자기는 도기(陶器)와 자기(磁器, 또는 沙器)로 구분되는데, 이는 그릇을 굽는 온도의 차이에서 구별된다. 도기는 주로 옹기로도 불리면서 그릇을 크게 만들어 음식을 만들고 보관하는 데 사용되었다. 그러나 자기는 음식을 직접 담는 그릇으로 주로 쓰이고, 그 밖에 향로 등 제사용기, 연적(硯滴) 등 문방구로도 사용되었으며 간혹 장식용으로도 만들었다.

한국 도자기의 대표는 마치 고려자기로 생각하지만, 이는 송나라 사람 서긍(徐兢)이 《고려도경》(高麗圖經)에서 고려자기를 소개하면서 '천하제일'로 격찬하여 더 유명해진 것이다. 하지만 고려자기는 송나라 자기와 비슷한 점이 많아 독창성을 가지고 말한다면 조선시대 자기가 더 뛰어나다. 물론, 고려자기의 상감기법(象嵌技法)은 매우 독창적인 것이다. 또 고려자기의 형태는 각종 짐승이나 연꽃, 참외, 표주박 등 각종 식물을 형상화한 것이 많고, 하늘을 상징하는 구름과 학(鶴)을 넣은 그림이 많은 것도 특이하다. 이렇게 다양한 동식물과 하늘을 상징하는 형태와 그림을 넣은 것은 생명체에 대한 사랑을 담은 것으로 고려자기만의 특색이다.

조선시대 자기는 시대에 따라 다양한 형태로 변한 것이 우선 눈에 띄는 특징이다. 조선초기에는 화려하고 사치스러운 그릇을 배척한 정부의 시책에 따라 순수백자가 크게 유행했다. 당시 문화교류가 많았던 명나라의 도자기와는 사뭇 다르다. 백자의 용도는 음식그릇이 위주이지만, 왕실의 태(胎)를 보관하는 태항아리로도 사용되었고, 무덤에 부장하는 명기(明器)로도 이용되었다.

16세기 이후에는 백자가 변하여 분청사기(粉青沙器)가 유행했다. 백자와 다른 점은 구하기 쉬운 회색 또는 회흑색의 태토 위에 백토의 분을 바르고 유약을 칠해 구운 그릇을 말하는데, 표면에 그림이 들어갔다. 백자가 궁중에서 주로 사용되었다면 분청사기는 지방의 서민층에서 주로 애용되었다. 그림을 넣는 방법은 고급스런 상감(象嵌)도 있고, 꽃무늬 도장을 찍는 인화문(印花文)도 있고, 선을 파서 그림을 그리는 방법도 있고, 표면을 파서 그림을 입체적으로 드러내는 박지문(剝地文)도 있고, 표면에 직접 철화(鐵畵)를 그리기도 하고, 아무런 그림도 없이 백토를 거칠게 귀얄로 발라 마치 빗자루로 쓴 듯한 것도 있다. 이렇게 기법이 다양한 것은 지방적 차이를 보여주기도 하고 시대의 변화를 보여주기도 한다.

분청사기는 누구의 영향도 받지 않은 조선 독자의 도자기로서 가장 한국적인 특색을 지니고 있다. 우선, 회갈색이나 회청색의 분청 빛깔이 청자나 백자처럼 차갑지 않고 푸근하여 정감이 들고, 표면에 그린 그림도 물고기나 꽃 등을 격식을 따지지 않고 아무렇게나 붓 가는 대로 비대칭으로 단순하게 그려놓은 것이 어떤 것은 추상화를 보는 듯하고, 어떤 것은 어린이가 그린 듯 어설프고, 모양새도 고려자기에서 보는 예리한 곡선이 아니고 완만하고 부드러운 곡선을 보이고 있어 금방 안아주고 싶은 충동을 느끼게 한다. 말하자면 극히 서민적인 그릇들이면서도 기교가 없는 기교를 보이는 멋을 풍기고 있다.

분청사기는 임진왜란을 거치면서 자취를 감추는데, 아마도 왜란 때 도공들이 일본으로 납치되면서 명맥이 끊어진 것으로 보인다. 그런데 이때 일본으로 건너간 도공들은 분청사기 기법을 그대로 이어가면서 막사발을 전파하여 일본인들의 엄청난 사랑을 받게 되었다.

조선후기에 유행한 도자기는 청화백자(靑華白磁)이다. 이것은 명나라의 영향을 받은 것으로 왜란 때 명나라의 도움을 받으면서 청화백자의 보급이 더욱 확산된 것으로 보인다. 청화백자는 경기도 광주(廣州)의 사옹원 분원(司饔院分院)에서 주로 제작되어 왕실과 귀족층에 사용되다가 뒤에는 민간에서도 애용되었는데, 회청색(回靑色)의 유약이 중국에서 수입되었다가 뒤에는 국산 유약이 개발되었으나 색감이 떨어졌다.

청화백자가 자기 개성을 가진 것은 표면에 그린 그림이다. 궁중에서는 용 그림이 들어간 청화백자를 널리 애용했지만 민간에서는 주로 선비의 지조를 상징하는 사군자(四君子) 그림이 애용되었고, 일반서민층에서는 부귀를 상징하는 모란꽃이나 포도, 석류, 박쥐 등을 그린 그림이 더 유행했다.

분청사기의 후퇴와 청화백자의 유행은 그림에서 영정조시대에 유행했던 겸재 정선류의 진경산수화풍이 후퇴했던 것과 짝하여 도자기문화에서도 자기 개성을 잃어가는 추세였다고 말할 수 있다.

조선시대 공예분야에서 자기 개성을 뚜렷하게 지닌 것은 목공예와 종이공예라고 할 수 있다. 목공예의 특징은 자연에서 채취되는 나무와 종이, 자개, 옻칠, 쇠뿔 등을 있는 그대로 접합시켜 자연미를 그대로 살려내는 데 있다. 인공적으로 색을 넣어 화려하거나 사치스럽게 만들지 않는다. 특히 종이로 그릇이나 갓집을 만드는 경우는 세계적으로 드물다. 원래 조선 종이는 가죽처럼 질기고 거울처럼 윤기가 나서 국제적으로도 최우수품으로 인정받았는데, 중국에서는 이를 등피지(等皮紙) 또는 경면지(鏡面紙)로 부르기도 했다. 가죽처럼 질기고, 거울처럼 반질반질하다는 뜻이다. 조선에서 중국에 조공품으로 바치는 물건 가운데 가장 인기 있는 물건이 종이였다.

조선에서는 이 종이를 가지고 대포, 갑옷, 화살통, 그릇, 갓통 등을 만들었다. 종이로 만든 물건은 나무나 금속으로 만든 것보다도 가볍고 수명이 오래 갔다. 그런데 종이를 가지고 각종 도구를 만드는 맥이 오늘날 끊어진 것은 매우 유감이 아닐 수 없다.

8. 훈민정음과 천지인사상

한국인의 음양오행사상이 가져온 최고의 문화재는 훈민정음(訓民正音)이다. 훈민정음의 글자제작 원리를 기록한 《훈민정음해례》(訓民正音解例)를 보면, 훈민정음은 삼극(三極)의 뜻과 이극(二極)의 묘(妙)를 갖추었다고 한다. 여기서 삼극은 천지인(天地人)을 말하고, 이극은 음양(陰陽)을 가리킨다. 그러니까 천지인을 상징하는 원방각(圓方角) 즉 하늘을 상징하는 ○, 땅을 상징하는 □, 사람을 상징하는 △의 모습을 가지고 문자를 만들었다는 것이다. 훈민정음의 자음(子音)을 보면 기본적으로, 동그라미, 네모, 세모꼴을 바탕으로 만들어진 것을 알 수 있다.

한편, 중성자(中聲字)인 ㅏ, ㅓ, ㅗ, ㅜ도 원방각의 모습을 응용한 것이다. 하늘인 동그라미를 간략하게 만들면 ·이 되고, 땅인 네모를 간략하게 만들면 ㅡ가 되며, 사람인 세모를 간략하게 만들면 ㅣ이 된다. 그래서 ㅏ는 사람의 동쪽에 태양이 있으므로 밝은 모음이 되고, ㅓ는 사람의 서쪽에 태양이 있으므로 어두운 모음이 된다. ㅗ는 땅 위에 태양이 있으므로 밝은 모음이고, ㅜ는 땅 아래에 태양이 있는 모습이므로 어두운 모음이 된다.

훈민정음이 음양을 참고했다는 것은 천지의 모습을 참고했다는 뜻도 있지만, 오행(五行)의 원리를 따랐다는 뜻도 있다. ㄱ은 오행의 나무[木], ㄴ은 불[火], ㅅ은 금속[金], ㅇ은 물[水], ㅁ은 흙[土]에 비유한 것이 그것이다.

이렇게 문자의 모습을 하늘, 땅, 사람의 모습을 참고하고, 음양오행의 원리를 응용하여 만든 문자는 지구상에 훈민정음밖에 없다. 더욱이 28개의 글자를 초성(初聲), 중성(中聲), 종성(終聲)으로 조합하여 거의 모든 소리를 표현할 수 있도록 만든 것은 매우 신비스럽다. 일본 문자인 가나(假名)가 소리를 표현하는 데 불편한 점이 많고, 세계적 문자인 영어도 된소리인 ㄲ, ㄸ, ㅆ, ㅃ, ㅉ를 표현하지 못하는 것을 보면 한글의 우수성이 새삼 돋보인다.

제 **3** 장

—

왕조시대 정치에 반영된 선비정신

1. 삼국시대의 선비와 선비정신

우리 민족의 첫 국가인 고조선의 건국이념이 〈홍익인간〉이라는 것은 앞에서 이미 설명했다. 그런데 아직 불교도 들어오지 않고, 유교도 없었던 시기에 〈홍익인간〉이라는 건국이념을 만든 종교는 무교(巫敎)였다. 하지만 무교라는 말은 근대에 와서 만든 말이고, 고대인들은 이를 선교(仙敎), 신교(神敎), 또는 도교(道敎)로 부르고, 이런 정신을 가진 지도층을 '선비', '선랑'(仙郞), 도사(道士), 또는 거사(居士)로 불렀다. 그러므로 무교, 선교, 신교, 도교는 다른 말로 하면 '선비정신'으로 불러도 좋을 것이다.

'선비정신'의 윤리관은 앞에서 말한 것처럼 '홍익인간'이고, '선비정신'의 우주관은 천지인합일사상, 음양오행사상 등으로, 우주만물을 하나의 생명공동체로 바라보는 공동체철학이라는 것을 알았다. '홍익인간'도 다름 아닌 공동체윤리다.

그런데 홍익인간'의 실제 생활모습은 중국인의 눈에 좋은 모습으로 비쳐져서 기원전 5세기의 공자(孔子)가 조선(朝鮮)을 〈군자(君子)의 나라〉로 불렀다는 것이 《논어》에 보이고 있으며, 그 뒤에도 중국의 여러 책들에서 한국인의 조상인 동이족(東夷族)을 예의바르고, 남을 도와주는 군자의 나라인 동시에 인성이 착하고, 죽지 않는 사람들이고, 일월성신(日月星辰)을 숭배하는 종교를 가졌다고도 했다.

그러면 고조선 뒤에 성립한 삼국시대에는 선비정신이 어떻게 정치에 반영되었을까? 기록상으로 보면 고구려에는 여러 관직 가운데 조의선인(皁衣

仙人, 또는 皁衣先人)이라는 관직이 보이고 있어 이들이 순수한 우리말로 '검은 옷을 입은 선비'라는 뜻으로 해석된다. 연개소문의 장남 남생(男生)은 9세 때 선인(仙人)이 되었다고 한 것으로 보아 선인은 청소년으로 구성된 것을 알 수 있다. 명림답부(明臨答夫)나 연개소문(淵蓋蘇文) 등 고위관료와 애국명장들도 이런 조의선인 출신이었다고 한다. 연개소문은 스스로 얼음 속에서 태어났다고 선전하면서 사람들을 현혹시켰다고 《삼국사기》〈연개소문전〉에 기록되어 있는데, 이는 어려서부터 얼음물 속에 넣어 강인한 체력단련을 통해 무사로 키운 사실을 말해주는 것으로 보인다. 아마도 조의선인은 신라의 화랑도와 비슷한 무사인 동시에 비슷한 정신을 가지고 있었던 것으로 추측된다.

신채호의 해석을 따르면, 고구려는 국가적인 제천행사인 동맹(東盟)을 거행할 때 청소년들의 무예를 시험하여 선비를 선발하고, 선비로 뽑히면 나라에서 봉급을 주고, 한곳에 모아 교육시키고, 명승지를 유람하면서 심신을 단련하고, 성곽을 보수하거나 길을 닦기도 하는 등 나라의 공공적인 일을 했다고 한다. 이들은 뒤에 두대형(頭大兄), 태대형(太大兄) 등의 벼슬을 거쳐 나중에는 높은 관료로 출세하는 고구려의 최고 엘리트 집단이기도 했다.

고구려 고분벽화를 보면, 무덤의 주인공인 귀족이 살아 있을 때 생활모습이 그려져 있는데, 그 가운데 씨름하는 장면 또는 태권도 비슷한 무예를 하는 장면이 자주 등장한다. 이는 바로 이들이 청소년시절에 선인(仙人)이 되어 무예를 닦은 사실을 전해주는 것으로 해석된다. 다만, 아쉬운 것은 이들 선인들이 어떤 정신을 가지고 있었는지는 기록이 없다. 김부식이 《삼국사기》를 편찬할 때 고구려에 대해서는 우호적인 태도를 지니고 있지 않아서 의도적으로 기록을 남기지 않은 것으로 보인다.

그러나 고구려의 선인과 아주 비슷한 신라의 화랑도에 대해서는 김부식이 《삼국사기》에서 자세하게 기록해 놓았기 때문에 이를 통해 고구려 선인의 정신을 유추해볼 수가 있다. 왜냐하면 신라의 화랑도는 고구려 선인제도의 영향을 크게 받은 것으로 보이기 때문이다. 화랑도는 원래 낭도(郎徒)로 불렸고, 때로는 선랑(仙郎)으로도 불렸다. 화랑도라는 말은 이들 선랑을 여자처럼 예쁘게 꾸며놓은 데서 붙여진 이름이다. 여기서 선랑은 곧 선비다. 신라도 고구려와 비슷한 국가적인 제천행사가 있었는데, 이를 팔관회(八關會)로 불렀다. 이때 청소년들을 모아 무예를 시험하여 선랑을 선발하고, 그 가운데 가장 우수한 선랑을 국선(國仙)이라고 불렀다. 일단 선랑으로 뽑히면, 명산대천을 유람하면서 하늘을 숭배하고, 심신을 연마하고, 전쟁에 나아가 공을 세우면 고급관료로 출세하는 엘리트집단이었다. 이 점은 고구려와 같았다. 이들이 삼국통일의 원동력이었다는 것은 잘 알려진 사실이다.

신라의 화랑도정신에 대해서는 신라말 대유(大儒)인 최치원(崔致遠)이 소개한 글이 있다. 그의 말을 옮겨보면 다음과 같다.

> 나라에 현묘(玄妙)한 도(道)가 있는데 풍류(風流)라고 한다. 가르침의 뿌리는 《선사》(仙史)에 자세히 갖추어져 있는데, 삼교(三敎: 儒佛仙)를 모두 합쳐서 군생(群生)을 접화(接化)시킨다. 또 집에 들어가면 부모에게 효도하고, 밖으로 나가면 나라에 충성한다. 이는 노(魯)나라 사구(司寇: 孔子)의 뜻이다. 무위(無爲)의 일을 좋아하고 불언(不言)의 가르침을 행하는데, 이는 주(周) 주사(柱史: 老子)의 가르침이다. 여러 가지 악한 일을 하지 않고, 여러 가지 착한 일을 받들어 실천하는 것은 축건(竺乾: 인도) 태자(太子: 석가모니)의 가르침이다.

여기서 최치원은 화랑도정신을 나라의 현묘(玄妙)한 도(道)로서 '풍류'(風流)라고 불렀다고 한다. 여기서 풍류는 자연을 즐기는 풍월(風月)의 뜻도 있지만, '부루'(夫婁) 곧 단군(檀君)의 아들 부루를 가리키는 것으로도 해석된다. 어떻게 해석하든지 화랑도정신은 신라에 고유한 현묘한 사상으로 본 것이다. 그런데 그 내용을 들여다 보면 유교, 불교, 도교를 합친 것으로, 1) 부모에 대한 효도, 2) 나라에 대한 충성, 3) 무위(無爲)와 불언(不言)을 좋아하는 행동, 4) 악한 일을 하지 않고 착한 일을 하는 행동 등이다.

그런데 이런 정신은 바로 〈단군신화〉에 보이는 천지인합일사상이나 홍익인간의 정신과 다름이 아니다. 특히 무위(無爲)와 불언(不言)을 좋아한다는 것은 반드시 노자(老子)의 가르침이라기보다는 천지인합일사상을 가지고 자연의 질서에 순응하는 태도가 노자의 무위자연(無爲自然)과 일치한다고 본 것이다. 악한 일을 하지 않고 착한 일을 행한다는 것도 홍익인간의 한 부분에 지나지 않는다. 그것이 꼭 불교의 가르침을 따랐다고 보기 어렵다. 효(孝)와 충(忠)도 공자의 가르침이지만, 공자 자신이 효자와 충신의 상징을 동이족에서 찾았기 때문에 유교를 배워서 효충을 알게 된 것이 아니라, 본래부터 효충의 정신을 가지고 있는데, 결과적으로 유교의 가르침과 일치한다고 본 것이다.

화랑도정신에 대해서는 최치원에 앞서 7세기 초에 원광법사(圓光法師)가 두 사람의 낭도(郎徒)인 귀산(貴山)과 추항(箒項)에게 일러준 이른바 〈세속오계〉(世俗五戒)에도 보인다. 〈세속오계〉는 잘 알려진 바와 같이 1) 임금을 충성으로 섬길 것[事君以忠], 2) 부모를 효도로 섬길 것[事親以孝], 3) 친구를 신의(信義)로 맺을 것[交友以信], 4) 전쟁을 할 때에는 물러나지 말 것[臨戰無退], 5) 생명체를 함부로 죽이지 말 것[殺生有擇]이 그것이다.

원광이 낭도에게 가르쳐 주었다는 다섯 가지 계율은 앞에서 최치원이 소개한 풍류도와 크게 다르지 않을 뿐 아니라, 얼핏 보면 유교나 불교의 가르침에서 배운 것처럼 보이지만 사실은 불교나 유교가 들어오기 훨씬 이전부터 우리 민족이 지니고 살아온 생활풍습에 지나지 않는다. 예를 들면 "친구를 신의로서 사귀라"는 것은 이미 동이족의 풍습 가운데, "서로 공손하게 앉아 서로 공격하거나 헐뜯지 아니한다", 또는 "다른 사람의 어려운 일을 보면 목숨을 던져 구해준다"고 중국측 기록에 이미 보이고 있기 때문이다. 이런 아름다운 공동체풍습이 바로 "친구를 신의로써 사귄다"는 말과 무엇이 다른가? "생명체를 함부로 죽이지 말라"는 말도 이미 동이족의 풍습으로 "동이족은 착하여 생명체를 사랑한다"고 이미 지적된 바 있다. 또 홍익인간 속에 "생명을 주관했다"고 하여 생명에 대한 사랑이 홍익인간의 첫머리로 강조되고 있기 때문이다. 다만 전쟁을 할 때에는 물러나지 말라고 한 것이 약간 다른 모습으로 보이지만, 이것도 따지고 보면 나라에 대한 충성을 부연한 말에 지나지 않는다.

지금까지 고구려와 신라의 선비 및 선비정신에 대하여 살펴보았는데, 요약하면 삼국시대의 선비는 청소년 종교집단인 동시에 무사집단이고 지식층으로서 고급관료로 올라가는 최고의 엘리트집단이며, 그들의 사상과 행동은 고조선의 건국이념을 계승한 것으로 결과적으로 보면 유교, 불교, 도교를 합친 것과 같다는 것이다.

그러면 삼국의 선비정신은 선비계층의 사상과 행동으로만 그친 것인가? 그렇지는 않다. 그 정신과 행동은 바로 국가를 이끌어가는 정치이념이기도 했다.

물론 삼국시대의 정치현실은 치열한 정복전쟁의 연속이었고, 그 과정에서 귀족층과 노비층이 분화되어 귀족의 특권이 확대되고, 승려들의 정치참여가 활발하고, 호국불교가 번창하고, 중국의 율령체제를 도입하는 등 복잡한 정치행보가 있었던 것이 사실이다. 따라서 정치현실은 홍익인간의 아름다운 이상과는 거리가 있었다. 하지만, 그런 현실 속에서도 선비정신은 나라를 지켜내고, 계층 간의 조화와 사회통합을 이끌어내는 감초역할을 했다는 점을 주시할 필요가 있다.

2. 고려시대 선비와 선비정치

(1) 향도(香徒)와 두레

고려시대는 삼국시대에 비하여 유교정치이념이 강화되어 유교는 '치국(治國)의 도(道)', 불교는 '수신(修身)의 도(道)'로 역할이 나뉘었다. 이렇게 보면 고려시대에는 유교와 불교로만 정치와 종교가 운영된 것처럼 보인다. 하지만 이는 피상적인 관찰에 지나지 않는다. 유교와 불교 속에 이미 고조선 이래의 고유한 선비정신이 함께 녹아 있기 때문이다. 이런 현상은 외형상으로는 잘 나타나 보이지 않지만, 유학자와 승려의 핏 속에 하나의 체질로 스며들어 있다는 것을 알아야 한다.

또 지배층뿐 아니라 일반 민중 사이에도 선비정신이 스며 있기는 마찬가지였다. 고려시대에는 일반 민중 사이에 향도(香徒) 또는 계(契) 또는 두레[社]로 불리는 자발적인 공동체조직이 운영되고 있었다. 향도는 바로 삼국시대 화랑도(花郎徒)를 가리키는 말이다. 김유신이 이끌던 낭도(郎徒)를 일명 '용화향도'(龍華香徒)로 부른 것이 그 증거이다. 삼국시대에 국가가 조직했던 화랑도조직은 고려 건국 이후 사라졌지만, 그 유제가 농촌사회에 그대로 유지되어 향도라는 이름으로 이어져간 것이다. 다만, 향도라는 말 속에는 향(香)을 땅속에 묻어 미래의 미륵불이 환생하기를 기원하는 종교의식을 행하였기 때문에 붙여진 이름이다. 종교행사를 치를 때에는 남녀노소가 떼를 지어 춤과 노래를 하고 술을 마시기도 하는 등 축제를 벌였다.

'두레'[社]는 향도와 비슷한 공동체조직이지만, 향도가 종교적 성향이 강한 것이라면 두레는 경제적인 공동체의 성격이 강했다. 향도가 점차 두레로 바뀐 것이다. 그래서 재원(財源)을 만들어 서로 도와주는 계(契)를 만들기도 했다. 두레도 주기적으로 종교행사를 함께 하면서 절에 가서 기도를 올리기도 하고, 일상적으로 도로를 닦거나, 거리를 청소하거나, 성곽을 수리하거나, 관청의 물건을 날라주거나 하는 등 국가를 위한 노동력을 제공하기도 했으며, 전쟁이 일어나면 민병대가 되어 가장 앞장서서 싸우는 용감한 전투병이 되기도 했다. 이런 모습은 바로 옛날 화랑도의 풍습과 매우 유사했지만 본질적으로 무사단체는 아니었다.

고려시대 향도나 두레의 모습을 잘 보여주는 자료가 인종 때 송나라 사신 서긍(徐兢)이 쓴 《고려도경》(高麗圖經)에 재가화상(在家和尙)이라는 이름으로 남긴 기록이다. 이를 옮기면 다음과 같다.

> 재가화상은 가사(袈裟: 승려의 옷)를 입지 않고, 계율도 지키지 않는다. 흰 모시로 된 좁은 옷을 입고, 허리에 검은 비단 띠를 둘렀다. 맨발로 다니는데, 간혹 신발을 신은 자도 있다. 거처할 집을 스스로 짓기도 하고, 아내를 얻고 자식도 키운다. 그들은 관청에서 기물(器物)을 져서 나르고, 도로를 청소하고, 도랑을 파고, 성(城)과 집을 수리하는 등 모든 일에 종사한다. 변경에 경보(警報)가 있으면, 단결해서 나가는데, 비록 달리는 데 익숙하지는 않지만, 자못 씩씩하고 용감하다. 전쟁에 나가게 되면 각자가 양식을 마련하기 때문에 국가의 경비를 소모하지 않고서도 얼마든지 전쟁을 치를 수 있다. 듣기로는 거란이 고려인에게 패배한 것도 바로 이 무리들의 힘이었다고 한다. 이들은 실제 형벌을 받은 사람들인데, 이족(夷族)의 사람들은 수염과 머리를 깎은 사람을 화상(和尙)이라고 부른다.

여기서 서긍은 재가화상(在家和尙)들이 머리를 깎았기 때문에 형벌을 받은 사람으로 보기도 하고 승려로 보기도 했으나, 실제로는 평민들이다. 승려라면 가족을 거느리고 살 리도 없고, 가사(袈裟)를 입지 않을 리도 없다.

재가화상은 바로 향도(香徒)나 두레를 가리킨다. 이들이 흰옷에 검은 띠를 둘렀다고 했는데, 이런 복장은 신라의 낭도들의 복장과 비슷하고, 고구려의 조의선인(皁衣仙人)도 검은 옷을 입었기 때문에 붙여진 이름이므로 이와 비슷한 옷을 입었을 것으로 보인다. 오늘날 태권도복이나 택견의 옷, 또는 일본의 유도(柔道) 또는 당수(唐手)의 옷과도 일치한다.

이들이 하는 일은 국가에 여러 가지 노동력을 바치고, 전쟁이 일어나면 용감하게 싸우기 때문에 고려 초기 거란을 물리칠 때 이들의 공로가 제일 컸다는 것이다. 고려 초 거란의 침입에 대비하여 30만 명의 광군(光軍)을 조직했다는 기록이 보이는데, 아마도 이들이 위에 소개한 향도나 두레의 민병대를 가리키는 것으로 보인다. 이들은 경상도 예천(醴泉)의 개심사 석탑(石塔)을 짓는 데도 동원되었다고 하는데, 바로 '재가화상'이 하는 일과 같다. 뒤에 숙종 때 여진족을 물리칠 때에도 윤관(尹瓘)이 17만 명의 별무반(別武班)을 조직했다고 하는데, 그 가운데 승려로 구성된 항마군(降魔軍)이 들어 있다. 여기서 항마군은 아마도 순수한 승려군인이 아니라 향도군(香徒軍)이나 두레군을 가리키는 것으로 보인다.

고려시대의 향도나 두레, 그리고 계(契)는 조선시대에도 그대로 이어져 똑같은 형태의 생활풍습을 보였다. 18세기 초 실학자 유수원(柳壽垣)은 당시에 향도계(香徒契)가 있었다고 하면서 그들이 하는 일을 다음과 같이 소개하고 있다.[07]

07 한영우, 《꿈과 반역의 실학자 유수원》(지식산업사), 2007, 221쪽 참고.

> 우리나라의 향도계는 서울은 물론이요, 궁벽한 향읍(鄕邑)에까지 없는 곳이 없다. 무릇 공가(公家: 국가)의 심부름과 축성(築城)에 이르기까지 모두 이들이 한다. 여항(閭巷)의 길흉(吉凶)에 관한 일들, 예컨대 상여를 메고, 무덤을 조성하고, 도랑을 파고 둑을 쌓고, 농토를 일구고, 수레를 몰고, 집을 짓고, 측간[화장실]을 청소하고, 우물을 파고, 가마를 메고, 방아를 찧고, 이엉을 짜서 지붕에 얹고, 담장을 수리하고, 벼를 베고, 곡식을 털고, 기와와 벽돌을 굽고, 눈을 치우고, 물을 파는 일 등 온갖 잡일을 모두 이들이 맡는다. 그래서 한 달 걸릴 일이 며칠이면 끝나고, 열 사람의 노예가 할 일을 몇 푼의 돈이면 해결한다. 노비와 고공(雇工: 머슴)을 많이 거느리면서 의식(衣食)을 소비할 필요도 없고, 이웃 사람들의 노동력을 빌려 농무(農務)를 방해할 필요도 없다. … 향도계는 방국(坊局: 조직체)의 모습을 이루지는 못하고 있으나, 도둑질은 하지 않는다.

이를 다시 정리하면, 향도계는 국가에 필요한 축성(築城)이나 심부름을 도맡아 하고, 민간에서도 농사일이나 장례식, 집짓기, 길청소하기, 가마메기, 우물파기 등 모든 잡일을 거들어주면서 돈을 받고 있다는 것이다. 그런데 이들은 도둑이나 죄인들이 아닌 사람들로 보고 있다. 이들의 복장이 어떠했는지, 머리를 깎았는지는 말하지 않고 있으나, 아마도 고려시대의 재가화상과 비슷했을 것으로 보인다.

임진왜란 때 의병(義兵)도 이런 무리들이 다시 들고 일어난 것이고, 한말-일제강점기의 의병전쟁에도 이들이 참여했다. 이렇게 보면 화랑도에 뿌리를 민간에서의 선비전통이 역사적으로 얼마나 강인한 잠재력을 가지고 한국사 발전에 기여했는지를 알 수 있다.

우리나라 농촌에는 '상두꾼'으로 불리는 공동체가 8·15광복 후에도 있었다. 이들은 주로 상여를 함께 메면서 장례일을 도와주는 일을 많이 했다. 이 상두꾼도 향도군(香徒軍)이 와전된 것으로 보인다.

또 농촌에서 '두레패'로 불리는 무리들이 있어 가을에 추수할 무렵에는 각 마을을 돌아다니면서 한바탕 놀면서 풍년을 기원하는데, 이들을 일명 '농악대'라고도 부른다. 오늘날 상모를 돌리면서 춤추고, 징, 북, 꽹과리를 두드리고, 어린아이를 무등 태우고 노는 패거리를 가리킨다.

(2) 태조의 〈훈요십조〉와 최승로의 상소에 담긴 선비정신

고려시대 지배층을 형성했던 문관들이나 승려들도 외관상으로 보면 공맹(孔孟)의 가르침이나 불교 경전만 배운 사람들로 보이지만, 체질적으로는 전통적인 선비정신을 지니고 있었다.

고려 태조가 후왕들을 경계하기 위해 지었다고 알려진 〈훈요십조〉(訓要十條)는 10가지 지켜야 할 교훈을 담고 있는데, 이는 고려의 건국이념이라고 보아도 좋다. 그 가운데 선비정신과 통하는 내용을 추려보면 다음과 같다.

* 사찰을 지을 때는 도선(道詵)의 풍수사상에 맞게 지을 것
* 우리나라는 방토(方土)와 인성(人性)이 중국과 다르므로 중국 문화를 모두 따를 필요가 없다.
* 풍수지리사상을 존중하고, 서경(西京: 평양)을 중요하게 여길 것
* 연등(燃燈) 행사와 하늘, 오악(五嶽), 대천(大川), 용신(龍神)을 섬기는 팔관회(八關會)를 성실하게 지킬 것
* 간쟁(諫諍)을 따르고, 참언(讒言)을 멀리하여 신민(臣民)의 지지를 받을 것
* 농민의 요역과 세금을 가볍게 하여 민심(民心)을 얻고 부국안민(富國安民)을 이룰 것

위에 소개한 여섯 가지 항목은 전통문화인 풍수지리, 연등회, 팔관회를 성실하게 지킬 것과 아울러 요역과 세금을 가볍게 하여 백성을 사랑하는 정치를 하라는 내용이다. 여기서 풍수지리는 바로 음양오행사상을 가지고 천지인을 합일시키는 사상이며, 연등회나 팔관회는 얼핏 보면 순수한 불교행사로 보이지만, 사실은 고구려의 동맹(東盟)이나, 예(濊)의 무천(舞天), 부여의 영고(迎鼓) 등과 같은 전통적인 제천행사(祭天行事)를 계승한 것으로 여기에 약간의 불교적인 의식을 가미한 것뿐이다. 이것도 역시 천지인합일사상을 의미한다. 그리고 백성을 사랑하는 정치는 바로 '홍익인간' 바로 그것이다.

이렇게 전통문화를 존중해야 하는 이유로 〈훈요십조〉에서는 우리나라의 자연환경과 인성(人性)이 중국과 다르다는 것을 내세우고 있다. 환경과 국민성이 다른 우리가 중국 문화를 모두 따르는 것은 적절하지 않다는 것이다. 그렇다고 고려가 중국 문화를 거부한 것은 물론 아니다. 송나라 문화를 열심히 수용한 것도 사실이다. 하지만, 외국 문화를 받아들이더라도 한국인의 인성에 맞지 않는 것은 받아들일 필요가 없다는 것이다.

〈훈요십조〉는 국가를 운영할 때 개방과 보수의 균형을 정확하게 지적한 것으로 이는 지금에도 귀담아들어야 할 만고불변의 진리이다.

〈훈요십조〉와 비슷한 국가경영철학을 제시한 유학자는 고려 성종 때 최승로(崔承老)이다. 그는 유학자로 명성을 떨친 인물이지만, 중국의 예악(禮樂)이나 학문, 그리고 윤리는 따를 필요가 있지만, 우리나라는 중국과 풍토가 다르므로 전통적인 풍습, 예컨대 의복제도라든가 소박한 거마제도(車馬制度) 등을 버려서는 안 된다고 지적했다. 다시 말해 중국의 풍습은 지나치게 사치스럽고 화려한 것을 좋아하는데 이것은 받아들일 필요가 없다는 것이다.

얼핏 생각하면 최승로는 유학자이므로 중국 문화를 높이 숭상하여 무조건 다 받아들이자고 주장할 듯하지만 실은 그렇지 않다는 것을 알 수 있다.

이것이 바로 고려 유학자들의 태도였다. 고려가 세계 최선진국이었던 송나라와 어깨를 겨루는 문화대국으로 발돋움하여 송나라의 존경을 받은 이유가 여기에 있었다. 송나라는 고려를 조공국가로 대하지 않고 대등한 국가로 보아 고려 사신을 조공사(朝貢使)로 부르지 않고 국신사(國信使)로 불렀다.

(3) 고려의 애국명장과 김부식

고려가 거란 및 여진족의 대대적인 침략을 물리치고 승리를 거둔 것은 잘 알려진 사실이다. 그런데 우리는 전쟁에서 혁혁한 공적을 세운 서희(徐熙: 942-998), 강감찬(姜邯贊: 946-1031), 윤관(尹瓘: ?-1111) 등을 '장군'으로 불러 마치 순수한 무인인 것처럼 생각하고 있으나, 이들은 모두 유학을 공부하고 과거를 거쳐 고관에 오른 문관이었다. 다시 말해 그들은 모두 문무(文武)를 겸비한 인물로서 기본적으로는 삼국시대의 선인(仙人) 곧 선비와 같은 정신을 가진 사람들이었다.

이들은 〈훈요십조〉에서 보이는 전통문화를 존중하는 유학자들이었으며, 특히 팔관회나 신라의 화랑도 같은 전통을 이어가야 한다고 임금에게 제언하기도 했다. 강감찬은 유학자이면서도 조선시대 19세기 초 한치윤(韓致奫)이 쓴 《해동역사》(海東繹史)를 보면 그는 불교의 보살계(菩薩戒)를 받은 인물로 알려져 있는데, 보살계는 1) 살생하지 말라, 2) 도둑질하지 말라, 3) 간음하지 말라, 4) 거짓말하지 말라, 5) 이간질하지 말라, 6) 남을 멸시하는 말을 하지 말라, 7) 실없고 잡된 말을 하지 말라, 8) 탐욕하지 말라, 9) 화내지 말라, 10) 사특한 생각을 갖지 말라 등 10가지 계율을 말한다. 이런 내용은 물론 불교의 가르침이지만 동시에 고조선 이래의 8조법금이나, 홍익인간, 그리고 팔관계율과도 통하는 전통적인 가치를 내포하고 있었다. 그래서 조선시대 17세기 후반 홍만종(洪萬宗: 1643-1725)은 《해동이적》(海東異蹟)에서 강감찬을 일러 단군 이래 선가(仙家) 곧 선비의 전통을 계승한 인물로 보았다.

고려 인종 때 《삼국사기》(三國史記: 1145) 편찬을 주도한 김부식(金富軾: 1075-1151)은 흔히 중국을 숭배하는 사대주의자(事大主義者)로 알려져 왔지만, 《삼국사기》 속에 신라의 화랑도를 격찬하고 있는 것을 보면 그도 전통적인 선비정신을 결코 외면하고 있는 유학자가 아님을 알 수 있다.

(4) 균여(均如), 묘청(妙淸), 일연(一然)

고려시대 승려 가운데에도 불교경전에만 빠져 있지 않고 전통적인 가치를 받아들이면서 융합적인 자세를 지닌 승려들이 적지 않다. 그 가운데 고려 초기의 균여대사(均如大師: 923-973)와 고려중기의 묘청(妙淸: ?-1135), 그리고 고려말기의 일연(一然: 1206-1289)을 들 수 있다.

균여는 교리적인 측면에서 보면 화엄학(華嚴學)을 따르는 승려이고, 화엄학은 사물을 대립으로 보지 않고 통합의 시각에서 바라보는 이론이기도 하다. 그런데 균여가 균여다운 점은 그가 신라의 향가(鄕歌)를 사랑하는 승려로서 〈균여전〉에 신라의 향가를 소개하고 있을 뿐 아니라, 스스로도 〈보현십원가〉(普賢十願歌)라는 향가를 짓기도 했다는 점이다. 향가는 잘 알려진 바와 같이 화랑(花郞)들의 문학이다. 물론 승려가 지은 것도 있지만, 그 승려도 따지고 보면 화랑 출신인 경우가 많다.

향가에 담긴 정신은 바로 화랑도의 선비정신을 그대로 보여준다. 말하자면 효(孝)와 충(忠), 신의(信義), 애민정신 등 화랑도정신을 그대로 반영하고 있다. 그렇다면 향가를 사랑한 균여의 사상은 바로 화랑의 선비정신을 계승하고 있다고 볼 수 있다. 그가 성(聖)과 속(俗)을 초월하여 불교를 대중 속에 심으려 한 것도 여기에 이유가 있을 것이다. 그는 어쩌면 성속을 넘나들면서 불교의 대중화에 힘썼던, 그러면서 화엄의 통합정신을 존중했던 신라의 원효(元曉)와 비길 수 있는 승려로 보인다. 원효도 신분은 서당(誓幢) 곧 낭도(郎徒) 출신이었다.

묘청(妙淸)은 인종 때 서경천도운동을 일으켜 정치적으로 큰 파란을 일으킨 승려이지만, 사상적으로 본다면 풍수지리와 토착신앙을 매우 존중한 승려였다. 특히 서경(西京: 평양)으로 도읍을 옮기면 36국이 조공을 바친다든가, 서경에 임원궁(林原宮)이라는 궁궐을 짓고 그 안에다 팔성당(八聖堂)이라는 사당을 만들었는데, 이른바 팔성(八聖)은 불교교리와는 아무런 관계가 없는 토착신앙이다. 팔성은 전국 각지의 대표적인 산악(山岳)을 의인화(擬人化)시키고 성인화(聖人化)시켜 붙인 이름으로, 여기에 석가불(釋迦佛), 보살(菩薩), 선인(仙人), 천왕(天王), 우바이(優婆夷), 천신(天神) 등의 이름을 붙인 것이다. 그러니까 불교적 용어와 토착신앙인 선교(仙敎)의 어휘들을 섞어서 만든 우상이기도 하다. 이렇게 주요 산악을 신앙의 대상으로 섬김으로써 국토에 대한 통합과 사랑을 북돋우자는 뜻이 담겨 있다.

팔성 가운데에는 가장 먼저 '호국백두악태백선인'(護國白頭岳太白仙人)이 등장하는데, 이는 단군신화에 나오는 태백산과 환인(桓因), 환웅(桓雄)을 가리키는 것으로 보인다. 또 '구려평양선인'(駒麗平壤仙人)도 보이는데, 이것은 단군(檀君)이거나 아니면 고구려시조 동명성왕(東明聖王)을 가리키는 것으로 보인다. 실제로 평양에는 단군을 제사하는 숭령전(崇靈殿)이 있었고, 또 고주몽을 제사하는 동명사(東明祠)도 있었다. 이렇게 본다면 묘청은 고조선 이래의 선비정신에 대한 애착을 가진 승려로 볼 수 있다.

일연(一然)은 몽고의 간섭을 받던 충렬왕 때의 승려로서 유명한 《삼국유사》(三國遺事)를 써서 후세에 이름을 크게 떨친 승려이다. 그런데 그가 쓴 《삼국유사》를 보면 불교와 관련된 설화(說話)들이 많이 실려 있는 것이 사실이지만, 그 밖에 전통적인 선비문화에 대한 기록도 적지 않다. 예를 들면 〈단군신화〉를 수록한 것이 그 대표적인 예이다. 물론 그는 단군신화를 소개하면서 곳곳에 불교적인 주석(註釋)을 붙여 승려의 한계를 보이고 있는 것은 사실이지만, 그렇다고 단군신화의 원형을 크게 훼손시킨 것은 아니었다.

그 밖에도 《삼국유사》에는 부여, 고구려, 가야의 건국에 얽힌 설화를 소개하여 고대사의 시야를 넓혀 놓았으며, 효자(孝子)와 선행(善行)을 한 사람들의 이야기나, 연오랑(延烏郞)과 세오녀(細烏女)가 일본으로 건너가 임금이 된 이야기, 그리고 신문왕(神文王)의 만파식적(萬波息笛)[08]에 관한 이야기 등 민간설화가 풍부하게 수록되어 있어 한국인의 고유한 민족정서를 연구하는 데 크게 기여하고 있다. 이런 이야기들의 주제는 대부분 천지인합일사상이나 음양오행사상, 그리고 홍익인간과 관련되는 미풍양속을 말한다.

(5) 팔관회와 팔관계율에 반영된 선비정신

고려시대의 선비정신을 보여주는 또 하나의 종교행사는 팔관회(八關會)와 〈팔관계율〉(八關戒律)이다. 팔관회라는 용어 자체는 불교적 용어이지만, 그 내용은 매우 한국적이었다. 그 뿌리는 단군이 제천(祭天)한 데서 시작하여 부여의 영고(迎鼓: 맞이굿), 고구려의 동맹(東盟: 새몽), 예(濊)의 무천(舞天)으로 이어져 오다가 신라에 이르러 불교의식과 접목되어 팔관회라는 이름으로 계승되었는데, 이때 국선(國仙)을 선발하는 화랑회(花郞會)를 겸했다. 고려는 바로 신라의 팔관회를 다시 계승하여 거국적인 제천행사를 거행했다.

매년 10월 또는 11월에 개경(開京)과 서경(西京)에서 이틀간 거행된 팔관

08 〈만파식적〉 이야기의 줄거리는 다음과 같다. 신라 신문왕이 아버지 문무왕을 위하여 동해가에 감은사라는 절을 지었다. 감은사 앞 바다 가운데 산이 있고, 그 산꼭대기에 대나무가 자라고 있었는데, 낮에는 둘이 되었다가 밤에는 하나로 합쳐졌다. 동해용이 말하기를 이 대나무는 문무왕이 죽어서 된 해룡(海龍)과 김유신이 죽어서 된 천신(天神)이 힘을 합하여 만든 것으로 이 대나무로 피리를 만들어 불면 나라가 편안해질 것이라고 말했다. 왕이 그 말대로 피리를 만들어 부니 적병이 물러가고, 병이 낫고, 바람이 잔잔해지고 파도가 가라앉았으며, 모든 근심과 걱정이 없어졌다고 한다.

〈나례 때 사용한 무대〉 (봉사도에 수록된 그림)
나무와 비단을 사용하여 신선이 사는 산을 만들고 바퀴를 달아 끌고다녔다. 처용무와 줄타기 등을 함께 공연했다.

회는 하느님과 오악(五嶽), 바다의 용신(龍神), 그리고 고려 시조와 개국공신인 신숭겸(申崇謙)이나 거란과의 전쟁에서 공을 세운 하공진(河拱辰) 등 애국 명장들을 우상(偶像)으로 만들어 함께 제사지내는 행사였다. 이때 신라의 네 화랑인 사선(四仙)[09]을 추모하는 사선악부(四仙樂部)의 노래가 등장하고, 광대들이 산대잡극(山臺雜劇)이나 나례(儺禮) 같은 공연을 열기도 했다.

이 행사에는 왕과 비빈(妃嬪)들이 높은 누(樓: 의봉루)에 올라 크게 풍악을 울리면서 연회를 베풀고, 상인들이 100필의 비단을 바쳐 장막을 만들었으며, 중앙과 지방에서 올라온 벼슬아치들이 참가하여 왕에게 축하를 드리고, 외국의 사신들이 와서 조공(朝貢)을 바치기도 했다. 또 이 행사에는 각계각

09 사선은 지금의 강원도 삼일포(三日浦)에서 사흘간 머물렀다는 전설을 남긴 신라의 네 선랑(仙郎), 곧 술랑(述郎), 남랑(南郎), 영랑(永郎), 안상(安祥)을 가리킨다.

층의 백성들이 와서 이 행사를 구경했다. 그리고 이 행사에서 젊은이들의 무예를 시험하여 무관을 선발하기도 했다.

고려의 팔관회는 말하자면 신라의 팔관회와 화랑회를 계승한 민족적인 축제로서 백성의 단합과 애국심을 고취시키는 행사로 볼 수 있다. 그런데 팔관회와 관련하여 8가지 계율이 권장되었는데, 이를 팔관계율(八關戒律)이라고 부른다. 그 내용은 다음과 같다.

* 생명을 함부로 죽이지 말 것[不殺生]
* 도둑질하지 말 것[不偸盜]
* 음탕한 짓을 하지 말 것[不淫佚]
* 말을 함부로 하지 말 것[不妄言]
* 사치스런 옷을 입지 말 것[不着香華]
* 높은 자리를 탐하지 말 것[不坐高大床]
* 술을 조심할 것[不飮酒]
* 보고 듣는 쾌락을 탐하지 말 것[不自樂觀聽]

여기에 소개한 여덟 가지 계율은 불교의 가르침과도 관련이 있지만, 그것이 고려사회에서 크게 강조된 것은 이미 고조선부터 내려오던 선비들의 계율과 일치하기 때문이다. 예를 들면, 고조선에서는 기자(箕子)가 만들었다고 알려진 팔조교(八條敎) 또는 법금(法禁)이 있었는데, 그 가운데 세 가지 계율이 확인되고 있다. 1) 사람을 죽인 자는 죽인다. 2) 사람을 다치게 한 자는 곡식으로 갚는다. 3) 도둑질한 자는 그 가족이 모두 도둑맞은 집의 종이 된다는 것이다. 위 세 조목은 팔관계율의 내용과 일치한다. 따라서 팔조교의 나머지 다섯 가지 계율도 팔관계율과 비슷했을 가능성이 크다.

이렇게 본다면 고려시대 선비정신은 팔관계율을 통해서도 계승되고 있었음을 알 수 있다.

(6) 풍수지리와 선비정신

고려시대 정치에 큰 영향을 미친 사상 가운데 하나는 풍수지리이다. 이미 태조가 썼다고 알려진 〈훈요십조〉에 풍수지리의 중요성을 강조하여 풍수지리는 마치 고려의 건국이념처럼 되어 후세에도 강인한 생명력을 지니고 정치에 큰 영향을 미쳤다.

왕건이 고려의 수도를 송악(松嶽) 곧 개성(開城)으로 정한 것은 왕건 자신의 출신지역이 이곳이기도 하지만, 풍수지리상으로도 명당지(明堂地)라는 것이 중요한 명분으로 내세워졌다. 숙종 때 김위제(金謂磾) 일파가 지금의 서울인 남경(南京)으로 천도운동을 벌인 것도 마찬가지였다. 그 뒤 인종 때 묘청 일파가 서경(西京)으로 천도운동을 벌인 것도 풍수지리에 근거하여 명당이라는 이유였다.

풍수지리는 땅에 음양과 오행이 있어 땅이 살아 있다고 보는 생명지리학이다. 강과 산이 음양을 형성하고, 수화목금토(水火木金土)가 오행을 형성하고 있기 때문이다. 그런데 음양과 오행의 배합이 잘되어 있는 곳은 땅의 생명력이 왕성한 곳으로 이런 곳을 사람이 살기 좋은 명당(明堂)으로 보았으며, 음양오행의 배합이 고르지 못한 곳은 생명의 기가 약해, 사찰이나 다른 시설물을 만들어 그 약점을 보완해야 한다고 보았다. 이렇게 지력이 약한 곳에 세운 사찰을 비보사찰(裨補寺刹)이라고 불렀다.

고려시대의 풍수지리사상은 그 뿌리를 중국에 두지 않고, 고조선에서 찾았다. 고조선시대에 신지(神誌)라는 사람이 《비사》(秘詞)라는 책을 써서 풍수사상을 만들었으며, 또 《진단구변국지도》(震檀九變局之圖)라는 책도 있었다고 한다. 이 책은 우리나라가 아홉 번에 걸쳐 명당의 국면(局面)이 바뀐다는 내용을 담은 것이다.

이렇게 고조선시대부터 시작된 풍수사상을 계승하여 발전시킨 사람은 신라 말의 승려 도선(道詵: 827-898)이었다. 그는 전국 방방곡곡을 답사하면서 어디가 명당인가를 찾아내어 이를 이론화시킨 인물이었다. 지금 한국의 사찰 가운데에는 옛날에 도선이 다녀갔다고 알려진 사찰이 무수히 많다. 도선이 찾아낸 명당은 주택이나 무덤자리 같은 작은 공간이 아니라 나라가 발전하려면 어디에다 도읍(都邑)과 비보사찰을 세워야 하는지를 찾아내는 데 치중했다. 말하자면 국가경영에 필요한 명당지를 찾아내고자 한 것이 도선 풍수의 특징이었다. 그래서 그의 영향을 받아 위에 말한 것처럼 도읍을 송악(松嶽)에 정하게 되었고, 그 뒤에는 남경, 서경 등으로 옮기자는 운동이 일어난 것이다. 조선왕조가 한양(漢陽)에 도읍을 둔 것도 도선 풍수지리의 영향이었다.

도선의 풍수사상을 계승하여 발전시킨 이는 11세기 초 숙종 때 위위승동정(衛尉丞同正)을 지낸 김위제였다. 김위제는 신지의 《비사》와 도선이 지었다고 하는 《도선기》(道詵記), 《도선답산가》(道詵踏山歌), 《삼각산명당기》(三角山明堂記) 등을 인용하여 한양이 명당이라고 주장하면서 이곳으로 도읍을 옮기면 나라가 크게 중흥한다고 주장했다. 그의 말을 따르면, 겨울에 임금이 개경에 거주하고, 봄에 남경[한양]에 거주하고, 가을에 서경[평양]에 거주하면 36국이 조공을 바치게 되며, 나라를 세운 지 160년 뒤에는 남경에 도읍한다는 것이다. 또 개경이 몰락한 뒤에는 남경이 명당으로 떠오르는데, 한강의 어룡(魚龍)들이 사해(四海: 세계)로 통하고, 사해의 신어(神魚)들이 한강에 모여들고, 나라가 태평하며 백성이 편안해진다. 그래서 한강의 북쪽에 도읍을 두면 왕업(王業)이 길이 이어지고 사해(四海)가 와서 조공을 바친다고도 했다. 그러니까 남경이 세계의 중심국가로 비약한다는 것이다.

김위제는 남경[한양]이 왜 명당인가를 다음과 같이 설명하기도 했다.

눈을 들고 머리를 돌려 산세(山勢)를 보라. … 신선의 보금자리다. 음양의 꽃이 활짝 펴서 3중, 4중으로 에워싸고, 어버이가 웃통을 벗어버리고 산을 등지고 앞을 지키고 있다. 앞에는 조산(朝山: 인사드리는 산, 관악산을 가리킴)이 다섯 겹, 여섯 겹으로 에워싸고, 아저씨, 아주머니들이 산들이 우뚝 솟아 있다. 안팎의 문을 지키는 개들이 항상 임금을 모시기에 여념이 없다. 좌청룡(左青龍: 낙산을 가리킴)과 우백호(右白虎: 인왕산을 가리킴)가 서로 비슷하게 솟아 있으니 시비를 가릴 것이 없다. 내외의 상객(商客)들이 보배를 갖다 바치고, 이름 있는 이웃 손님들이 자식처럼 와서 모두 한 마음으로 나라와 임금을 도와준다. 임자년에 터를 닦고, 정사년에 성자(聖者)를 얻어 삼각산[북한산]을 의지하여 제경(帝京: 황제의 수도)을 만들면 아홉 번째 되는 해에 사해(四海)가 조공을 바친다. 그러니 한양은 밝은 임금이 성덕(聖德)을 펴는 땅이다.

저울에 비유한다면, 저울대는 부소량(扶踈樑: 개경)이고, 저울추는 오덕구(五德丘: 남경: 한양)이고, 저울 받침은 백아강(白牙岡: 서경: 평양)이다. 이 세 곳이 균형을 이루어야 나라가 편안한데, 이 세 곳이 바로 삼경(三京)이다.

이상 도선에서 김위제 등으로 이어진 한국의 풍수지리는 일정한 과학적 근거가 있다. 왜냐하면 풍수가들이 도읍의 명당으로 지목한 지역은 실제로 산과 강이 잘 배합되어 있어 방위에 편리할 뿐 아니라, 수로교통이 편리하여 국가를 경영하는 데 매우 유리한 조건을 갖추고 있기 때문이다. 또 개성, 평양, 한양을 저울에 비유하여 세 지역이 균형을 이루어야 한다는 주장도 국토의 균형발전을 강조한 것으로 매우 합리적인 의미를 지니고 있다.

따라서 고려시대 국도풍수는 국토에 대한 사랑과 국가를 균형 있게 발전시키는 데 긍정적으로 기여한 측면이 크다. 그리고 풍수지리의 뿌리를 중국에서 찾지 않고 고조선 이래의 고유신앙에서 찾고 있다는 점도 의미가 크다. 그것은 풍수지리를 밑받침하고 있는 것이 바로 고조선 이래의 천지인 합일사상과 여기에서 파생된 음양오행사상, 그리고 홍익인간이기 때문이다.

풍수지리는 조선시대에 들어와서도 크게 유행했는데, 다만, 명당도읍지를 따지던 국도풍수(國都風水)가 명당무덤터를 따지는 음택풍수(陰宅風水)로 바뀐 것이 다르다. 한양에 도읍을 정한 뒤로는 이를 능가하는 명당이 없었기 때문이었다. 그런데 음택풍수는 조상의 무덤자리를 정할 때 명당을 따지는 것으로, 여기에는 조상에 대한 효심(孝心)이 담겨 있었다. 다만, 음택풍수에 대한 관심과 애착이 지나쳐서 명당을 서로 빼앗은 과정에서 법적 분쟁이 크게 일어나서 이를 산송(山訟)으로 불렀는데, 이는 풍수지리가 가져온 부작용으로 볼 수 있다.

3. 조선시대 선비정신과 선비정치

(1) 선비정신과 성리학의 만남

조선시대는 성리학(性理學)이 국교(國敎)처럼 지배한 시대이다. 이에 따라 이기철학(理氣哲學)으로 대표되는 성리학의 우주론과 백성을 존중하는 민본적(民本的) 정치이념이 큰 영향을 주어 고려시대보다 정치수준이 한 단계 높아지는 변화를 가져왔다.

그런데 조선의 성리학자들은 성리학을 교조적으로 받아들인 것이 아니고, 체질적으로는 고조선 이래의 고유한 선비정신을 가지고 있었기 때문에 중국의 성리학자와는 다른 언행을 보이고 있었다. 예를 들면, 1) 이기철학을 천지인합일(天地人合一) 사상의 측면에서 심화시켜 중국 학자보다도 더 심오한 이기철학논쟁을 꽃피웠고, 2) 삼강오륜(三綱五倫)을 받아들이면서도 효(孝)와 충(忠)에 대한 충실성이 중국인보다 강했으며, 3) 민본사상을 받아들이면서 홍익인간(弘益人間) 이념을 근본으로 하여 한층 더 도덕(道德)과 복지(福祉)가 높아진 정치를 폈다. 4) 또 조선의 유학자들은 문무(文武)를 겸비한 인물이 많고, 5) 향약(鄕約)이나, 계(契), 두레[社] 등 향촌공동체문화가 발달했다.

조선 성리학자의 위와 같은 체질적 특징을 보지 못하고 성리학이론에만 맞추어 조선시대 선비문화를 이해하는 것은 피상적인 학설사에 머물게 될 것이다. 성리학 이론은 중국이나 조선이나 크게 다르지 않지만, 그것을 몸으로 받아들이는 데에는 서로 차이가 있다. 머리로 받아들이느냐 가슴으로 받아들이느냐의 차이가 바로 그것이다. 한국인은 한국인의 가슴으로 받아들이기 때문에 중국 성리학자와 다른 모습을 지니게 된 것이다.

(2) 민본사상과 공익정치

민본사상은 본래 《맹자》(孟子)에서 보이는 것으로 백성이 나라의 근본으로 가장 귀(貴)하고, 사직(社稷: 정부)이 그 다음이고, 임금은 가볍다는 말이 있다. 여기에서 백성은 임금의 하늘이라는 말도 나왔다. 그래서 맹자는 임금이 백성의 지지를 받지 못하면 방벌(放伐)이나 선양(禪讓)이 가능하다고 말했다. 방벌은 무력(武力)으로 임금을 폐위시키는 것을 말하고, 선양은 임금이 자신의 부덕함을 알고 스스로 물러나서 다른 사람에게 임금의 자리를 양보해야 한다는 뜻이다. 맹자는 방벌의 실례로서 은(殷)나라 탕왕(湯王)이 하(夏)나라의 폭군 걸왕(桀王)을 내쫓은 것을 소개하고 있다.

맹자에 앞서 공자(孔子)도 백성의 뜻을 따르는 것이 정치의 요체라고 주장했다. 공자는 정치의 목표를 크게 세 가지로 보았다. 족식(足食), 족병(足兵), 민신지(民信之)가 그것이다. '족식'은 먹는 것을 풍족하게 하는 것으로 요즘말로 하면 민생을 안정시키는 것이다. '족병'은 군대를 풍족하게 하는 것으로 요즘말로 국방을 안정시키는 것이다. '민신지'는 백성이 정치를 믿게 만드는 것으로, 요즘말로 정치에 대한 백성의 신뢰를 얻어야 한다는 말이다.

그런데 어느 제자가 공자에게 "위 세 가지 목표 중에 부득이 하나를 버린다면 무엇을 버려야 하느냐"고 묻자 공자는 '족병'이라고 답했다. 제자가 또 묻기를 "족식과 민신지 가운데 부득이 또 하나를 버려야 한다면 무엇이냐"고 묻자 공자는 족식이라고 답했다. 그래서 정치에 있어서 가장 중요한 것은 백성의 믿음이라는 것이다. 만약 백성이 정치를 믿지 못하면 족식도, 족병도 불가능하다고 본 것이다.

유교는 이렇게 백성을 근본으로 보고, 백성의 뜻을 따라서 정치를 해야 한다는 것을 강력하게 내세웠기 때문에 유교국가는 백성과의 소통을 매우 중요하게 여겼다.

그런데 조선왕조에 들어와서 민본사상이 국시(國是)처럼 된 것은 단순히 공자나 맹자의 영향이나 성리학의 영향으로 그리 된 것은 아니었다. 홍익인간(弘益人間)의 고유한 선비정신의 체질이 바탕에 없었다면 그토록 민본사상이 큰 힘을 발휘하지는 못했을 것이다. 다시 말해 전통적인 홍익인간 정신이 있었기에 유교의 민본사상을 받아들여 백성을 위한 공익정치(公益政治)로 승화시킨 것이 바로 조선왕조였다.

(3) 정도전의 민본사상

조선왕조의 민본적 통치이념을 처음으로 이론화시켜 《경국대전》(經國大

典)의 모체를 만든 사람은 바로 개국공신 정도전(鄭道傳: 1342-1397)으로서 그가 편찬한 《조선경국전》(朝鮮經國典: 1395)이 그것이다. 이 책에서 정도전은 민본사상의 중요성을 다음과 같이 말했다.

> 임금의 지위는 높기로 말하면 높고, 귀하기로 말하면 귀하다. 그러나 천하는 지극히 넓고, 만민(萬民)은 지극히 많다. 만일 임금이 천하만민(天下萬民)의 마음을 얻지 못한다면 크게 염려할 일이 생긴다. 아래 백성[下民]은 지극히 약한 존재이지만 힘으로 위협해서는 안 된다. 아래 백성은 지극히 어리석지만 꾀로써 속여도 안 된다. 그들의 인심(人心)을 얻으면 백성이 복종하지만, 인심을 얻지 못하면 백성은 임금을 버린다. 백성이 임금을 버리고 따르는 데 있어서 털끝만한 빈틈도 용납되지 않는다. 그런데 인심을 얻는 방법은 사사로운 뜻을 품고 구차스럽게 하는 것이 아니며, 도(道)에 어긋나고 명예를 해치면서 얻는 것도 아니다. 그 방법은 오직 인(仁)뿐이다. 임금은 천지가 만물을 생성시키는 마음을 자신의 마음으로 삼아서 '차마 할 수 없는 마음'으로 정치를 해야 한다.

여기서 정도전은 임금과 백성의 관계를 설명하면서 백성이 임금을 따르거나 버리는 선택권이 백성에게 있음을 분명하게 선언하고 있다. 임금은 지위가 높고 귀한 사람이지만, 백성의 마음을 얻으면 백성이 복종하고, 백성의 마음을 얻지 못하면 백성이 임금을 반드시 버린다는 것이다. 백성은 얼핏 보면 약해 보이기도 하고, 어리석게 보이기도 하지만, 힘으로 협박하거나 꾀를 가지고 속인다고 백성의 마음을 얻을 수는 없다고 본다. 민심을 얻는 방법은 오직 인(仁)밖에 없다는 것이다.

여기서 인(仁)이란 천지가 만물을 생성시키는 마음이다. 그러니까 만물의 생명을 탄생시키고 아끼는 '생명사랑'이 바로 인(仁)이다. 인은 또 '차마 할 수 없는 마음'(不忍人之心)이기도 하다. 《맹자》는 '차마 할 수 없는 마음'이 무엇인가를 예를 들어 설명했다. 철모르는 어린아이가 우물을 향해서 걸어간다면 물에 빠져 죽을 것이 뻔하다. 이 경우 이를 본 사람은 차마 그대로 두지 못한다. 어린이를 구해줄 마음이 생긴다. 바로 이런 마음이 '차마 할 수 없는 마음'이다. 정도전은 바로 이런 마음을 인(仁)으로 부르고, 이런 마음으로 정치를 해야 백성이 임금을 따른다고 보는 것이다.

《조선경국전》에 담긴 조선왕조의 통치규범은 바로 백성을 근본으로 하는 인정(仁政)을 구체적으로 어떻게 할 것인가를 체계적으로 제시한 것이다. 그래서 백성을 사랑하는 권력구조, 경제구조, 신분구조, 인사제도, 언론제도, 군사제도 등을 차례로 설명했다. 임금은 세습되기 때문에 언제나 성인과 같은 임금이 나올 수는 없다. 그래서 군주에게 권력을 몰아주지 않고 능력이 검증된 재상(宰相)에게 주어야 한다는 것이다. 권력의 독주와 부패를 막기 위해 언론이 최대로 보장되어야 하고, 벼슬아치는 혈연(血緣), 지연(地緣), 학연(學緣)을 따지지 말고 오직 시험제도를 통해서 선발해야 한다. 백성은 먹는 것이 하늘이므로 백성의 생활을 안정시키기 위해서는 토지를 골고루 나누어주는 토지개혁이 필요하다는 것도 힘주어 강조했다. 또 백성을 직접 다스리는 것은 지방의 수령(守令)이므로 수령의 자질을 높이고, 수령의 잘못을 감시할 수 있도록 관찰사의 권한을 높여야 한다고 주장했다.

정도전의 철저한 민본사상은 《맹자》를 읽어서 비로소 터득한 것이 아니라, 9년간에 걸친 유배생활과 유랑생활을 통해서 권문세가의 탐욕이 얼마나 백성을 멍들게 하고 고통을 주고 있는가를 몸소 체험하면서 터득했다는 것을 유념할 필요가 있다. 그러므로 정도전의 사상과 학문은 머리로 배운 것이 아니고 가슴으로 배운 것임을 알아야 한다.

정도전은 비록 권력투쟁의 희생자로 세상을 마감했지만 그가 설계한 왕조의 통치규범은 조선왕조 500년간 유지되었으며, 이런 규범이 있고 그것을 실천했기에 조선왕조는 519년이나 장수할 수 있었던 것이다.

정도전의 민본사상은 서양 근대정치학의 아버지로 불리는 이태리의 마키아벨리(Niccolo Machiavelli: 1469-1527)의 《군주론》(君主論: 1513)보다도 118년이나 시대적으로 앞섰을 뿐 아니라, 내용상으로 더 심오하고 진보적이다. 마키아벨리는 정치를 도덕과 구별되는 독자의 영역임을 주장하고 군주의 통치기술을 강조하는 데 그쳤지만, 정도전은 정치를 도덕과 연결시켜 도덕정치의 표준을 세운 것이 다르다. 또 마키아벨리는 자신의 사상을 피렌체라는 작은 도시국가에서 펼쳤을 뿐이지만 정도전은 나라 전체를 새로 만들었다. 그러므로 정도전은 세계적인 정치사상가로 새롭게 조명될 필요가 있다.

(4) 세종의 민본정치

조선시대 임금으로서 홍익인간과 민본정치를 가장 모범적으로 실천한 이는 세종대왕(재위: 1418-1450)이었다. 세종의 백성사랑을 상징적으로 보여주는 것은 노비(奴婢)도 하늘이 낸 천민(天民)으로 보고, 관청에 소속된 관비(官婢)의 출산휴가를 15일에서 산전 30일, 산후 100일로 늘려주고, 관비의 남편인 관노(官奴)에 대해서도 산후 한 달의 휴가를 주었다.

또 민생(民生)과 관련된 토지세(土地稅)를 합리적으로 개선한 시안(試案)을 놓고 약 18만 명에 달하는 전국 유지(有志)들의 찬부를 물어 결정했다. 같은 시안에 대해 정부 관료들은 반대의견이 우세했으나, 세종은 민의를 더 존중하여 결정했던 것이다. 이렇게 해서 만든 새로운 전세제도가 토지의 비옥도를 6등급으로 나누어 세금에 차이를 두고, 풍흉(豊凶)의 정도를 9등급으로 나누어 세금에 차등을 두었는데, 이를 전분6등(田分六等), 연분9등법(年分九等

法)으로 부른다. 말하자면 세계최초로 국가의 중요정책을 결정하면서 국민투표를 실시한 셈이다.

이 밖에도 세종은 국가의 발전을 위한 일이라면, 인종이 다른 귀화인도 과감하게 등용하여 재주를 펼 수 있게 했다. 집현전 학사로 등용된 설순(偰循)은 바로 원나라 때 귀화한 위구르족의 후손이고, 세종의 각별한 총애를 받으면서 각종 과학기구를 만든 장영실(蔣英實)은 중국에서 귀화한 관노(官奴)의 아들이었다.

세종의 가장 위대한 업적인 훈민정음(訓民正音) 창제는 백성을 위한 문자로서, 그 제작원리에 대해서는 이미 앞에서 설명한 바 있다. 훈민정음은 음양오행사상을 바탕으로 만든 음성문자(音聲文字)로서 사람의 목소리를 거의 그대로 표현할 수 있는 문자이다. 특히 'ㄲ', 'ㄸ', 'ㅃ', 'ㅆ', 'ㅉ' 등 된소리를 표현하는 문자는 세계 어느 나라 문자에도 없다. 일본 문자인 가나[假名]와 비교하면 훈민정음의 우수성이 금방 드러난다. 예를 들면 일본의 가나는 '터널'을 '돈네루', '택시'를 '다쿠시', '풋볼'을 '후토보루', '구두'는 '구쓰'로 쓰고 있다. 소리를 표현하는 능력이 얼마나 불완전하고 불편한가를 알 수 있다.

훈민정음은 또 서양의 알파벳보다 훨씬 적은 자음(子音)을 모음과 연결시켜 수많은 글자를 만들어낸다는 점에서 배우기 쉽고 과학적이라는 평가를 받고 있다. 이런 문자는 세계적으로 없다. 한글이 앞으로 세계적인 문자로 발전할 가능성이 큰 이유가 여기에 있다.

이렇게 본다면, 훈민정음이야말로 고조선부터 내려오던 홍익인간과 음양오행의 천지인합일 사상이라는 선비정신이 만들어낸 최고의 문화적 열매라고 할 수 있다. 후세 사람들이 세종을 가리켜 "해동의 요순(堯舜)"으로 부른 이유가 여기에 있다.

(5) 조선후기 민국사상(民國思想)

조선왕조의 민본사상은 조선후기에 이르러 한 단계 진화하여 민국사상(民國思想)으로 발전했다. '민국'이란 말이 처음 나타난 것은 영조대부터이며, 그 뒤로 그 말이 점차로 확산되다가 고종대에 이르면 아주 예사로운 말로 쓰이고 있다. 1897년에 성립한 '대한국'(大韓國)은 정치체제는 제국(帝國)이고, 정치목표는 민국(民國)이었다. 그러므로 대한제국은 곧 대한민국이라고 불러도 좋다.[10]

1919년 3·1운동 직후에 출범한 상하이의 대한민국 임시정부가 국호를 '대한민국'으로 정한 것은 바로 대한제국이 목표로 한 '민국'을 받아들여 국호로 삼은 것이다. 1911년에 신해혁명으로 청나라가 망하고 1912년에 중화민국(中華民國)이 세워졌는데, 혹시 여기서 암시를 받아 대한민국의 국호가 정해진 것으로 생각할지 모르나 그렇지 않다.

그러면 민국은 무슨 뜻인가? 우선, 그 용어가 탕평정치를 추구하던 영조대부터 쓰이기 시작했다는 것에 주목할 필요가 있다. 탕평정치는 정치적으로 사색당파를 고르게 등용한다는 뜻에만 머문 것이 아니라, 문벌양반을 타파하여 서민과 서얼 등 하층민의 정치참여 기회를 넓혀주고, 8도의 인재를 골고루 등용하고, 다양한 사상을 절충한다는 넓은 뜻을 지니고 있었다. 탕평정책의 이런 의미와 관련시켜 '민국'이라는 용어가 등장하기 시작한 것을 고려하면, '민국'은 '백성의 나라'를 뜻한다.

실제로 '민국'이라는 용어가 어떻게 쓰였는가를 알아보면 '민국의 대계(大計)', '중대한 민국의 기무(機務)', '민국의 일', '민국의 정사(政事)', '민국의 이로움과 해로움', '민국의 우모(訏謨)', '민국의 계책(計策)', '민국의 사계(事計)', '민

10 한영우, 《명성황후, 제국을 일으키다》(효형출판), 2001, 참고.

국의 부강(富强)', '민국의 안정' 등으로 나타나고 있다. 여기서 '민국'은 '백성과 나라'로 해석하는 것보다는 '백성의 나라'로 해석함이 자연스럽다. 또 '백성과 나라'로 해석하더라도, 나라의 중심을 백성에 두고 있는 것은 사실이다.

그러면 '백성의 나라'는 무슨 뜻인가? 그것은 '백성이 주인이 되는 나라'로 해석된다. 다만, '백성이 주권을 가졌다'는 말이 없으므로, 근대적인 '주권재민의 민주국가'와는 다르다고 볼 수 있다. 하지만 '민국'은 '민본'보다는 한층 진화된 개념으로서 '민주'에 바짝 다가간 개념으로 보아야 할 것이다.

'민국'이 등장한 이전과 이후의 정치적 차이를 잘 보여주는 것이 문과급제자의 신분이다. 16세기 말-18세기 초 문과급제자의 신분을 알아보면 신분이 낮은 급제자의 비율이 20-30퍼센트에 지나지 않다가 '민국'이 등장한 18세기 후반 이후의 문과급제자는 양반으로 볼 수 없는 신분이 낮은 급제자의 비율이 50퍼센트를 넘어서고 있으며, 고종대에는 거의 60퍼센트에 육박하고 있다.[11] 이런 수치의 변화는 분명이 조선왕조가 '양반국가'에서 '백성의 나라'로 변해가고 있음을 실증적으로 보여준다. 그리고 고종시대는 1894년의 갑오경장 이전에 이미 신분제도가 무너진 근대국가임을 말해준다.

(6) 공선(公選)의 인사제도

조선왕조의 공익정치를 보여주는 제도 가운데 하나는 벼슬아치를 선발하는 인사제도였다. 국가의 성격이 공익성(公益性)을 띠려면 벼슬아치를 선발하는 인사제도가 공정해야 한다. 만약 개인의 도덕성이나 전문성을 무시하고 혈연(血緣)이나 지연(地緣) 또는 학연(學緣)을 기준으로 하여 벼슬아치를 등용한다면 공익을 위한 정치로 볼 수 없을 것이다. 조선시대 인사제도는 '입

11 한영우, 《과거, 출세의 사다리》(전4권, 지식산업사), 2013-2014, 참고.

현무방'(立賢無方)과 '유재시용'(惟才是用)을 인사원칙으로 내세웠다. '입현무방'은 '어진 사람을 등용함에 있어서 모가 나면 안 된다'는 뜻인데, 여기서 모가 난다는 말은 바로 혈연, 지연, 학연을 따지는 것을 말한다. '유재시용'은 '오직 재주 있는 사람을 등용한다'는 뜻이다. 그러니까 '입현무방'과 '유재시용'을 합쳐서 말하면, 도덕적인 사람과 전문성을 가진 인재를 등용한다는 뜻이다. 이런 기준은 매우 합리적이고 공정성을 가진 것이다.

위와 같은 기준을 구체적으로 실천하는 제도가 바로 시험제도이며, 시험제도 가운데 가장 비중이 큰 것이 문과제도이다. 조선시대 벼슬아치를 등용하는 방법은 크게 보아 시험제도와 추천제도, 그리고 문음제도 등 세 가지 길이 있었다. 그 가운데 추천제도는 학식과 덕망을 갖추고 있으면서도 벼슬을 하지 않고 재야에 묻혀서 살고 있는 사람을 추천으로 등용하는 것을 말하는데, 예를 들면 선조 때 우계 성혼(牛溪 成渾)이 그런 경우이다. 그러나 추천으로 벼슬아치가 되는 경우는 극히 드물다.

문음제도는 공신과 2품 이상 벼슬아치의 아들, 손자, 사위, 동생, 조카, 실직 3품 벼슬아치와 이조, 병조, 도총부, 사헌부, 사간원, 홍문관, 부장(部將), 선전관(宣傳官)을 지낸 벼슬아치의 아들로서 20세 이상 된 자에게 아전급의 낮은 벼슬을 주는 제도인데, 다만 5경(五經) 가운데 1경, 4서(四書) 가운데 1경을 시험 쳐서 급제해야 벼슬을 주었다. 그러나 문음으로 출세한 자는 높은 벼슬아치로 승진하는 것이 어려워 어차피 고관이 되려면 다시 문과에 급제하지 않으면 안 되었다.

시험으로 벼슬아치를 선발하는 제도는 크게 네 종류가 있었다. 첫째, 의학, 역학(譯學), 천문학, 지리학, 산학(算學), 율학(律學), 화원(畵員), 악생(樂生) 등 낮은 잡직(雜職) 기술관을 뽑는 시험이 있어 취재(取才)라고 불렀고, 의관, 역관, 천문관, 지리관 등 고급기술관을 뽑는 잡과(雜科)가 있으며, 소과(小科)

로 불리는 생원(生員)과 진사과(進士科)가 있었다. 생원진사과에 급제한 생원과 진사는 성균관에 입학할 자격이 있고, 지방의 교관(敎官)이나 훈도(訓導), 또는 현감(縣監) 등 낮은 벼슬을 얻을 수가 있었다.

마지막으로 가장 어렵고 중요한 시험은 대과(大科)로 불리는 문과(文科)와 무과(武科)로서 특히 문과에 급제하면 동반(東班)의 정직(正職)을 얻어 정승과 판서까지 오를 수 있는 길이 열려 있었다. 그래서 이를 등룡문(登龍門)으로 불렀다. 그런데 이 시험에 응시할 자격이 없는 것은 노비와 서얼, 그리고, 범죄자의 자손뿐이었다. 하지만 서얼에 대해서는 16세기 중엽 명종대 이후 단계적으로 문과응시를 허락하여 일부 숨통을 터주었다.

그러면 실제로 문과에 급제한 사람들은 어떤 사람들이었는가? 앞에서도 잠깐 설명한 것처럼, 조선중기에 일시적으로 양반문벌이 등장하면서 급제자들의 70-80퍼센트가 양반 자제들로 구성되었으나, 조선초기와 18세기 후반 이후로는 급제자의 약 절반이 신분이 낮은 평민층으로 구성되었다. 그래서 조선왕조는 전체적으로 볼 때 개천에서 용이 나오는 역동적인 사회였다.[12]

(7) 공론(公論)과 공거(公車)의 소통정치

조선왕조의 공익성을 보여주는 또 하나의 제도장치는 언론(言論)의 소통이었다. 정책을 결정하거나 집행하는 데 언로가 막히고 언론이 제약을 받는다면 정치의 공익성을 담보하기 어렵다. 조선왕조는 언론의 중요성을 인식하여 임금과 신하 사이의 소통은 물론 임금과 백성 사이의 소통에도 적극적인 정책을 추진했다.

먼저, 임금과 신하 사이의 소통을 위해 언론기관을 셋이나 두었다. 사간

12 한영우, 앞책 참고.

원(司諫院), 사헌부(司憲府), 홍문관(弘文館)이 그것으로 이를 언론삼사(言論三司)로 불렀다. 그 가운데 사간원은 임금에 대한 간쟁(諫諍)이 고유업무로서 임금이 간쟁을 따르는 것이 물흐르듯 해야 하며, 언관은 헌가체부(獻可替否) 곧 임금의 옳은 일은 적극 떠받들고, 임금의 옳지 않은 일은 반드시 바꾸도록 해야 한다는 것이다. 사헌부는 원래 벼슬아치의 비행을 적발하는 감찰업무가 고유권한이었지만, 임금의 잘못을 비판하는 일에도 적극 참여했다. 홍문관은 문적(文籍)을 관리하고, 임금의 교지(敎旨)를 작성하고, 경연(經筵)에 참석하여 임금의 교육과 정치에 대한 자문을 하는 일이 고유업무였으나. 정책을 비판하는 기능도 겸했다.

임금이 정책을 결정할 때 신하들과 더불어 의론하는 것을 시사(視事)라고 하는데, 그 종류가 매우 다양했다. 조참(朝參),[13] 상참(常參),[14] 윤대(輪對),[15] 차대(次對),[16] 소대(召對),[17] 야대(夜對),[18] 경연(經筵) 등이 그것이다. 시사는 말하자면 국무회의라고 할 수 있다.

임금이 신하들과 만나 정사를 논의할 때에는 반드시 예문관의 봉교(奉敎: 정7품) 이하 관리가 2명씩 교대로 배석하여 임금과 신하의 행동과 말을 기록했다. 예문관에는 봉교 이외에도 대교(待敎: 정8품), 검열(檢閱: 정9품) 등이 있어서 이들을 통칭 한림(翰林) 또는 사관(史官)이라고 불렀다. 사관은 2명씩 교대로 각종 회의에 참석하여 기록을 맡았는데, 임금의 왼편에 있는 좌사(左史)

13 조참은 매달 5일, 11일, 21일, 25일에 모든 백관이 아침 조회를 갖는 것을 말한다.
14 상참은 매일 종친부, 의정부, 충훈부, 중추부, 의빈부, 돈녕부, 6조, 한성부의 당상관과 사헌부, 사간원의 각 1명, 경연의 당상관과 당하관 각 2명이 교대로 임금을 만나는 것을 말한다.
15 윤대는 매일 동반 6품 이상과 서반 4품 이상의 5인 이내 벼슬아치들이 관아의 차례에 따라 임금을 만나는 것을 말한다.
16 차대는 의정부 당상관, 사간원, 사헌부, 홍문관원들이 매월 3차례[뒤에는 여섯 차례] 임금을 만나 중요한 정무(政務)를 상주(上奏)하는 것을 말한다. 여섯 차례는 매달 5일, 10일, 15일, 20일, 25일, 30일을 말한다.
17 소대는 부정기적으로 임금이 신하를 불러 정사를 논의하는 것을 말한다.
18 야대는 밤에 임금이 신하들을 만난 정사를 의논하는 것을 말한다.

는 행동을 기록하고, 오른편에 있는 우사(右史)는 말을 기록했다. 그러니까 요즘말로 좌사(左史)는 카메라, 우사(右史)는 녹음기의 기능을 맡은 것이다. 현장의 속기록을 사초(史草)라고 했는데, 지금 남아 있는 사초를 보면 글자를 너무 흘려 써서 읽기가 매우 힘들다. 사초는 임금도 볼 수 없도록 하여 비밀을 보장하고, 사관이 집에서 보관하고 있다가 임금이 죽고 나서 실록(實錄)을 편찬할 때 자료로 제출했다.

임금은 이렇게 신하들과 수시로 만나 정사를 의논하여 정책을 결정했는데, 신하들은 임금에게 소신대로 발언하고, 임금은 신하들의 다양한 의견을 존중하고 독재를 하지 않았다.

임금은 신하들뿐 아니라, 일반 백성들의 다양한 의견을 듣기 위해 상소(上疏)를 허용했다. 백성은 정치에 대한 건의서를 글로 적어 수령에게 전달하면 수령은 이를 반드시 접수하여 임금의 비서실인 승정원(承政院)에 올렸으며, 임금은 그 상소에 대해 반드시 답을 내려주었다.

백성들이 올린 상소는 국왕비서실 일기인 《승정원일기》에 한 자도 빼지 않고 그대로 수록되었으며, 《실록》에는 상소문의 요지를 추려서 수록했다. 그리고 상소문을 모아 따로 책을 만든 것을 《공거문》(公車文)이라고 한다. 공거(公車)란 '공론(公論)을 실은 수레'라는 뜻이다.

한발, 홍수, 지진 등 자연재해가 있을 때에는 하늘이 노하여 벌을 내린 것으로 보고, 하늘이 노한 것은 민심이 노한 것으로 여겨 임금이 백성들이 왜 노했는지를 알기 위해 의견을 써서 올리라고 명했는데, 이를 구언(求言)이라고 한다. 임금이 구언을 요구하는 교지를 내리면, 이에 응하여 전국에서 수천 건의 상소가 올라오는데, 임금은 그 상소를 정부에 내려 일일이 검토하여 정책에 반영하도록 했다. 이렇게 임금의 요청에 따라 올린 상소를 응지상소(應旨上疏)라고 부르는데, 실학자들의 사회개혁안 가운데에는 이런 응지상소가 많이 보인다.

자연재해가 하늘이 노한 것으로 보고, 하늘이 노한 것은 백성이 노한 것으로 보는 것은 현대과학에서 보면 매우 비과학적인 생각일지 모르지만, 천지인(天地人)을 하나의 공동체로 보는 우주관이 여기에 들어 있다. 천재(天災)를 인재(人災)로 보는 시각은 오히려 천재의 책임을 스스로 정치에 물어 백성을 사랑하는 정치를 한층 높이는 결과를 가져왔다.

조선후기에는 백성들과 소통하는 정책이 한 걸음 더 진화되었다. 글을 몰라 상소를 할 수 없는 백성의 의견을 듣기 위해 임금이 서울 교외를 자주 행차하면서 행차를 구경하기 위해 모인 백성들 가운데 억울한 일을 호소하고 싶은 백성이 있으면 징을 치고 나와서 직접 임금에게 말하는 것을 허용하고, 그 억울함을 즉시 행정적으로 처리해 주었다. 이를 격쟁상언(擊錚上言)이라고 부른다. 지금 서울대학교 규장각에는 격쟁상언에 관한 문서가 수천 건이 보관되어 있다. 여기에는 언제 누가 임금에게 어떤 일을 호소했는데, 그것이 어떻게 처리되었는지를 상세하게 기록하고 있다.

조선왕조 임금 가운데 소통정치를 가장 잘한 임금은 세종이었다. 세종 말년에 토지에 대한 세금제도를 합리적으로 바꾸기 위해 이른바 연분9등과 전분6등법을 만들었는데, 그 시안을 가지고 전국의 유지 18만 명에게 가부를 묻는 투표를 실시했음은 앞에서 이미 설명했다. 신하들 가운데에는 반대의견이 많았으나, 세종은 찬성이 많은 백성들의 의견을 존중하여 실행에 옮겼다. 말하자면 요즘말로 하자면 세계 최초로 국민투표를 실시한 것이다. 영조도 균역법(均役法)을 시행할 때 서울 시민대표를 궁으로 불러 의견을 물은 일이 있었다.

조선왕조가 519년이나 장수한 비결 가운데에는 백성들과의 소통이 한몫을 했다.

(8) 공전(公田)과 공개념(公概念)의 경제구조

조선왕조의 공익성은 토지제도와 경제구조에도 반영되었다. 토지제도의 공전(公田)이 그것이다. 공전이란 국가에 전조(田租)를 납부하는 땅을 가리키는데, 매매와 상속권이 개인에게 있어서 사유지이기도 하다. 그런데, 토지소유가 양극화되어 있을 경우에는 국가가 무상으로 몰수하여 재분배할 수 있는 땅이기도 하다. 국가에 의한 토지몰수는 법으로는 명시되어 있지 않지만, 관념상으로는 인정된다. 왜냐하면 토지는 대자연의 일부로서 필요한 경우에는 공적으로 처분권을 가질 수 있다고 보기 때문이다. 말하자면 토지에 대한 공개념(公概念)이 존재했다. 그래서 고려말기에 전제개혁이 이루어지고 토지재분배가 가능했던 것이다. 또 조선시대에도 남의 토지를 겸병하여 큰 땅을 가지고 있으면서, 그 땅을 힘이 약한 유랑농민들을 모아들여 병작을 할 경우에는 이를 몰수하여 경작인에게 주기도 했다.

오늘날의 소유관념으로 본다면, 토지는 현실적으로는 사유지이고, 정신적으로는 공유지(公有地)라고 말할 수 있다. 이런 이중적 모습 때문에 일부 학자들은 토지국유제(土地國有制)로 보기도 하고, 일부 학자는 토지소유권이 국가와 개인에게 분배되어 있는 봉건적 토지소유로 보기도 하고, 또, 토지사유제로 보기도 하는 등 다양한 해석이 존재한다. 그러나 이 모든 해석이 옳지 않다. 토지국유제 이론은 개인이 가진 매매와 상속권을 무시하고 있으며, 토지소유권을 국가와 개인이 나누어 가지고 있다는 주장은 법적으로 증명되지 않는다. 그리고 토지사유제론은 국가가 토지를 처분할 수 있다는 정신적 공개념을 무시하고 있기 때문이다. 이 모든 해석들은 토지가 가지고 있는 현실적, 법적 측면과 정신적 측면을 혼동한 데서 생긴 오류이다.

조선왕조가 이런 모습의 공전제도를 만든 것은 현실적으로는 토지사유제를 바탕으로 시장경제적 토지경영을 인정하면서 동시에 분배구조의 양극화를 막기 위한 국가의 역할을 중요하게 여겨 정신적으로는 국가가 최종적 처분권을 갖도록 인정한 것이다. 말하자면 토지의 공익성과 경제정의를 통해 홍익인간의 이상을 추구한 것으로 볼 수 있다.

상업, 수공업, 광업, 수산업 등도 크게 보면 시장경제를 인정하면서 동시에 국가의 통제를 가미하여 경제정의를 추구하는 정책을 폈다. 그 결과 조선시대에는 자본주의 경제에서 볼 수 있는 비약적 경제발전은 이룩하지 못했으나, 그 대신 빈부의 양극화를 막는 데는 성공했던 것이다. 이런 모습의 경제구조는 자본주의와도 다르고, 봉건제도도 아니고, 그렇다고 사회주의 경제도 아니다. 현실적으로는 자본주의에 가깝고, 정신적으로는 사회주의에 가까운 독특한 형태라고 보아도 좋을 듯하다.

(9) 교육과 기록문화의 발달

조선왕조의 공익성을 높이는 데 기여한 제도와 정신문화 가운데 교육과 기록문화를 빼놓을 수 없다. 한국인의 높은 교육열은 이미 고대로부터 시작되었다. 기자조선 때에도 시서예악(詩書禮樂)을 가르쳤다고 하므로 이미 문자생활이 있었음을 알 수 있다.

춘추시대의 공자(孔子)는 《논어》의 첫 머리에 인생의 즐거움에 두 가지가 있다고 말했다. "배워서 때에 맞추어 실천하는 것이 즐겁다"(學而時習之 不亦說乎)는 것이 그 하나이고, "친구가 멀리서 찾아오는 것이 즐겁다"(有朋自遠方來 不亦樂乎)는 것이 그 둘이다. 앞의 말은 공부하는 것이 인생에서 즐겁다는 말이고, 뒤의 것은 인간관계가 좋은 것이 인생에서 즐겁다는 말이다. 참으로 명언이다. 그런데 공자의 이 말은 동이족(東夷族: 아사달족)의 생활풍습에서 배운 것이다. 공자가 고조선[기자조선]으로 이민가고 싶어 했다는 것으로 보아 기자조선의 문화를 보고 자극을 받은 것인지도 모른다.

기자는 주무왕(周武王)에게 〈홍범〉(洪範)을 가르쳐줄 정도로 은(殷)나라의 최고 지식인으로서 조선에 와서 교육을 퍼뜨렸지만, 기자 이후에도 중국에서 정치적 변란이 있을 때마다 중국 동북지역에 살던 고급지식인들이 줄을 이어 한반도로 이주해왔는데, 그 가운데 상당수가 원래 동이족에 속한 족속이었다. 그래서 한반도는 동이족 지식인의 집합지가 되면서 교육문화수준을 높이는 계기가 되었다.

고려중기 인종시대에는 수도 개경에만 국자감이라는 국립학교 말고도 12개의 사립학교가 있어서 이를 '사학12도'(私學十二徒)로 불렀는데, 이 무렵 고려에 사신으로 온 송나라 서긍(徐兢)은 《고려도경》(高麗圖經)에서 개성의 거리마다 학교가 있고, 고려인들의 독서열과 궁중 도서관의 장서(藏書) 규모에 놀라움을 보이고 있다. 고려말기에 금속활자가 세계 최초로 발명된 것은 이런 고려인의 치열한 교육열 때문이었다.

교육은 서적을 통해서 이루어지기 때문에 교육열과 출판문화는 함께 발전했다. 조선 초기 출판문화가 얼마나 왕성했던가를 알려주는 자료가 있다. 세종 때 학자관료인 변계량(卞季良)은 당시 갑인자(甲寅字)라는 새로운 활자를 만든 것을 기념하는 글에서 "출판되지 않은 책이 없고, 독서하지 않는 사람이 없다"고 말했다. 이는 다소 과장된 느낌도 들지만, 당시 출판이 얼마나 왕성했던가를 잘 보여준다.

출판문화의 발달과 짝하여 나타난 것이 기록문화의 발달이다. 교육수준이 높은 사람일수록 자신의 일상을 기록으로 남겨 반성하는 자료로 이용하는 것이 동서고금의 관례이다. 기록은 바로 자신을 반성하는 거울의 기능을 갖기 때문이다. 특히 정치에 관한 기록은 정치를 반성하는 가장 중요한 수단 가운데 하나이다. 그래서 한 나라의 정치수준을 알아보려면 그 나라의 기록문화를 보아야 한다.

그런데 조선왕조는 세계 역사상 드물게 기록문화의 전성기를 현출했다. 유네스코에 등록된 세계기록문화유산을 보면, 2013년 말 현재 한국이 11종이고, 중국이 9종,[19] 일본이 3종[20]에 지나지 않는다. 독일이 현재 17종으로 가장 많고, 영국이 11종, 프랑스가 9종, 이탈리아가 4종이지만, 그 내용을 보면 대부분 개인기록이거나 지방기록에 지나지 않는다. 국가 차원의 기록은 거의 없다. 일본의 기록문화유산도 개인의 기록물뿐이다. 그런데 한국이 등재한 11종의 기록들은 대부분 국가차원의 기록이고, 일부만이 개인적인 기록이다. 한국의 기록문화수준이 세계적으로 선진대열에 있다는 것이 드러난다. 11종의 기록문화유산을 소개하면 다음과 같다.

〈고려시대 기록물〉 1. 고려대장경(高麗大藏經)

2. 직지심체요절(直指心體要節)

〈조선시대 기록물〉 3. 조선왕조실록(朝鮮王朝實錄)

4. 훈민정음해례(訓民正音解例)

5. 승정원일기(承政院日記)

6. 이순신(李舜臣)의 난중일기(亂中日記)

7. 허준(許浚)의 동의보감(東醫寶鑑)

19 중국이 등재한 9종의 세계기록문화유산은 다음과 같다.
(1) 중국전통음악 녹음자료 (2) 청왕조 내각문서
(3) 나시족(納西族) 동파(東巴) 고문헌자료 (4) 청왕조 금방(金榜)
(5) 청왕조 양시레이(梓式雷) 기록물 (6) 본초강목(本草綱目)
(7) 황제내경(黃帝內經) (8) 원 후기 티베트관련문서
(9) 화교(華僑) 관련기록

20 일본의 세계기록문화유산 3종은 다음과 같다.
(1) 20세기 초 광부인 야마모토 사쿠베에(山本作兵衛)가 광부들의 일상생활을 그림을 곁들여 기록한 것
(2) 헤이안시대의 세도권력가였던 후지와라 미치나가(藤原道長)의 일기인 《미도칸파쿠키》(御堂關白記)
(3) 다테 마사무네(伊達政宗)가 유럽의 선교사를 통해 스페인국왕과 로마 교황에게 파견한 사절과 관련된 기록인 《慶長遣歐使節關係資料》

8. 일성록(日省錄)

9. 조선왕조의궤(朝鮮王朝儀軌)

〈현대기록물〉 10. 광주민주화운동기록

11. 새마을운동기록

《고려대장경》은 13세기 중엽 8만 장의 목판에 새긴 방대한 불교백과사전으로 송나라나 요나라에서 만든 《대장경》보다 우수한 불교문화재이며, 《직지심체요절》은 1377년(우왕 3)에 청주 흥덕사(興德寺)에서 금속활자로 간행한 불교경전으로 지금 남아 있는 전세계 금속활자본 가운데 가장 오래된 것이다. 이 책은 지금 프랑스국립도서관에 보관되어 있다. 조선시대 기록문화유산에 대해서는 뒤에 다시 설명하겠다.

(10) 조선시대 기록문화유산

유네스코에 등재된 조선왕조시대 기록문화유산은 앞에서 소개한 것처럼 7종이다. 이 밖에도 우리나라에서 국보(國寶) 또는 보물(寶物)로 지정한 책들이 많다. 유네스코에 등록된 기록문화유산 가운데 중요한 기록 몇 가지를 소개하면 다음과 같다.

가) 조선왕조 실록(實錄)

[실록편찬과정]

조선왕조 《실록》은 지금 태조(太祖)에서 시작하여 대한제국의 마지막 황제인 순종(純宗)에 이르기까지의 것이 남아 있는데, 그 가운데 《고종실록》과 《순종실록》은 일제강점기 조선총독부에서 편찬했기 때문에 내용의 왜곡이 많아 그 가치가 떨어진다. 그래서 유네스코에 올리지 않았다. 지금 유네스코에 오른 것은 태조에서 철종대까지의 실록이다. 중국에도 《명대실록》(明代實錄)과 《청대실록》(淸代實錄)이 남아 있지만, 《조선왕조실록》에 비하여 내용이 빈약하여 유네스코에 오르지 못하고 있다.

전 세계에서 실록을 남긴 나라는 우리나라와 중국뿐이다. 베트남은 20세기 초에 잠깐 실록을 만들었을 뿐이다. 다른 나라들은 실록을 만들 수 있는 정치체제를 갖추지 못하여 실록을 만들지 못했다. 우리나라는 고려시대에도 실록을 만들었지만, 지금 남아 있지 않아 아쉽다.

조선시대 《실록》을 편찬할 때에는 임금이 죽고 나서 다음 임금이 즉위한 뒤에 실록청(實錄廳)을 설치하고 여기에 200여 명의 편찬위원을 두어 업무를 분담하여 편찬하는 시스템을 따랐다. 임금이 죽은 뒤에 실록을 편찬한 이유는 기록의 공정성을 높이기 위함이었다. 만약 임금이 살아 있을 때 실록을 만들 경우에는 임금의 간섭이 있을 것을 막기 위한 것이다.

실록을 편찬할 때에는 많은 자료를 모아 이를 통합하여 날짜별로 사건을 기록하는 형식을 따랐다. 그래서 실록은 일기체(日記體)로 되어 있는 연대기(年代記) 자료이다. 이용된 자료는 《사초》(史草), 《시정기》(時政記), 《승정원일기》(承政院日記), 《조보》(朝報), 그리고 필요에 따라 개인의 《문집》(文集)을 참고하기도 했다.

〈실록〉의 내용이 얼마나 치밀한지를 알기 위해 한 예를 들어보겠다. 태조 이성계가 한양으로 도읍을 옮기기 위해 태조 3년 8월에 서운관의 실무자 벼슬아치들을 데리고 한양으로 가서 지금의 연세대학이 자리 잡고 있는 모악산 아래를 답사했다. 이성계는 모악산 아래를 좋게 보고 신하들의 의견을 들었으나 신하들은 이곳을 반대하고 나섰다. 이때 이성계와 신하들이 나눈 대화가 태조 3년 8월 무인조(11일)에 실려 있는데, 그 일부를 번역하면 다음과 같다.

太祖大王實錄卷第六

岳遷都之地率都評議使司及臺省刑曹各一員親軍衛以行
○書雲觀啓曰月犯心星 宥流貶人等○戊寅 上至毋岳
相定都之地判書雲觀事尹莘達書雲副正劉旱雨等進曰以
地理之法觀之此地不可爲都 上曰汝等妄相是非此地若
有不可則考諸本文以聞 莘達等退相與論議 上召旱雨
問之曰此地竟不可乎對曰以臣所見實爲不可 上曰此地
旣不可何地爲可旱雨對曰臣不知 上怒曰汝爲書雲觀謂
之不知欺誰歟松都地氣衰旺之說汝不聞乎旱雨對曰此圖
讖所說臣但學地理未知圖讖 上曰古人圖讖亦因地理而
言豈憑虛無據而言之且言汝心所可者旱雨對曰前朝太祖
相松山明堂作宮闕而中葉已後明堂久廢君王屢徙離宮臣
疑明堂地德不衰宜復作闕仍都松京 上曰予將決意遷都
若曰近境之內更無吉地則三國所都亦爲吉地宜合議以聞
乃謂左侍中趙浚右侍中金士衡曰書雲觀在前朝之季謂松
都地德已衰數上書請遷漢陽近以雞龍爲可都動衆興役勞

〈태조실록 3년 8월 11일(무인)

임금이 모악에 이르러 도읍을 정할 땅을 살펴보았는데, 서운관 판사 윤신달과 서운관 부정 유한우 등이 임금 앞에 나아가 "지리법으로 살펴보면 이곳은 도읍이 되기에 적합하지 않습니다"라고 반대의견을 말했다. 이에 이성계는 "너희들은 망령스럽게 서로 좋다, 나쁘다고 말하는데, 이곳이 나쁘면 그 이유를 책과 글에서 증거를 찾아서 나에게 보고하라"고 말했다. 윤신달 등은 물러나 서로 상의했다. 잠시 뒤에 임금이 다시 이들을 불러 묻기를 "이곳이 진정 좋지 않다는 말이냐?"고 묻자 윤신달 등은 "신들이 보는 바로는 진실로 좋지 않습니다"라고 대답했다. 임금은 "이곳이 좋지 않다면 어느 곳이 좋으냐"고 되묻자 윤신달 등은 "모르겠습니다"라고 대답했다. 그러자 임금은 화를 내면서 "너희들 서운관은 매번 모른다고만 말하는데, 누구를 속이려 하느냐? 송도[개성]의 땅기운이 쇠약해졌다는 말을 너희들은 듣지 못했느냐?" 이에 유한우가 대답하기를 "그 말은 도참(圖讖: 풍수지리)에서 하는 말입니다. 신은 지리를 배웠을 뿐이지 도참은 모릅니다." 이에 임금은 다시 말하기를 "옛날 사람들이 말한 도참도 또한 지리에 근거해서 말하는 것이다. 어찌 허무하고 근거도 없는 말이겠느냐? 그러면 너희들이 좋아하는 땅을 말해 보아라. …"

위 기록을 보면, 임금과 신하가 야외에서 나눈 언쟁이 낱낱이 기록된 것이 정말로 놀랍다. 임금이 화를 낸 것까지도 그대로 기록했다. 또 풍수지리가 과학인가 아닌가를 놓고 임금과 신하들이 논쟁한 것도 예사롭지 않다. 이런 기록을 600년 전에 만들었다는 것이 믿어지지 않는다.

《사초》는 국무회의에 참석한 두 사람의 기록관이 임금의 좌우에 앉아 한 사람은 행동을 기록하고, 다른 사람은 말을 속기록 형식으로 기록한 것이다. 그러니까 한 사람은 비디오 카메라가 되고, 다른 한 사람은 녹음기가 되어 붓으로 기록한 것이다. 임금이 웃으면 웃었다고 기록하고, 화를 내면 화를 내었다고 기록했다. 임금이 회의에서 보인 몸짓도 중요한 것은 기록했다. 예를 들면, 선조대왕이 왜란 때 왜군이 가지고 들어온 조총(鳥銃)의 크기를 몰라 두 손을 작게 벌리면서 "이만하더냐?"고 묻고, 다시 두 손을 크게 벌리면서 "이만하더냐?"고 신하들에게 물었다고 한다. 이때 기록관은 이 몸짓을 어떻게 기록할지를 몰라 쩔쩔 맸다는 이야기가 전한다.

국무회의에 참석한 두 사람의 기록관은 예문관(藝文館)에서 파견된 한림(翰林: 또는 史官)이라는 것은 앞에서 이미 설명했다. 사관이 기록한 현장기록을 사초(史草)라고 부르는데, 사관은 사초를 자기 집에 가져다가 보관하고 있다가 실록을 편찬할 때 관청에 제출하는 것이 관례였다. 이렇게 임금이나 고관들이 사초를 보지 못하게 한 것은 자신들에게 불리한 기록을 삭제할 위험성이 있기 때문이다.

그런데 임금도 보지 못하도록 되어 있는 《사초》를 보고 사화(史禍)를 일으킨 임금이 있었다. 바로 연산군이다. 문제가 된 《사초》의 글은 김종직(金宗直)이 쓴 〈조의제문〉(弔義帝文)이라는 글이었다. 이 글은 수양대군[세조]에 의해 죽임을 당한 단종(端宗)을 중국의 의제(義帝)에 견주어 애도한 글로서 세조를 찬탈자로 비난한 것이다. 연산군은 이 《사초》를 보고 격노하여 죽은 김종직의 시체를 무덤에서 꺼내 다시 참수(斬首)하는 형벌을 내리고, 이 글을 《실록》에 실은 김종직의 제자 김일손(金馹孫)을 비롯한 선비들을 대거 숙청했던 것이다. 이것이 무오사화(戊午士禍)이다. 하지만, 《사초》를 본 것은 오직 연산군뿐이었으며, 그래서 폭군으로 각인되어 쫓겨나는 신세가 된 것이다.

《실록》을 편찬할 때 또 다른 참고자료인 《시정기》(時政記)는 춘추관(春秋館)에서 매년 편찬한 행정업무기록이다. 그런데 춘추관은 《시정기》를 편찬하기 위해 각 관청에서 기록한 업무일지인 《등록》(謄錄)을 모아 날짜별로 통합시킨 것이다. 모든 관청은 해당 관청에서 시행한 업무일지를 매일 기록하고, 이를 모아 《등록》을 편찬하는 것이 제도화되어 있었다. 예를 들면 의정부 업무일지가 《의정부등록》이고, 비변사의 업무일지가 《비변사등록》이며, 종친부의 업무일지가 《종친부등록》이다. 이렇게 수많은 《등록》을 한데 모아 날짜별로 통합시킨 업무일지가 바로 《시정기》이다. 그러니까 《사초》가 국무회의기록이라면, 《시정기》는 행정기록이다.

《실록》을 편찬할 때 중요한 참고자료의 하나는 《승정원일기》이다. 임금의 비서기관인 승정원에는 고급비서관인 승지(承旨)들이 있어서 임금의 명령을 신하들에게 하달하고, 신하들이나 백성들이 올린 상소를 임금에게 전달하는 일을 맡고 있는데, 승지 아래에는 주서(注書: 정7품) 또는 당후관(堂後官)으로 불리는 기록관이 있어서 매일 승지들이 한 일을 날짜별로 기록했다. 이것이 《승정원일기》이다. 이 책을 보면 시골의 이름 없는 백성들이 올린 상소문이라도 한 자도 빠뜨리지 않고 모두 기록해 놓았다. 놀라운 일이다.

다음에 《실록》 편찬에 참고한 또 하나의 자료인 《조보》(朝報)는 일종의 관보(官報)이다. 주요 관리의 인사이동이나 주요정책 내용을 기록하여 벽에 붙여놓기도 하고, 지방에 파발(擺撥)로 보내 알려주기도 했는데, 이를 모아놓은 것이 《조보》이다.

개인 《문집》은 관청기록이 미비하거나 오류가 있을 때 이를 바로잡기 위해 참고했다. 예를 들면, 광해군 때 편찬된 《선조실록》은 대북파가 만든 것인데, 광해군과 대북파를 몰아내고 인조반정을 일으킨 서인들은 《선조실록》을 수정하여 다시 편찬했다. 그래서 지금 두 종류의 《선조실록》이 남아 있다. 그런데 인조 때 《선조실록》을 수정할 때 율곡 이이(李珥)의 문집인 《율곡집》(栗谷集)을 참고했다. 선조 때 동인(東人)과 갈등을 일으켰던 이이에 대해 동인의 후예인 대북파는 동인의 시각에서 이이를 평가했기 때문에 이이의 문인으로 구성된 서인은 서인의 시각에서 동인을 비판적인 시각에서 바라보고 수정본을 편찬한 것이며, 이때 이이의 문집을 참고자료로 이용한 것이다.

실록은 이렇게 모든 국정자료가 통합되어 있기 때문에 조선왕조 역사를 연구하는 데 가장 기본적인 자료가 되고 있다. 여기에 담긴 내용은 단순한 정치기록뿐 아니라, 일식, 월식, 지진, 태풍, 그 밖에 각종 천재지변이 기록되어 있고, 어느 지역의 누가 몇 쌍둥이를 낳아 국가에서 포상한 일, 경복궁에 호랑이가 담 넘어 들어온 일, 궁궐의 방안에 뱀이 들어온 일 등 온갖 이야기들이 들어 있어 마치 한 편의 기록영화를 보는 듯한 느낌을 주고 있다.

실록의 초고가 완성되면 그 원고를 교서관(校書館)에 넘겨 활자로 인쇄하는데, 몇 차례 교정을 거친 뒤에 4건을 인쇄하고, 원고는 창의문 밖 세검정(洗劍亭) 차일암(遮日巖)에서 개울물에 씻어 그 종이를 다시 재활용했다. 이를 세초(洗草)라고 한다.

[실록의 간행과 보관]

4건의 실록 가운데 1건은 궁 안에 있는 춘추관(春秋館)에 보관하고, 나머지 3건은 충청도 충주(忠州), 전라도 전주(全州), 경상도 성주(星州)에 있는 사고(史庫)에 나누어 보관했다. 이렇게 서울 이남 지역에 사고를 설치한 것은 역사적으로 전쟁이 북방에서 일어나 남방이 상대적으로 안전하다고 본 까닭이다.

그런데 뜻밖에 남방에서 큰 전쟁이 터졌다. 그것이 임진왜란이다. 왜란 때 왜군이 부산에 상륙하여 북상하면서 성주사고, 충주사고가 불탔다. 서울에 있던 춘추관 실록도 경복궁이 화재를 당하면서 소실되었다. 비단 실록뿐 아니라, 사고에 함께 보관되어 있던 의궤(儀軌) 등의 자료도 함께 불타 없어졌다.

왜란 때 살아남은 것은 오직 전주사고에 있던 실록뿐이었다. 이순신부대의 활약으로 왜군의 전라도 진출이 늦어지는 가운데 충청도 금산(錦山)에서 전투가 벌어져 전라도가 위험에 빠지자 전주의 이태조사당인 경기전(慶基殿)을 지키던 참봉 오희길(吳希吉)이 실록과 태조의 어진(御眞)을 지키기 위해 평소 알고 지내던 태인(泰仁)의 두 선비 안의(安義: 64세)와 손홍록(孫弘錄: 56세)을 찾아가 도움을 요청했다. 이에 두 선비는 머슴과 노비 등 30여 명을 데리고 전주로 가서 실록과 어진 등을 50여 개의 궤짝에 담아 지고 올라와서 정읍 내장산(內藏山) 암자에 1년간 숨겨놓았다.

그 뒤 전라도가 함락당할 처지에 빠지자 다시 정부의 협조를 얻어 실록과 어진 등을 지고 북상하여 수원을 거쳐 부평(富平)에 이르러 배를 타고 강화도에 갔다가 다시 배를 타고 해주를 거쳐 평안도 묘향산(妙香山)으로 옮겨놓았다. 안의는 60대 중반의 노인으로 건강이 좋지 않아 강화도에서 귀가했다.

전주실록은 이렇게 민간인 선비들과 머슴, 노비들의 헌신적인 노력으로 구사일생으로 살려냈다. 왜란이 끝난 뒤 전주실록을 대본으로 다시 4건의 실록을 만들어서 이번에는 적에게 쉽게 노출되는 대도시를 피하여 화재(火災), 수재(水災), 풍재(風災) 등 삼재(三災)가 들지 않는 깊은 산속에 사고를 짓고 보관했다. 1건은 서울 춘추관에 보관하고, 나머지 3건은 강원도 평창(平昌)의 오대산사고(五臺山史庫), 전라도 무주(茂朱)의 적상산사고(赤裳山史庫), 경상도 봉화(奉化)의 태백산사고(太白山史庫)에 각각 보관했다. 그리고 전주실록은 강화도 정족산사고(鼎足山史庫)에 보관했다. 그러니까 실록은 모두 5건이 되었다.

그런데 인조반정 때 이괄란(李适亂)이 일어나 창덕궁을 불태우자 춘추관에 있던 실록도 소실되어 실록은 다시 4건으로 줄었다. 이 4건의 실록은 300년간 잘 보관되었다가 일제강점기에 다시 수난을 만났다. 총독부는 경성제국을 건설한 뒤에 정족산실록과 태백산실록을 경성제국대학 도서관에 이관하고, 적상산실록은 창경원 안에 지은 장서각(藏書閣)으로 이관했으며, 오대산실록은 몇십 부를 경성제국대학에 넘기고 나머지는 일본 동경제국대학 도서관으로 가져갔다. 그런데 동경에서 1923년에 대지진이 일어났을 때 오대산실록의 대부분이 불타 없어지고 몇십 부만이 남았는데, 2007년에 서울대학교 규장각한국학연구원에 되돌려주었다. 오대산실록은 완본이 아니라 교정을 본 중초본(中草本)이라는 것이 다른 실록과 다르다.

8·15광복 후 경성제국대학 도서관에 있던 2건의 실록[정족산실록과 태백산실록]은 서울대학교 도서관으로 이관되고, 창경원 장서각에 있던 적상산실록은 6·25전쟁 때 북한에서 가져갔다. 그 뒤 서울대학은 2건의 실록 가운데 정족산실록만 관리하고 태백산실록은 정부기록보존소에 넘겨주었다. 그래서 현재 실록은 대한민국에 3건, 북한에 1건이 남아 있다.

실록이 지닌 사료적 가치가 너무나 높아서 처음에는 영인본을 출간하여 학자들에게 보급하다가 뒤에는 한글로 번역하고 이를 CD로 만들어 보급했으며, 최근에는 데이터베이스로 만들어 누구나 인터넷으로 볼 수 있도록 했다. 그 결과 모든 사람들이 실록의 원본과 번역본을 쉽게 접할 수 있는 세상이 열리고 조선왕조에 관한 연구서와 대중서들이 폭발적으로 생산되고 있다.

나) 조선왕조 의궤(儀軌)[21]

[오례와 의궤]

의궤(儀軌)는 조선왕조의 주요 의식(儀式)을 치른 뒤에 그 실행보고서로 만든 책이다. 의식의 궤범(軌範)이 된다는 뜻에서 《의궤》로 부른 것이다. 그런데 이 책에는 행사의 날짜별 실행과정은 물론 참가자 이름과 행사비용을 기록하고, 나아가 행사에 사용된 주요 도구들과 행사의 주요장면을 천연색으

21 조선왕조 의궤에 대한 총괄적인 연구는 한영우, 《조선왕조 의궤-국가의례와 그 기록》(일지사), 2005, 참고.

로 그려 넣어 설명한 것이 특징이다. 그래서 행사의 모습을 시각적으로 보여준다. 전 세계에서 《의궤》를 만든 나라는 조선왕조뿐이고, 내용이 자세할 뿐 아니라 책이 너무 아름다워 세계기록문화유산의 꽃으로 불린다. 2007년에 유네스코 세계기록문화유산으로 등재된 이유가 여기에 있다.

조선시대 주요한 국가의식은 크게 다섯 가지가 있었다. 이를 오례(五禮)라고 부르는데, 길례(吉禮), 가례(嘉禮), 빈례(賓禮), 흉례(凶禮), 군례(軍禮)가 그것이다. 조선왕조는 오례의 종류와 그 의식절차를 정리하여 조선 초기에 《국조오례의》(國朝五禮儀)라는 책을 만들었다. 그런데 이 책에는 구체적으로 행사비용은 적지 않았으며, 행사에 사용된 주요 도구들을 흑백으로 그려 넣었을 뿐 천연색 그림이 아닐 뿐 아니라 행사의 주요장면은 그려 넣지 않았다. 그래서 이 책은 오례의 큰 원칙과 윤곽을 이해하는 데에는 도움을 주지만, 구체적인 실행보고서는 아니다. 《의궤》는 바로 오례를 어떻게 집행했는지를 알려주는 실행보고서이다. 그러면 오례는 구체적으로 무엇을 말하는가? 먼저 길례(吉禮)는 길(吉)한 의식으로 여기에 속하는 의식은 국가에서 실행하는 각종 제사를 말하는데, 제사의 종류는 종묘(宗廟)와 사직(社稷)을 비롯하여 수십 가지에 이른다. 제사를 길례로 부른 것이 조금 이상하게 들릴지 모르지만 제사는 기본적으로 신(神)에 대한 효심(孝心)과 존경을 보여주는 일이므로 길(吉)하다고 본 것이다.

둘째, 가례(嘉禮)는 경사스러운 의식을 뜻하는데, 구체적으로 중국 황실의 생일과 설날 등 명절 때 궁 안에서 중국 황제에게 인사하는 망궐례(望闕禮)를 비롯하여 중국의 외교문서를 받을 때 행하는 의식, 조선의 왕실과 신하들이 축하인사를 나누는 조하(朝賀), 임금과 신하들이 정사(政事)를 논하기 위해 만나는 조참(朝參)과 상참(常參), 왕세자와 신하들이 어른이 되기 위해 치르는 관례(冠禮), 왕세자와 종친의 혼인에 관한 혼례(昏禮)와 책봉(冊封), 교서를 반포하는 의식, 과거시험에 관한 의식, 양로연(養老宴)에 관한 의식, 왕세자의 교육인 서연(書筵)에 관한 의식, 지방관이 임금을 만나는 의식, 향음주(鄕飮酒)에 관한 의식 등이 포함되어 있다.

셋째, 빈례(賓禮)는 국내의 사신과 인국(隣國)의 사신을 접대하는 의식을 말한다.

넷째, 흉례(凶禮)는 장례(葬禮)에 관한 의식으로 중국 황제가 죽었을 때, 또는 왕과 왕비 그리고 왕세자, 왕자, 공주, 옹주 등이 죽었을 때 치르는 각종 의식을 비롯하여 왕실 무덤인 산릉(山陵)에 제사하는 의식이 들어 있고, 마지막에는 사대부와 서인(庶人)들의 장례의식에 대한 규정도 있다.

다섯째, 군례(軍禮)는 군사훈련에 관한 의식으로, 여기에는 사단(射壇)에서 활 쏘는 의식을 비롯하여 군사를 사열하는 의식, 사냥하면서 무예를 닦는 강무(講武) 의식, 일식(日食) 때 치르는 의식, 연말에 잡귀를 몰아내기 위해 궁 안에서 행하는 가면극인 나례의식(儺禮儀式), 그리고 시골에서 활쏘기 하는 향사례(鄕射禮) 등이 들어 있다. 여기서 특히 주목되는 것은 궁중에서 행하는 나례(儺禮)를 군례에 넣은 것이다. 나례에서는 처용무(處容舞)와 광대의 줄타기도 연출되는데, 이런 일들을 일종의 군사훈련으로 간주했음을 말해준다.

[의궤 제작과정]

오례를 비롯한 중요한 국가의식을 치르고 나면 그 실행보고서로서 《의궤》를 편찬하는데, 오례에 들어 있지 않은 일도 의궤로 만드는 경우가 많았다. 예를 들면, 궁궐을 짓거나 수리하는 일, 책을 발간하여 종묘에 알리는 일, 왕자의 태실(胎室)을 만드는 일 등이 그것이다.

《의궤》를 편찬하는 관행은 태조 때부터 생겼다. 고려시대에는 그런 일이 없었다. 《실록》을 보면 태조 때 종묘제사에 관한 의궤와 경복궁 건설에 관한 의궤를 만들었으며, 그 뒤에도 국왕의 장례식에 관한 의궤, 왕세자 책봉에 관한 의궤, 임금의 신주를 종묘에 봉안하는 부묘(祔廟)에 관한 의궤, 왕세자의 혼인에 관한 의궤 등이 편찬되었다는 기록이 보인다.

이렇게 만든 의궤는 왕궁 안에도 보관하고 지방의 사고(史庫)에도 보관했는데, 임진왜란 때 모두 없어져서 지금 그 실물을 볼 수 없다. 지금 남아 있는 의궤는 모두가 왜란 이후에 만든 것뿐이다. 일제강점기에는 나라가 없어졌으므로 국가차원의 의궤는 만들지 못했으나, 이왕직(李王職)에서 왕실의 장례식에 관한 의궤를 만들었는데, 지금 남아 있다.

국가의식을 시행할 때에는 먼저 이를 집행하는 임시기관을 설치하는데, 이를 도감(都監)이라고 불렀다. 요즘말로 하면 특별위원회를 설치하는 것과 같다. 여러 관청이 협력하여 의식을 집행하기 때문에 여러 관청의 벼슬아치들로 구성된 도감을 설치하는 것이다. 예를 들면 왕실의 혼사를 치를 때에는 가례도감(嘉禮都監)을 설치하고, 왕실의 장례를 치를 때에는 국장도감(國葬都監), 빈전도감(殯殿都監), 혼전도감(魂殿都監), 산릉도감(山陵都監)을 설치한다. 왕비나 세자를 책봉할 때에는 책봉도감(册封都監)을, 외국사신을 영접할 때에는 영접도감(迎接都監), 왕실의 신주를 종묘에 봉안할 때에는 부묘도감(祔廟都監)을 설치한다. 그 밖에 행사에 따라 다양한 도감이 설치된다.

도감의 총책임자인 도총(都摠)의 제조(提調)는 정승이 맡고, 그 아래에는 판서급으로 이루어진 당상(堂上)이 있으며, 그 아래에는 낭관급(5-6품)으로 이루어진 낭청(郎廳)이 있어서 업무를 나누어 집행했다. 그런데 도감 안에는 총지휘를 맡은 도청 아래에 여러 개의 작은 기구를 두어 업무를 나누었다. 다음에 그 예를 들어보겠다.

왕실의 혼례를 주관하는 가례도감의 경우를 보면 일을 총괄하는 도청(都廳) 아래에 일방(一房), 이방(二房), 삼방(三房), 별공작(別工作) 등으로 불리는 작은 기구들이 있다. 일방은 임금의 명령인 교명(敎命), 의복, 포장과 깔개 등을 담당하고, 이방은 가마와 행차에 쓰이는 의장(儀仗) 등을 담당하고, 삼방은 높은 칭호를 올리는 문서를 옥에다 새긴 옥책(玉册), 옥으로 만든 도장인 옥보(玉寶) 등을 만드는 일을 맡고, 별공작은 행사에 쓰이는 자질구레한 물건을 만드는 일을 맡았다. 이렇게 세분화된 조직에는 각각 책임자가 있어 일을 집행하면서 그 일을 따로따로 기록해 두었는데, 이를 〈일방의궤〉. 〈이방의궤〉, 〈삼방의궤〉, 〈별공작의궤〉 등으로 불렀다.

또 왕실의 무덤을 만드는 산릉도감(山陵都監)의 경우를 보면, 그 안에 작은 기구들이 도청 아래에 있었다. 관을 넣는 현실(玄室)을 만드는 데 필요한 삼물(三物)을 조달하는 삼물소가 있는데, 삼물이란 황토, 모래, 회(灰)를 말한다. 당시에는 시멘트가 없었기 때문에 삼물을 섞어 반죽하여 벽, 천정, 바닥을 바르면 콘크리트보다 더 단단한 구조물이 만들어졌다. 이 밖에 산릉도감 안에는 목조건물을 제작하는 조성소(造成所), 흙일을 맡은 보토소(補土所), 철물을 제조하는 노야소(爐冶所), 무덤에 사용하는 돌을 캐내는 부석소(浮石所), 돌을 운반하는 수석소(輸石所), 기와를 만드는 번와소(燔瓦所) 등이 그것이다. 이들 작은 기구에서도 각각 독립된 의궤를 만들어 〈조성소의궤〉, 〈보토소의궤〉, 〈노야소의궤〉, 〈부석소의궤〉 등을 만들고, 일이 끝난 뒤에 이런 작은 의궤들을 모아 합치면 큰 의궤가 금방 만들어졌다. 그래서 의궤 안에는 수많은 작은 의궤들이 들어 있다.

[의궤의 내용]

의궤에 담긴 내용은 먼저 의식을 집행하는 조정에서의 논의과정이 보이고, 의식을 집행하는 절차, 의식에 참가한 임원과 물품을 만든 기술자들의 명단, 의식에 들어간 비용, 의식이 끝난 뒤에 공로자들을 포상(褒賞)한 내용

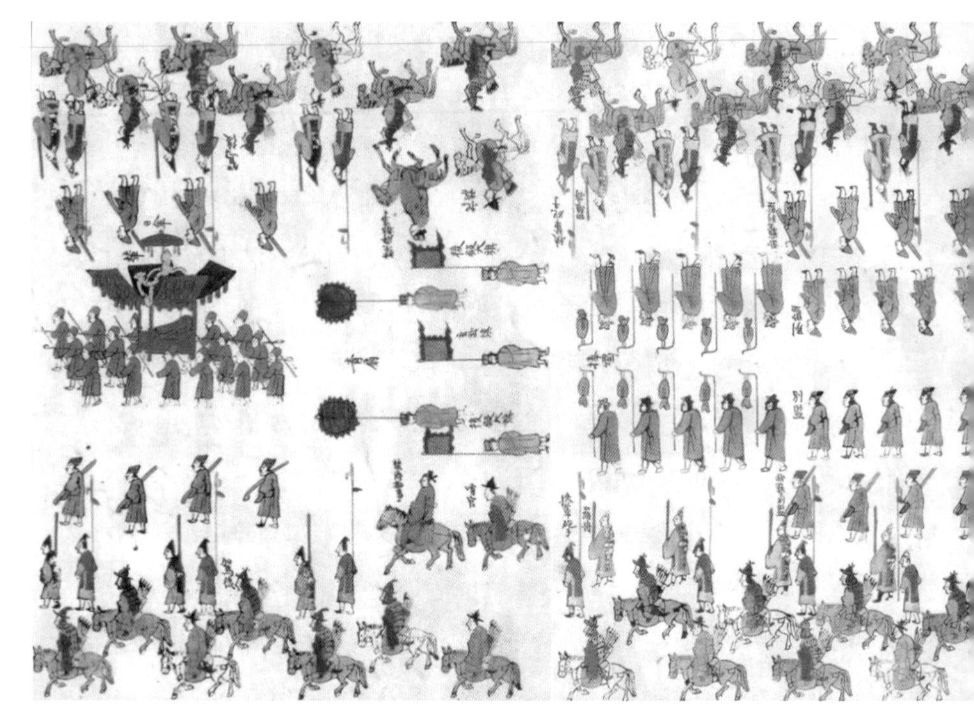

〈**영조정순후가례도감의궤 가운데 친영반차도**〉 왼편에 보이는 가마에 영조가 타고 있다.

이 들어 있다. 그 밖에 의식에 사용한 주요 도구들과 의식의 주요 장면을 도화서 화원(畵員)의 손을 빌려 천연색으로 그려 넣었다. 따라서 의궤는 그 내용이 너무나 자세할 뿐 아니라, 의식의 모습을 시각적으로 알 수 있게 해준다. 예를 들면, 장례식 때 사용한 상여의 모습이나 상여가 나가는 발인행차(發靷行次), 혼례식 때 사용한 가마나 신부를 데리고 궁궐로 들어오는 친영행차(親迎行次)의 모습을 생생하게 보여준다. 특히 행차도를 보면 참가자들이 입은 옷 모습과 옷 색깔까지 알 수 있다.

조선왕조 의궤 가운데 백미를 보여주고 있는 것은 정조가 1794-1796년에 화성(華城)이라는 신도시를 건설한 내용을 기록한 《화성성역의궤》(華城城役

儀軌)와 1795년에 정조가 어머니 혜경궁 홍씨(惠慶宮洪氏)를 모시고 8일간 화성을 방문한 사실을 기록한 《원행을묘정리의궤》(園幸乙卯整理儀軌)이다. 이 두 책은 참가한 많은 대신들에게 나누어주기 위해 《의궤》를 활자로 제작했기 때문에 그림에 채색이 들어가 있지는 않다. 하지만, 그 기록의 상세함이 찬탄을 자아낸다.

1400쪽에 달하는 방대한 《화성성역의궤》에는 화성에 건설된 행궁(行宮)과 성곽의 건물들이 입체적으로 정확하게 그려져 있고, 그 칸수와 치수가 기록되어 있을 뿐 아니라 각 건물에 투입된 물자와 단가, 그리고 인건비가 상세

西北空心墩外圖

西北空心墩在華西門北雉之上城書云磚砌三面空其中中二層以板爲樓用木梯上下多置空眼以便窺覘放打佛狼機百子銃敵不知矢彈之出自何方今倣是制因雉設墩雉高十

서북공심돈의 사진과 그림(위)
화홍문의 사진과 그림(아래)
〈화성성역의궤의 건물그림〉

하게 적혀 있다. 화성건설에 소요된 총경비가 얼마이며, 그 경비를 어디에서 조달했는지도 보인다.

더욱 놀라운 것은 화성건설에 참여한 5천 명 기술자들의 명단이 적혀 있는데, 그들의 거주지역과 노동한 날짜를 반나절까지 적어놓았다. 그리고 그들에게 지불한 고임(雇賃)이 상세하게 보인다. 기술자들은 석수(石手)에서 시작하여 목수(木手), 니장(泥匠: 미장이), 야장(冶匠), 거장(鉅匠: 톱장이), 칠장(漆匠) 등 수십 종의 장인을 종류별로 나누어 기록했다. 토목실명제가 얼마나 철저하게 실행되었는지를 알 수 있을 뿐 아니라 하찮은 신분의 사람들까지도 존중하는 정조의 민국정신(民國精神)을 여실하게 보여준다.

오늘날 공공건물을 건설하면서 이렇게 노동자의 이름까지 기록하는 공사보고서를 남기는 예가 있는지 의문이다. 참고로, 18세기 중엽에 러시아의 페테르부르크(Peterburg)가 건설되었고, 미국의 수도 워싱턴DC가 1800년에 수도로 건설되었지만 이런 보고서를 남기지는 않았다. 전 세계에서 이렇게 토목실명제를 시행한 나라는 조선뿐이다. 유네스코에서 화성을 세계문화유산으로 등록할 때 유네스코위원들은 그 건설보고서에 놀라움을 표시했다.

〈화성성역의궤〉 석수명단 (맨 오른쪽에 서울에서 온 석수 한시웅은 782일간 노동을 했고, 공사장은 부석소, 장안문, 북성, 남성 등 여러 지역이다. 김차봉은 514일 반을 일한 것으로 기록되어 있다. 최자근노미, 정큰노미, 오허무쇠 등의 이름이 보인다. 충청도 석수 가운데에는 김순노미, 김순득, 박순돌, 마순봉 등의 이름이 보인다. 전라도 석수 가운데 신꼬장쇠, ….)

《화성성역의궤》에는 건설공사에 투입된 각종 도구들도 그려져 있고, 그 분해도(分解圖)까지 보인다. 예를 들면 정약용(丁若鏞)이 설계한 거중기(擧重

京韓時雄七百八十二日浮石所長安門北城南城北甕城北東敵臺北東雉西城蒼龍門華西門南水門宋道恒七百六十一日

浮石所北城北東砲樓南空心墩東北城東城南水門東一鋪樓東北空心墩東一雉金尚得六百四十五日浮石所八達門北城南城南西敵臺

南甕城西城東城東將臺東暗門西暗門西鋪樓金次奉五百十四日半浮石所長安門華虹門訪花隨柳亭北東敵臺南水門金重

世二百九十六日浮石所南水門南城南東敵臺朴尚吉一百五十二日浮石所長安門北城南城北甕城華西門北暗門西城西暗門西一雉西

二雉南砲樓南雉西南暗門甬道金啓益七百六十六日李福先方正太各七百四十六日李春永

七百二十九日金明漢六百九十四日高福起六百九十日姜以金六百七十七日白龍世六百七十五日

吳喜得六百五十九日姜得漢六百五十五日李命得六百三十七日韓興伊六百三十六日李春

三六百三十日金福龍六百二十六日尹龍福六百十九日半金成漢五百七十八日崔尚福五百

七十七日河時澄五百六十五日金德起五百五十一日趙雪東五百四十七日金世昌五百二十四日

金成大五百二十一日趙廷三五百八日金成福五百日朴福龍四百五十七日金辰

郁四百十八日朴春蕃三百八十三日金起得三百七十日吳荡同三百六十一日金長金三百

四十六日權守大三百三十九日金希得三百二十日金得大三百十七日沈成玉三百四日

석수-서울〈화성성역의궤의 장인이름〉

東 二百二十七日 金仁淑 一百五十五日 金昌柱 一百五十日 金太位 一百三十八日半 朴昌雲
一百二十二日 金次尚 一百九日 李以得 八十六日 崔者斤老味 八十四日 金宗玉
六十七日 鄭福立 四十八日以上居鳳山 ○ 趙秋碩 三百十四日 鄭大老味 一百三十二日 張大
老味 一百三日 吳許無金 九十九日半 文辰郁 三十日半以上居載寧 ○ 文元瑞 四百四十一日
白龍雲 四百三十二日 崔德守 三百十八日 裵桂秀 八十五日 金龍澤 七十三日 張大
仁 六十三日 李雲明 六十二日半以上居新溪 ○ 李老味 四百五十日 ○居兎山 ○全羅道金
成孫 四百八十五日浮石所 金千寬 四百九十八日 崔大文 一百五十七日 金命福 九十六日 崔
萬億 三十四日 申高長金 三十二日以上居全州 ○ 李德春 六十九日 李道芳 六十五日
金成玉崔元貴 各五十日 朴致雲 四十日 ○以上居羅州 李德守 六十日 姜致
成 四十四日以上居光州 ○ 吳尚元 八十一日 ○居南原 金仁宅 一百二十五日 高一包 一百二十二日 洪
六孫 一百十七日 僧哲般 七十五日 僧軌行 七十一日 李奉孫 四十八日 崔就成
四十四日 洪大孫 三十三日以上居順天 ○ 崔石才 五十日居潭陽 ○ 金相哲 六十五日 ○居淳昌 金

華城城役儀軌 卷四 工匠 六四

應益 一百六十日 ○居靈巖 白應福 五十六日 ○居益山 劉三千 八十九日 尹小福 五十八日 ○以

석수-전라도〈화성성역의궤의 장인이름〉

○居振威 鄭辰位 二百二日 鄭貴成 一百二十五日半○以上居陽川 諸成福 七百二十二日 洪完
福 九十五日○以上居果川 劉大俊 一百八十五日○居陰竹 金得萬 三百四十三日 金甲寅 一百五十日○
以上居陽智 崔無應述 二百一日 朴道致 一百九十九日 安乭伊 一百二十日半○以上居抱川 劉乭
金 一百七十六日○居積城 ○忠淸道 金順老味 一百六十八日 李萬億 一百二十日 李春
得 一百十八日○以上居公州 高春山 三百五十四日 梁得喆 一百七十九日○以上居忠州 姜岳只 四百七十二日
浮石所南城西城東城烽墩東二鋪樓東南角樓東三雉 鄭得伊 三百八十八日 申乭伊 三百六十九日 呂益老 三百
十九日 鄭辰奉 二百八十八日 金點福 二百四十二日 金順得 二百二日半 金巴金 一百六十七日
李得喆 八十九日 咸太中 七十二日 車得才 金奉學 各四十三日 朴春興 四十
二日 李永得 三十三日○以上居淸州 金巴山 三百二日 林福贊 一百八十八日○以上居洪州 洪三
奉 四百十六日○居沔川 朱論釆 三百二十五日 崔日彦 三十二日半○以上居舒川 丁莫才 三百七日
朴順乭 二百八十四日 尹始文 一百七十九日半 趙暹同 九十二日 尹六贊 七十五日 李
福世 六十日○以上居藍浦 李再先 八百九日 馬順奉 四百三十二日 金戊辰 三百七十七日○以

석수-충청도〈화성성역의궤의 장인이름〉

金朴福得各一百日 池岳發八十五日 吳金夢七十四日 朴三金七十三日 ○
江華府車於仁老味七百五十四日浮石所南城南暗門南水門東暗門東城東一雉東一舖樓東二雉 李福起
七百九日半浮石所華西門西城 李得世六百九十八日 朴海先六百三日 金德萬六百二日半 韓敏
郁五百六十二日 徐命迪五百五十九日 金時雄五百四十四日半 金先得五百四十一日 朴千福
四百七十九日 金連光四百七十八日 南甲寅四百七十七日 崔尚喆四百五十二日 崔尚佑四百三十三日
曺光彩四百二十一日 張世文四百六日 金先才三百八十三日 金成乭三百六十六日 崔大
連三百五十九日 車龍得三百五十二日 李福世二百九十九日 卞龍才二百九十日 趙奉連二百
八十八日 桂龍得二百八十六日 李仁得二百八十五日 李起曄二百七十三日 朴春雨二百四十日
崔尚雲二百三十八日 金連孫二百三十七日 朴允大二百二日 徐一國一百八十七日 李後
得一百八十六日 李先得一百八十五日 朴善老味一百八十三日 趙德純一百六十三日 崔景得
一百五十三日半 陳京信一百六日 河德尚八十五日 朴太實六十三日半 金成起四十
四日半 ○廣州府宋福男五百七十七日半 ○京畿鄭守大六百九十四日 金景

석수-강화부〈화성성역의궤의 장인이름〉

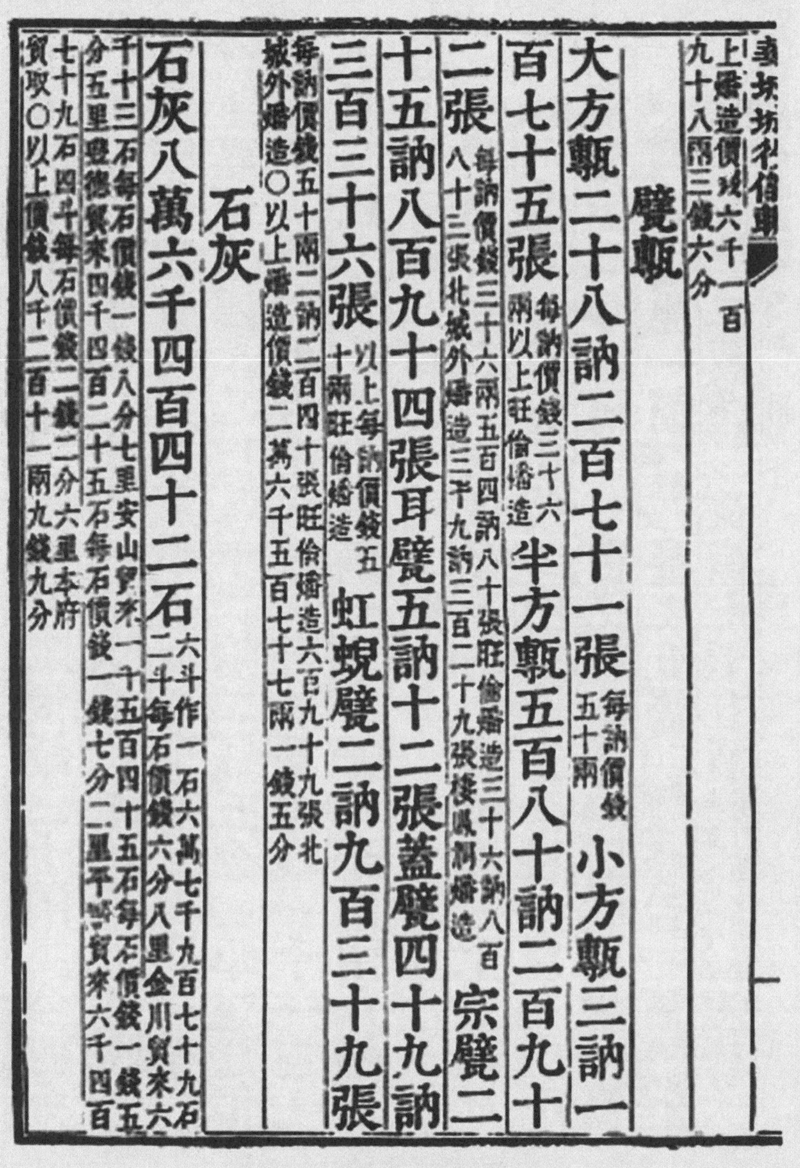

華城城役儀軌

上燔造價錢六千一百九十八兩三錢六分

甓甎

大方甎二十八訥二百七十一張 每訥價錢五十兩 小方甎三訥一百七十五張 每訥價錢三十六兩以上旺倫燔造 半方甎五百八十訥二百九十二張 每訥價錢三十六兩五百四訥八十張旺倫燔造三十六訥八百八十三張北城外燔造三千九訥三百二十九張樓鳳洞燔造 宗甓二十五訥八百九十四張耳甓五訥十二張蓋甓四十九訥三百三十六張 以上每訥價錢五十兩旺倫燔造 虹蜺甓二訥九百三十九張 每訥價錢五十兩二訥二百四十張旺倫燔造六百九十九張北城外燔造○以上燔造價錢二萬六千五百七十七兩一錢五分

石灰

石灰八萬六千四百四十二石 六斗作一石六萬七千九百七十九石二斗每石價錢六分八里金川貿來六千十三石每石價錢一錢八分七里安山貿來一千五百四十五石每石價錢一錢五分五里登德貿來四千四百二十五石每石價錢一錢七分二里平丘貿來六千四百七十九石四斗每石價錢二錢二分六里本府貿取○以上價錢八千二百十一兩九錢九分

〈화성성역의궤의 물건비와 인건비 기록〉(장안문 벽돌)

工價錢七十兩二錢○鞍子匠工價錢三十兩二錢四分○磨造匠工價錢二十兩一錢六分○朴排匠工價錢十二兩四錢四分○募軍雇價錢九千四百十一兩七錢○擔運雇價錢四千八百八十二兩二錢五分○車運雇價錢五千一百六十六兩八錢○馱運雇價錢一千一百七十兩三錢○貿沙取土價錢一千七百九十四兩八錢○合價錢五萬八百九十兩二錢二分

守門廳小礎石十塊價錢五兩○溫堗石三十二張 浮石浮餘 ○雜石一百負價錢二兩五錢○平柱十箇 各長八尺 平樑五箇 各長八尺 道里十一箇 六箇各長九尺五寸五箇各長八尺五寸以上雜材 曲樑一箇

圓體木一株 半道里一箇 裁餘木一箇 臺工五箇 裁餘木二箇 舂舌一箇 長十三尺圓體木一株 散防二箇 裁餘木一箇 長椽七十五箇 小椽木二十箇雜材五十五箇 短椽六

〈화성성역의궤의 물건비와 인건비 기록〉(장안문 운반비)

華城城役儀軌

兩燔朱紅九十三斤十四兩丁粉四十七斤松烟二十三
斤五兩阿膠三十八斤十五兩明油二斗二升七合以上
價錢二百七十六兩二錢○石手工價錢六千三百九十
九兩七錢六分○冶匠工價錢九百五兩一錢三分○木
手工價錢三千三百四十三兩二錢八分○泥匠工價錢
四百六兩九錢八分○蓋匠工價錢五十兩六錢八分○
畫工工價錢一百五兩○假漆匠工價錢一百六十三兩
八錢○浮械匠工價錢一百二十五兩四錢○雕刻匠工
價錢三百三十一兩三錢八分○木鞋匠工價錢三百二
十三兩八錢二分○大引鉅匠工價錢一百九兩五錢○
小引鉅匠工價錢一百十七兩六錢○亐鉅匠工價錢一
百九兩二錢○歧鉅匠工價錢一百十七兩九錢○船匠

〈화성성역의궤의 물건비와 인건비 기록〉(장안문 인건비)

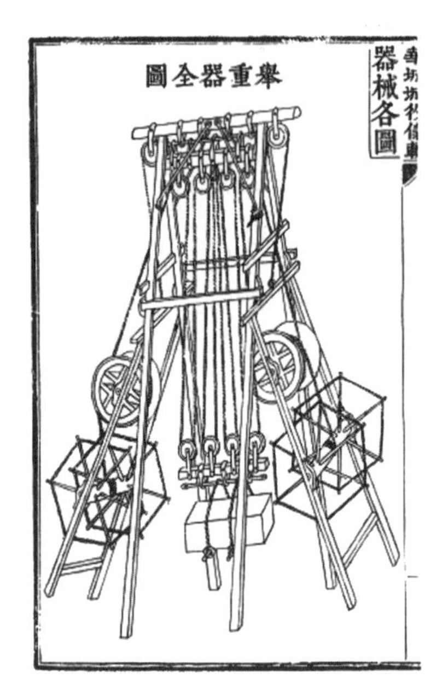
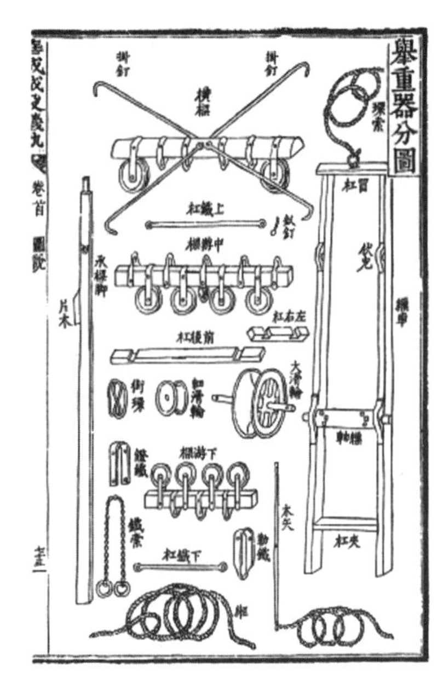

〈거중기 그림〉

〈원행을묘정리의궤에 보이는 행차도〉

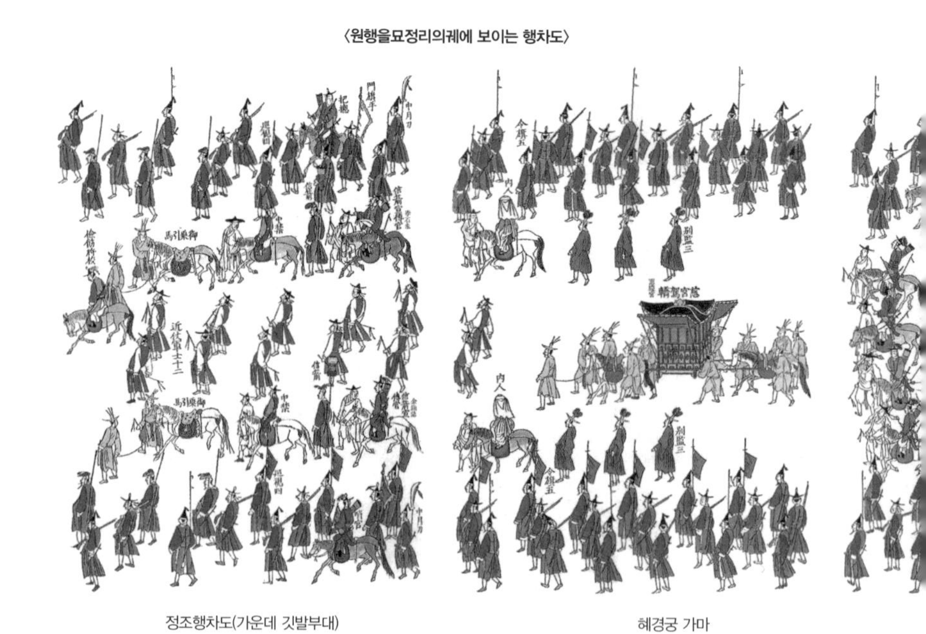

정조행차도(가운데 깃발부대) 혜경궁 가마

機)와 녹로(轆轤)의 그림 및 그 분해도가 보이고, 그 밖에 유형차(遊衡車), 지가(支架: 지게) 등 수십 종의 도구들이 그려져 있다. 이런 보고서가 남아 있기 때문에 화성은 혹시 파괴되더라도 얼마든지 복원이 가능하다.

8일간의 화성행차보고서인 《원행을묘정리의궤》의 내용도 1300쪽에 달한다. 이 책에는 정조가 어머니 혜경궁을 모시고 1800명의 수행원을 거느리고 화성에 행차하는 반차도(班次圖)가 그려져 있는데, 비록 흑백판화로 되어 있지만 김홍도(金弘道)를 비롯한 여러 명의 궁정화원들이 그린 것으로, 그림 수준이 높을 뿐 아니라, 참가자들의 모습이 질서정연하면서도 자유분방하고 당당하여 정조시대 탕평정치의 질서와 밝은 모습을 그대로 보여준다.

이 책에 들어 있는 그림은 반차도뿐 아니라, 임금과 혜경궁이 타고 간 가마의 모습, 화성에서 실시한 여러 행사, 예컨대 화성향교의 문묘(文廟) 참배, 양로연(養老宴), 행궁에서의 회갑잔치, 화성에서 시행한 문과와 무과시험, 행

정조가 탄 말

園幸乙卯整理儀軌卷之四

饌品 附䌓花○各站盤果水剌及進饌時饌案器數並自本所稟旨磨鍊而饌排高低出尺量下送各站使之依式擧行

鷺梁站 乙卯閏二月初九日出宮時晝停十六日還宮時晝停水剌間設於鎭將大廳及內衙排設假家二間設於龍驤鳳翥亭東挾門外

饌營擧行郞廳初一日下直初三日出站

早茶小盤果 初九日○十六日回鑾時晝茶同

慈宮進御一床 十六器磁器黑漆足盤 各色餠一器 高五寸粘米一斗白米八升赤豆四升菉豆三升大棗實生栗石耳各五升乾柹三串眞油實柏子艾各一升淸生薑各二升辛甘草末三合梔子一錢松古三片桂皮末一兩 藥飯一器 粘米大棗實生栗各三升眞油五合淸一升五合實柏子艮醬各一合 麪一器 木末三升菉末五合生雉一脚黃肉三兩鷄卵三箇艮醬一合胡椒末一夕 茶食果一器 高五寸眞末一斗眞油淸各四升乾薑末五分桂皮末一錢實柏子五合胡椒末五夕砂糖一圓 各色強精一器 高四寸粘米三升五合實荏子八合細乾飯實柏子各一升五合松花七合眞油二升五合白糖二斤八兩淸五合芝草二兩○回鑾時各色軟絲果所入粘米五升細乾飯眞油各二升芝草五兩淸五合白糖一斤五兩實柏子三升五合 各色茶食一器 高四寸黃栗黑荏子松花葛粉各二升五合臙脂三椀淸一升六合五味子三合 各色糖一器 高四寸八寶糖門冬糖玉春糖人蔘糖菓子糖五花糖雪糖氷糖橋餠合四斤 山藥

整理儀軌 卷四 饌品 二

〈음식메뉴〉 조다소반과(아침간식)

湯○回鑾時雜湯 助致二器 秀魚蒸骨湯○回鑾時秀魚蒸代軟鷄蒸 炙伊一器 黃肉猪乫飛牛足秀魚生雉○回鑾
時錦鱗魚腰骨胖雪夜炙 佐飯一器 鹽民魚不鹽民魚片脯鹽脯鹽松魚乾雉全鰒包醬卜只 生雉餠一器 回鑾
時魚饅頭 醢一器 生鰒石花蛤醢○回鑾時松魚卵大口卵白鰕醢 菜一器 朴古之水芹桔莄菁筍竹筍葱筍青苽○回鑾時熟
菜 淡沈菜一器 白菜○回鑾時菁根 醬三器 艮醬蒸甘醬醋醬以上元盤 ○生鰒蒸一器
回鑾時胖卜只 胖饅頭一器 回鑾時全鰒熟 各色炙一器 乫飛牛足腰骨雪夜炙散炙以上挾盤○回鑾時雪夜炙
代生雉
大殿進御一床 七器鍮器黑漆足盤 飯一器 赤豆水和炊 羹一器 魚腸湯○回鑾時雜湯 助
致一器 骨湯○回鑾時軟鷄蒸 炙伊一器 黃肉猪乫飛牛足秀魚生雉○回鑾時錦鱗魚腰骨雪夜炙 菜一器
朴古之水芹桔莄菁筍竹筍葱筍青苽○回鑾時肉膾 淡沈菜一器 白菜○回鑾時菁根 醢一器 生鰒石花蛤蟹醢○
回鑾時佐飯鹽民魚不鹽民魚片脯藥脯鹽脯乾雉全鰒醬卜只 醬三器 艮醬蒸甘醬水醬
清衍郡主清璿郡主進止各一床 每床各七器○因下敎盤器饌品依御床磨鍊故不疊錄以下各站
並同

整理儀軌 卷四 饌品 二一

〈음식메뉴〉 대전진어(임금밥상)

卵一百箇胡椒末三錢生葱五十丹蔈古一升一合桔莄五升醬四升五合鹽三升 各色饅頭一器 胖千葉猪心肉各一部秀魚三尾熟

猪三脚生薑一升生葱三丹實栢子一合胡椒末五分䔉末五升 狗蒸一器 黃狗一首牛心肉一部熟猪一脚陳鷄二首生葱三十丹眞油二升

實栢子二合實荏子一升胡椒末一錢眞末五合苦椒二十箇醬七合 鮒魚蒸一器 鮒魚二十尾熟猪二脚陳鷄二首生雉一首生葱二

丹眞油二升實栢子一合胡椒末二錢眞末一升䔉末三升生薑石耳蔈古各五合鷄卵六十箇醬五合 軟鷄蒸一器 軟鷄十三首熟猪半

脚黃肉二兩生葱二丹眞油䔉末各五合胡椒末五分眞末一夕石耳蔈古各二合鷄卵十箇醬五合 乫飛蒸一器 乫飛二十箇陳鷄二

首熟猪半脚全鰒十箇海蔘二十箇朴古之一吐里菁根生葱各三丹眞油二升胡椒末二錢生薑三合蔈古一升鷄卵十箇醬五合 生鰒熟一

器 生鰒二百箇眞油四合鹽實栢子各一升胡椒末二錢 魚菜一器 秀魚五尾鷄卵二箇全鰒二箇海蔘十一箇䔉末二升實栢子二合

臙脂一椀 引鰒膾一器 引鰒七貼實栢子二升 生鰒膾一器 生鰒七十箇苦椒四十箇 白淸

一器 白淸三合 芥子一器 芥子二合醬醋各一合 醋醬一器 醬醋各一合實栢子一夕 燒酒

三鐥○床花八十三箇 大水波蓮一箇中水波蓮四箇小水波蓮九箇三色牧丹三箇月桂四季各二箇紅桃三枝建花二

十四箇紅桃別建花二十三箇紅桃別間花十五箇

慈宮進御晝別味一床 四十器畫唐器心紅邊黑雕刻大圓盤一坐黑漆雕刻中挾盤四坐 各色餠一

〈음식메뉴〉 찬품(갈비찜, 개찜)

궁 정문에서 정조가 가난한 사람들에게 쌀을 배급하는 장면, 야간에 횃불을 켜놓고 실시한 군사훈련, 한강에 배다리를 건설하고 서울로 돌아오는 모습 등이 그려져 있으며, 행궁의 회갑잔치 때 공연된 여러 정재(呈才: 궁중춤)의 모습과 잔칫상에 올린 상화(床花)의 모습도 그려져 있다.

더욱 놀라운 것은 8일간의 행차기간에 모든 참가자들이 먹은 음식메뉴가 장소별로 기록되어 있는데, 고체로 된 음식은 높이가 얼마인지를 밝히고, 그 메뉴를 만드는 데 들어간 재료의 종류와 수량까지 상세하게 적어 놓았다. 요즘말로 레시피를 적어 놓은 것이다. 그리고 각 음식의 제작단가도 기록했다. 여기서 특히 주목되는 것은 김치를 침채(沈菜)라고 적고, 배추를 백채(白菜), 보신탕을 구증(狗蒸: 개찜) 등으로 적은 것이다. 그 밖에 수많은 궁중음식의 이름과 그 레시피가 보여 전통음식을 연구하고 복원하는 데 큰 도움을 준다.

고체로 된 음식의 높이를 법으로 제한한 것은 놀라운 일이다. 비용을 절감하여 민폐를 끼치지 않으려는 정조의 애민정신이 깃들어 있기 때문이다.

정조는 8일간의 행차에 관한 보고서를 김홍도 등에게 명하여 8폭[22] 병풍으로도 만들어 주요 대신들에게 선물했는데, 지금 그 몇 건이 남아 있어 보물로 지정되어 있을 정도로 그림이 아름다울 뿐 아니라, 길가에서 구경하는 백성들과 엿장수, 떡장수, 술장수의 모습까지 그려져 있어 임금과 백성의 거리가 얼마나 가까웠던가를 보여준다.

22 8폭 그림은 다음과 같다. (1) 정조가 화성향교에 가서 문묘에 참배하는 그림, (2) 행궁의 낙남헌에서 노인들에게 잔치를 베푸는 양로연 그림, (3) 봉수당에서 혜경궁 홍씨의 회갑을 축하하는 잔치그림, (4) 야간에 화성에서 횃불을 켜고 군사훈련 하는 장면, (5) 문과와 무과급제자들의 명단을 발표하는 그림, (6) 야간에 신하들과 행궁에서 활쏘기를 하는 그림, (7) 화성에서 시흥행궁으로 행차가 돌아오는 그림, (8) 한강에 배다리를 놓고 그 위를 건너오는 행차그림 등이다.

(11) 왕실의 검소한 의식주생활

신라통일시기의 학승 의상(義湘)은 문무왕이 경주에 도성(都城)을 높이 쌓는 토목공사를 일으키려 하자 이를 반대하면서 "비록 임금이 초야(草野: 들판)와 모옥(茅屋: 초가집)에 살더라도 정도(正道)를 행하면 나라의 복된 왕업(王業)이 오래가고, 그렇지 않으면 아무리 백성을 고생시켜 성곽(城郭)을 쌓더라도 아무런 도움이 되지 않는다"고 말했다. 이 말을 따라 문무왕은 도성을 쌓는 일을 중단했다고 한다.

의상은 승려이지만, 임금이 소박하게 살면서 정도(正道)의 길을 걸어가야 한다는 것을 정확하게 지적했다. 지금 경주에 큰 성곽이 보이지 않는 이유가 여기에 있는 것이다.

유교에서는 요순(堯舜)을 가장 정치를 잘한 성인(聖人)으로 간주하는데, 그 이유는 자신이 누추한 집에서 살면서 백성을 위한 정치를 했기 때문이었다.

조선시대에는 추상적으로만 임금의 생활이 검소해야 한다고 보지 않고, 제도적으로 임금이 재산을 가질 수 없도록 막았다. 그래서 고려말 이성계일파는 왕실재산을 모두 몰수하여 국가재산으로 귀속시켰고, 조선왕조의 헌법을 만든 정도전(鄭道傳)은 《조선경국전》에서 임금이 사장(私藏)을 가지면 안 된다고 못 박았다. 사장은 곧 사적인 재산이다. 임금이 사유재산을 가지면 안 된다는 말은 《書經》이나 《주례》(周禮)에도 보인다. 임금은 천하의 땅과 천하의 백성을 모두 가지고 있기 때문에 따로 개인재산을 가질 필요가 없다는 것이다. 여기서 천하의 땅과 천하의 백성을 모두 가지고 있다는 말은 마음대로 쓸 수 있도록 법적으로 소유하고 있다는 뜻이 아니고, 상징적으로 소유하고 있다는 뜻이다. 그래서 임금의 생활경비는 국가의 재정에서 필요한 만큼의 경비를 지급받아 살아야 하고, 그것을 집행하는 권한은 재상이 가진다는 말이다.

이런 사상과 제도 때문에 임금은 사치와 향락을 마음대로 부릴 수가 없었으며, 만약 이런 규범을 어기고 사치와 방탕한 생활에 빠질 때에는 임금을 내쫓았다. 연산군(燕山君)이 바로 그런 경우이다. 사실, 연산군의 사치와 방탕은 다른 나라의 임금에 비하면 아주 낮은 편이었다. 그런데도 조선의 신하들은 이를 용납하지 않았다.

조선시대는 왕실의 의식주생활이 고려시대에 비해 한층 검소해져서 백성들과의 거리가 과거 어느 시대보다도 가까워졌다. 한양에 조성된 궁궐은 경복궁(景福宮), 창덕궁(昌德宮), 창경궁(昌慶宮), 경희궁(慶熙宮), 경운궁[慶運宮: 뒤의 덕수궁] 등 다섯 곳이 있었지만, 그 어느 것도 다른 나라의 궁궐에 비해 규모가 작고 검소하다. 국력이 약하고 중국을 의식하여 크게 만들지 못했다는 견해도 있으나 그렇지 않다. 궁궐은 장엄해 보여야 하지만 사치스러우면 안 된다는 원칙이 있었기 때문이다. 이런 원칙은 정도전이 편찬한 《조선경국전》에 보인다.

조선의 궁궐 가운데 조선후기에 가장 많이 사용되었던 창덕궁과 창경궁을 보면, 후원[비원]에 농촌에서 볼 수 있는 조그만 논과 농막(農幕)이 보이고,

〈창덕궁 후원의 청의정(농막)〉

〈창경궁 통명전 앞마당의 연못〉

일반 사대부의 집과 똑같이 단청을 하지 않은 소박한 모습의 연경당(演慶堂)과 낙선재(樂善齋), 그리고 수많은 장독대가 보인다. 그리고 후원의 정자(亭子)들은 키가 큰 사람이 앉기도 어려울 정도로 작다. 여기에 왕비가 양잠(養蠶)을 하는 양잠소도 있고 뽕나무도 심었다. 왕비도 보통 여성처럼 누에치기를 해야 한다는 것을 보여주기 위함이었다.

조선의 왕궁이 얼마나 검소했던가를 보여주는 재미난 이야기가 있다. 성종 때 창덕궁이 비좁아 그 옆에 창경궁(昌慶宮)을 건설했는데, 왕비가 거처하던 통명전(通明殿) 앞마당에서 물이 고여 이를 처리하기 위해 작은 연못을 만들었다. 그런데 고인 물을 연못으로 뽑기 위해 구리로 조그만 수로를 만들었는데, 이를 본 신하들이 벌떼처럼 들고 일어나서 임금을 탄핵했다. 물길을 만들기 위해 귀한 구리를 사용했다는 것이다. 신하들의 탄핵을 받은 성종은 곧바로 구리로 만든 물길을 철거하고 돌로 수로를 만들었다. 그래서 지금 돌로 만든 물길이 남아 있다.

왕궁의 담도 매우 낮아 호랑이가 뛰어들어가는 일이 비일비재했다. 왕궁의 모습은 매우 서민적인 모습을 띠고 있어 이곳이 과연 최고권력자가 사는 왕궁인지 의심이 갈 정도이다. 임금이 거처하는 집이 비가 오면 물이 새는 경우가 허다했다. 황금으로 화려하게 치장한 외국의 왕궁과는 너무나 대조적이다.

비단 왕궁뿐 아니라, 임금과 왕비의 무덤을 보더라도 왕릉의 경역(境域)은 커 보이지만, 왕릉 자체는 매우 작다. 경역이 크다 하더라도 그것은 자연적인 공간을 그대로 이용한 것이지 인공적으로 경역을 크게 건설한 것은 아니다. 우리나라 왕궁이나 왕릉을 외국과 비교해 보면 우리의 특징이 한층 선명하게 보인다. 조선의 세조가 죽을 때 자신의 무덤을 소박하게 만들기 위해 병풍석(屛風石)을 두르지 말고, 석실(石室)을 만들지 말라고 유언한 것과 너무나 대조적이다.

조선왕조는 왕이나 왕비가 입는 옷도 매우 검소했다. 특정한 의식을 치를 때는 비단옷을 입었지만, 평상시에는 거친 무명옷이나 명주옷을 입었다. 왕자가 태어나면 시골 농부가 입던 헌옷을 가져다가 배내옷을 만들어 입히는 것이 관례였으며, 비단옷을 입히지 않았다. 정조(正祖)가 등창으로 세상을 떠날 때 더운 여름철임에도 불구하고 두꺼운 무명옷을 입고 있어서 등창이 더욱 악화되었다는 기록이 보인다.

요즘 텔레비전의 사극(史劇)을 보면 왕비가 하루 종일 화려한 비단옷을 입고 머리에 금으로 장식된 수식(首飾)을 하고 있는데, 이는 사실과 전혀 다르다. 이런 치장은 책봉식(冊封式)과 같은 특별한 행사가 있을 때에만 잠시 하는 것이다. 왕과 왕비는 평상시에는 무명이나 모시옷이나 명주옷을 입었는데, 그것도 올이 가는 세포(細布)를 입지 않고 올이 굵은 추포(麤布)를 입는 것이 관례였다.

임금이 입는 곤룡포나 모자[익선관]도 매우 검소했다. 신라시대에는 수많은 금관(金冠)이 보이지만, 조선시대에는 이런 모자를 쓴 일이 없고, 곤룡포에도 황룡(黃龍)을 금실로 수놓아 보(補)로 사용했을 뿐이다.

왕실의 음식이나 그릇도 매우 검소했다. 임금은 원칙적으로 7가지 이상의 음식을 먹지 못하도록 규정했다. 이를 7첩반상(七첩飯床)이라고 부른다. 7첩상 가운데 밥과 간장, 김치[침채]가 포함된다. 잔치를 치를 때에도 떡이나, 강정, 약과 등 고체로 된 음식은 높이를 규정하여 함부로 높이 올리지 못하도록 규제했다. 정조의 1795년 화성행차를 기록한 《원행을묘정리의궤》를 보면 그런 기록이 무수히 보인다.

왕실의 그릇도 조선시대에는 금이나 은으로 된 것은 사용하지 못하게 했다. 그래서 값싼 도자기나 놋그릇[鍮器]을 사용했던 것이다. 도자기도 고려자기처럼 화려하고 비용이 많이 드는 그릇을 피하고 값싼 백자를 주로 사용했다. 백자에 외국에서 사들인 안료(顔料)를 사용하여 그림을 넣은 청화백자의 사용도 법으로 막았다. 조선 초기에 백자가 유행한 이유가 여기에 있다.

(12) 벼슬아치와 양반의 의식주생활

유교 경전의 하나인 《대학》을 보면, 선비의 몸가짐은 수신(修身), 제가(齊家), 치국(治國), 평천하(平天下)의 길을 가야 한다고 했다. 자기의 몸과 마음을 깨끗하게 닦은 뒤에 가정을 다스리고, 나라를 다스리고, 천하를 다스리는 길로 가야 한다는 뜻이다. 이를 요약하여 수기치인(修己治人)으로도 부른다.

그런데 선비의 수기(修己)에 대해서는 《논어》, 《맹자》 등에 자세한 이야기가 전한다. 극기복례(克己復禮)라는 말도 있다. 자기를 이겨야 예(禮)를 일으킬 수 있다는 뜻이다. 선공후사(先公後私)라는 말도 있다. 공(公)을 먼저 행하고, 사(私)를 뒤로 해야 한다는 말이다. 배불리 먹지 말고, 좋은 옷을 입어서는 안 된다는 말도 있다. 선비가 가난하게 살아야 백성의 생활이 풍족해진다는 것이다.

맹자(孟子)는 또 이런 말도 했다. 일반백성은 항산(恒産)이 없으면 항심(恒心)이 없고, 항심이 없으면 못 하는 짓이 없다고 하면서 백성들의 도덕성을 키우려면 반드시 항산을 만들어주어야 한다고 했다. 항산은 자립이 가능한 경제력을 말한다. 그런데 맹자는 선비만은 항산이 없어도 항심을 가져야 한다고 말하여 선비는 비록 가난해도 도덕성을 지니고 있어야 한다고 했다.

조선시대에는 정신적으로도 선비정신이 커졌지만, 제도적으로도 벼슬아치와 서민이 사치를 누리지 못하도록 규제했다. 그래서 벼슬아치와 서민의 집의 크기와 무덤의 크기를 법으로 제한한 것이 《경국대전》에 보인다. 먼저 주택의 최고면적은 다음과 같다. 대군(大君)과 공주(公主)는 30부(負: 0.3결), 왕자군(王子君)과 옹주(翁主)는 25부(0.25결), 1-2품은 15부(0.15결), 3-4품은 10부(0.1결), 5-6품은 8부(0.08결), 7품 이하와 유음자손(有蔭子孫)은 4부(0.04결), 서인(庶人)은 2부(0.02결)로 정했다. 물론, 이 규정은 한양에 사는 사람들을 대상으로 하여 국가에서 떼어준 땅을 말한다. 면적단위를 부(負)로 정했는데, 100부가 1결(結)이므로 가장 넓은 땅을 받은 대군과 공주가 받은 30부는 0.3결에 해당하고, 서민이 받은 면적은 0.02결에 해당한다. 그런데 당시 집터를 재는 자[尺]는 3등전(三等田)을 재는 자를 썼다고 하는데, 3등전 1결의 넓이가 요즘 개념으로 어느 정도인지는 확실하지 않다.

이렇게 계급에 따라 택지면적에 차등을 둔 것은 그들이 거느리고 사는 식솔(食率)의 차이 때문이다. 벼슬아치들은 구사(驅使)로 불리는 보조원을 거느리고 사는데, 계급에 따라 인원이 다르기 때문이다. 일반 서민은 이런 보조원이 필요 없으므로 택지가 작은 것이다. 대군이나 공주가 받은 0.3결이나 1-2품이 받은 0.15결의 대지에 지은 집은 최고 99칸을 넘지 못하게 규제했다.

한편 무덤 경역의 크기도 《경국대전》에 규정되어 있는데, 종친(宗親)의 경우 1품은 사방 각 100보(步) 이내, 2품은 90보 이내, 3품은 80보, 4품은 70보, 5품은 60보, 6품은 50보로 하고, 문무 벼슬아치는 종친보다 각각 10보씩 작게 했으며, 7품 이하 및 생원, 진사, 문음자제는 6품과 같이 했다. 그러니까 벼슬아치는 최고 90보에서 최하 40보 이내로 제한하고, 생원, 진사, 문음자제는 40보 이내로 정했다. 다만, 이 면적은 무덤경역의 전체 면적을 말하는 것이고, 무덤 자체의 크기를 말하는 것은 아니다.

이상 법으로 규정된 택지와 무덤의 면적은 계급에 따른 차등을 두었지만, 그 의도는 신분차별에 목적을 둔 것이 아니라, 택지와 무덤의 크기를 제한하는 데 더 큰 목적이 있었다. 말하자면, 권력자들의 탐욕을 억제하고자 한 것이다. 그리고 이 정도의 크기는 왕족이나 벼슬아치들에게 대단한 혜택을 준 것도 아니다.

〈초가 3칸의 비우당 사진〉

벼슬아치들의 실제생활을 보면 법으로 정해진 것보다 한층 검소하게 생활한 정승들이 많았다. 예를 들어보자. 세종 때 정승을 지낸 유관(柳寬)은 동대문 밖 지금의 창신동 낙산 기슭에서 살았는데, 집이 너무 초라하여 비가 오면 집안에서 우산을 받치고 살았다고 한다. 우산을 쓰고 있던 유관은 부인을 보고, "이런 날 우산이 없는 사람은 얼마나 힘들겠느냐"고 말했다고 한다.

유관 정승의 청백한 몸가짐은 뒤에 후손들에게 큰 영향을 주었는데, 16세기 말-17세기 초의 저명한 실학자 이수광(李睟光)이 바로 그런 인물이다. 유관의 집은 사위에게 물려주었는데, 그 사위의 4대손이 바로 이수광이었다. 그러니까 유관은 이수광의 외5대조이다. 이수광은 아버지가 물려준 유관의 집에서 살았는데, 왜란 때 이 집이 불타자 다시 재건하여 당호(堂號)를 비우당(庇雨堂)으로 불렀다. 비우당은 '비나 겨우 막는 집'이라는 뜻이니 외 5대조의 청백정신을 이어가겠다는 뜻이 담겨 있다. 지금 동대문 밖 낙산자락에는 비우당을 다시 재건해 놓았다.

세종 때 정승을 지낸 맹사성(孟思誠)도 청백리(淸白吏)로 이름을 떨쳤다. 그는 충청도 온양(溫陽)에 있는 집을 왕래할 때 늘 촌부처럼 차리고 소를 타고 다녔다. 그래서 사람들은 그가 지위가 높은 정승이라는 것을 아무도 몰랐다고 한다. 그가 온양에서 서울로 가다가 천안의 어느 주막에서 하룻밤을 묵었는데, 영남에서 과거시험을 치러가는 청년을 만나 유명한 '공당문답'을 하면서 재미있게 하룻밤을 지냈다고 한다. 공당문답은 "…했는공?" 하고 물으면 "…했당"으로 대답하는 식으로 대화를 나눈 데서 생긴 말이다. 그 뒤 그 청년은 과거에 급제하여 왕궁에서 맹사성을 만나보고 깜짝 놀랐다. 공당문답을 하면서 재미있게 지낸 그 영감이 정승인 줄을 몰랐던 것이다. 온양에 있는 맹사성의 집도 너무 초라하여 정부에서 수리해주려고 했으나, 그는 이를 거절했다. 맹사성은 유명한 최영 장군의 손녀사위이기도 하다. 조선시대에는 높은 벼슬아치로서 깨끗하게 처신한 인물에 대해서는 살아 있을 때 또는 죽은 뒤에 청백리(淸白吏)나 염근리(廉謹吏)로 표창하고, 그 후손에게 벼슬을 주기도 했다. 비록 국가에서 표창은 하지 않았더라도 세간에서 청백리로 숭앙받은 인물이 수백 명에 이르렀다.

조선왕조는 청백리를 많이 배출한 시대이지만, 그렇다고 탐오한 벼슬아치가 없었던 것은 아니다. 탐오한 벼슬아치를 장리(贓吏)로 부르는데, 본인이 처벌을 받는 것은 물론이요, 그 자손도 문과응시를 금지시켜 불이익을 주었다. 또 국가기강이 무너진 19세기 세도정치기에는 지방 수령 가운데 탐관오리가 많았는데, 이를 막기 위해 사헌부 감찰(監察)을 암행어사로 내려 보내 수령의 비행을 적발, 처단했다. 그러나 도도한 탁류(濁流)의 흐름을 근절시키지 못해 국운이 기울기 시작했다. 하지만 그래도 조선왕조가 519년의 장수를 누린 것은 탁류만 있었던 것이 아니라 청류(淸流)가 탁류를 끊임없이 정화시켜주었기 때문이다.

(13) 향도(香徒) 공동체와 선비정신

조선시대 지방사회에는 두 종류의 공동체조직이 있었다. 하나는 유학자들이 조직한 향약(鄕約)이요, 다른 하나는 일반백성들이 자발적으로 조직한 향도(香徒)와 두레[社]이다.

먼저, 향도와 두레는 삼국시대 국가가 조직한 화랑도조직이 고려시대 이후 민간공동체로 변질되어 내려온 것으로, 조선왕조에 들어와서도 그대로 이어지면서 미풍양속의 하나로 칭송되기도 하고, 때로는 위정자의 비판을 받아 억제를 당하기도 했다.

조선시대 향도에 관한 기록은 많다. 성종대의 학자 성현(成俔)은 《용재총화》(慵齋叢話)에서 향도에 관해 이렇게 적었다.

> 오늘의 풍속은 갈수록 각박해지고 있는데, 오직 향도(鄕徒)만이 아름답다. 이웃 사람과 천한 사람들이 모두 모여 회(會)를 만들고 있는데, 작은 것은 7-9명, 많은 것은 100여 명에 이른다. 매달 서로 번갈아가며 술을 대접하고, 상(喪)을 만난 사람이 있으면 상복(喪服)을 만들어 주기도 하고, 관곽(棺槨)을 만들어 주고, 횃불을 만들어주고, 음식을 만들어 주고, 상여를 메주고, 무덤을 만들어 주기도 한다.

여기서는 향도의 구성원이 이웃사람과 천한 사람들로 구성되었다는 것과, 주기적으로 모여 파티를 열고, 일상적으로는 주로 장례를 함께 치르면서 도와주고 있다는 것을 알려주고 있다.

한편, 17세기 초의 실학자 이수광(李睟光)은 《지봉유설》(芝峯類說)에서 우리나라의 미풍양속을 소개하는 가운데 먼저 향도를 들고 있다. 그의 말을 들어보자.

> 우리나라의 풍속을 보면, 서울과 지방의 향읍(鄕邑) 및 방리(坊里)마다 모두 계(契)를 만들어 서로 규검(糾檢: 잘못을 찾아서 단속함)하고 있는데, 이를 향도

(香徒)라고 한다. … 김유신이 15세에 화랑이 되었는데, 당시 사람들이 그를 따르면서 복종하여 용화향도(龍華香徒)라고 불렀다. 지금 향도라는 말은 여기서 비롯된 것이다.

18세기 초 실학자인 유수원(柳壽垣)도 《우서》(迂書)에서 향도계에 대하여 자세히 소개했음은 앞에서 고려시대 재가화상을 설명하면서 이미 소개한 바 있다.

개인의 저서에서는 향도에 대해 우호적인 기록을 남기고 있으나, 관찬 문서인 《실록》에는 향도를 비판하는 기록도 적지 않다. 《태조실록》을 보면 "백성들이 신(神)에게 제사를 드리고 향도계(香徒契)를 만드는 등의 일로 재물을 소비하고 있다." 또는 "지방 백성들이 부모의 장례를 치르면서 이웃 향도를 모아 술을 마시며 노래를 부르고, 피리를 불면서 애통해하지 않는다"는 기록이 보이고, 《세종실록》에도 "지방 백성들이 부모의 장례 때 이웃 마을 향도들을 불러 모아 술 마시고 노래를 불러 조금도 애통해하지 않는 것 같다"는 기록이 보이고, 유구국(琉球國) 사신이 죽자 한성부에 명하여 향도를 모아 장례를 치르기도 했다. 또 중국 사신을 대접할 때 필요한 채붕(綵棚: 비단으로 만든 무대)과 나례(儺禮: 산대놀이)에 필요한 옷, 병풍, 족자, 비단, 금은, 주옥, 잡식(雜飾) 등을 여러 계층에게 바치도록 했는데, 그 가운데 마을의 향도에게도 지웠다. 《연산군실록》을 보면 노비들이 향도에 많이 참여하고 있다는 기사가 보이고 있다.

《선조실록》을 보면 좌의정 박순(朴淳)이 당시의 향도풍속에 대해 다음과 같이 보고하고 있다.

안으로 서울에서부터 밖으로 향곡(鄕曲)에 이르기까지 동린계(洞隣契)와 향도회(香徒會)가 있습니다. 사사로이 약조(約條)를 만들고 서로 단속하는데, 각기 제멋대로 만들었기 때문에 엉성하고 질서가 없습니다. … 강한 자가 규범을 깔보고, 약한 자가 규범을 위반해도 이를 바로잡지 못하고 있습니다.

《숙종실록》을 보면 좌의정 민정중(閔鼎重)이 당시의 향도에 대해 이렇게 보고하고 있다.

향도계(香徒契)는 서울의 백성들이 계를 맺어 무리를 모아서 장례비용을 만들기 위한 것인데, 사대부(士大夫)와 여러 궁가(宮家: 왕족)도 여기에 참여하고 있습니다. 그런데 무리를 모을 때 그 사람이 착하고 악한 것을 가리지 않고 모두 받아들이기 때문에 늘 폐단이 일어납니다. ….

이상 향도에 관한 기록들을 종합해보면, 조선시대 향도는 주로 장례식과 관련된 일들을 서로 도와주는 공동체임을 알 수 있고, 이를 위해 계(契)를 조직하고 일정한 규약을 만들어 활동하고 있으며, 위로는 왕족으로부터 아래로는 노비에 이르기까지 각계각층이 참여하고 있음도 알 수 있다. 다만, 규약이 엄격하지 않고, 아무나 받아들여 질서가 없다는 것이 약점으로 지적되고 있다. 그러니까 일반백성들이 자발적으로 공동체를 만들어 서로 상부상조하고 있는 것이 미풍으로 보이는데, 다만 질서가 부족하다는 것이 약점으로 지적되고 있는 것이다.

(14) 두레공동체와 선비정신

조선시대에는 향도와는 약간 다른 모습의 민중공동체가 있는데, 이것이 두레이다. 기록상으로는 사(社) 또는 사장(社長)으로 불리고 있다. 원래 사(社)

는 고려시대에도 있었던 것으로 선종불교의 결사(結社)에서 유래한 것이다. 예컨대, 고려 무신집권기 전라도지방에서 결성된 백련사(白蓮社)나 수선사(修禪社) 등이 그것이다.

그런데 조선시대에는 순수한 불교단체로서의 결사는 없어지고, 민간인들이 자발적으로 결성한 종교단체로 사 또는 사장이 등장했다. 《실록》에는 이들에 대한 기록이 많이 보이는데, 조선 초기 예종 때 벼슬아치 양성지(梁誠之)와 성종 때 벼슬아치 한치형(韓致亨)이 임금에게 올린 상소가 가장 자세하다. 먼저 양성지의 보고는 다음과 같다.

> 요즘 서울과 지방의 남녀노소들이 사장(社長)을 자칭하거나 거사(居士)를 칭하고 있는데, 이는 도사(道士)와 비슷한 것으로 승려도 아니고 속인(俗人)도 아닙니다. 이들은 생업을 폐하고, 군역(軍役)을 피하려고 합니다. 지방에서는 천 명, 만 명이 무리를 이루어 사찰에 가서 향(香)을 피우고, 서울에서는 여염에서 밤낮으로 남녀가 섞여 거처하면서 징과 북을 시끄럽게 두들기면서 하지 않는 일이 없습니다.

다음에 한치형이 올린 상소는 양성지의 보고보다도 한층 자세한데, 그 내용은 이러하다.

> 사장(社長)은 모두 시정(市井)의 무식한 무리들로서 망령되게 인연(因緣)과 화복(禍福)의 말을 믿고, 그것을 장사의 업(業)으로 삼으며, … 일념(一念)으로 아미타불(阿彌陀佛)을 믿으면 불도(佛道)를 얻을 수 있고, 죄악을 씻을 수 있다고 말합니다. 큰 도회지의 여염 가운데 사(社)를 세워 염불소(念佛所)라고 하면서 직업을 벗어던지고 시끄럽게 모여들어 치의(緇衣: 僧服)를 입고, 치관

(緇冠)을 쓰고 남자는 동쪽, 여자는 서쪽에 거처하고 있습니다. 그 모습을 보면 승려도 아니고 속인(俗人)도 아니며, 그 집을 보면 사찰도 아니고 가정집도 아닙니다. 아침에는 시리(市利)를 그물질하고, 저녁에는 부처에 돌아옵니다. … 징을 울리고, 북을 치고, 너울너울 춤추면서 뛰어다니므로 거리의 아이들과 부녀자들이 즐겁게 둘러서서 바라보면서 흠모하고 있으며 다투어 뒤를 따라다닙니다.

또 성종 벼슬아치 김수손(金首孫)은 "사장들이 승니(僧尼)들을 여염에 불러 모아 염불을 일삼는데 범패(梵唄: 불교노래) 소리가 나라 안에 가득 차고, 사녀(士女)들이 분주하게 따라다닌다"고 했다.

이상, 여러 사람의 보고를 합쳐서 정리해보면, 사(社)는 민간인들이 자발적으로 여염이나 마을에 만든 염불소(念佛所)로서 여기에는 아미타불(阿彌陀佛)을 모셔놓고 남녀노소가 모여들어 함께 생활하면서 밤에는 염불하고, 낮에는 떼지어 거리를 다니면서 징과 북을 치고 춤추고 돌아다니면서 시주(施主)를 구걸하는 단체이다. 그래서 이들은 승려도 아니고 속인(俗人)도 아닌 거사(居士)로서 일종의 사이비 종교단체라는 것이다. 우리나라 속담에 "중도 아니고 속행(俗行)도 아니다"라는 말이 여기서 생겨난 것이다.

사장의 모습은 마치 신라 때 민중불교를 포교한 원효(元曉)가 광대옷차림으로 거리를 돌아다니면서 무애가(無碍歌)를 노래하고, '나무아미타불'만 외우면 서방정토(西方淨土)에 다시 태어날 수 있다고 선전한 모습과 매우 유사하다. 실제로 우리나라에는 삼국시대부터 거사(居士)를 자칭한 지식인들이 매우 많았다. 원효도 스스로 소성거사(小姓居士)를 자칭했고, 고려시대 이규보(李奎報)는 백운거사(白雲居士), 이승휴(李承休)는 두타산거사(頭陀山居士)를 자칭했다. 조선왕조 태조 이성계도 만년에 스스로 송운거사(松雲居士)를 칭했다. 이들은 모두가 순수한 승려가 아니면서 불교를 믿고, 또 유교나 무교도 존중하는 절충적 지식인들이었다.

그런데 조선시대 민간에서 유행한 사(社)나 사장(社長)을 비판적으로 바라본 이들도 있지만, 반대로 이를 우호적으로 바라본 인사들도 적지 않았다. 예를 들면 세종과 세조는 사장에 대해 매우 우호적인 태도를 보였다. 세종은 재위 30년 궁 안에 내불당(內佛堂)을 설치하면서 지방의 7-8백 명의 승려들과 사장(社長)들을 불러들여 잔치를 베풀었으며, 세조도 속리산에 가는 도중에 청주(淸州)에서 40여 명에 달하는 사장들이 길 위에서 향안(香案)을 베풀고 쌀 70두를 임금에게 바쳤으며, 노인, 유생(儒生), 창기(娼妓) 등이 노래를 부르면서 임금을 환영했다고 한다.

이상 조선시대 사와 사장의 행태는 계급과 남녀노소를 망라한 민중적 종교단체이자 음악과 춤이 곁들인 놀이공동체이기도 했다. 정부에서는 이들이 국역(國役)을 피하고 신분질서를 문란시킨다는 측면에서 부정적으로 바라보고 때때로 이를 금하는 조치를 취하기도 했지만, 그러나 그 풍속은 끊어지지 않고 내려와 오늘날 우리가 보는 '두레패' 또는 '농악패'가 된 것이다.

그런데, 오늘날 두레패의 놀이를 보면 그 음악과 춤이 신바람을 일으키는 것이 사실이고, 그 놀이가 군사무예를 연상시킨다. 그래서 유사시에는 그들이 들고 다니는 깃발이 창으로 쓰이고, 그들의 단결력이 의병(義兵)으로 나타나기도 했다. 따라서 이것도 향도와 마찬가지로 고대부터 전승되어온 선비문화의 대중화로 볼 수 있다.

(15) 향약(鄕約) 공동체와 선비정신

조선시대 향촌공동체의 또 하나의 형태는 향약(鄕約)이다. 향약은 앞에서 설명한 향도(香徒)나 두레[社], 사장(社長) 등 전통적인 민간공동체에 대응하여

16세기 중엽 이후로 등장했다. 중종 때 조광조(趙光祖: 1482-1519)를 비롯한 사림(士林)이 노력한 결과이다. 사림은 향도나 두레 등이 장례(葬禮)를 도와주거나 종교 및 놀이문화를 함께 하는 좋은 측면도 인정했지만, 신분질서를 지키지 않고, 장례를 축제로 지내고, 국역(國役)을 회피하는 등 유교적 규범에는 맞지 않는 점이 있는 것을 부정적으로 보았다. 그래서 그 대안으로 시행한 것이 향약이다.

향약은 원래 성리학(性理學)과 더불어 중국에서 들어온 향촌공동체규범으로 도덕적인 행동을 서로 권장하고[德業相勸], 잘못을 서로 단속하고[過失相規], 예의바른 풍속을 서로 나누고[禮俗相交], 어려운 일을 서로 도와주는[患難相恤] 등 네 가지 규범을 포함하고 있었으며, 조광조일파가 시행한 향약도 바로 《소학》(小學)에 소개되어 있는 중국식 향약이었다.

그런데 중국식 향약의 약점은 지나치게 도덕적인 행동에만 치중하고, 여기에 참여하는 사람도 주로 학자층에 제한되어 있어서 일반 서민층에게는 호응을 얻지 못했다. 이런 한계를 극복하여 우리나라 현실에 맞게 새로운 한국형 향약모델을 만든 것은 16세기 말의 율곡 이이(李珥: 1536-1584)였다. 이이는 민생이 안정되지 않으면 도덕교화도 제대로 꽃필 수 없다는 것을 인식하고, 또 학자층만 아니라 일반서민들이 함께 참여하는 향약이 필요하다고 믿었다.

이이가 만든 새로운 향약은 다음과 같은 몇 가지 특징을 지니고 있다.

첫째, 전통적인 공동체에서 존중되어온 계(契)를 향약과 합쳤다. 계는 회원들이 재원(財源)을 만들어 경제적으로 서로 도와주는 것으로 향도계(香徒契)가 바로 그런 형식을 지니고 있었는데, 이이는 그 장점을 향약과 결합시킨 것이다.

둘째, 지역과 계층에 따라 다양한 형태의 향약을 만들었다. 예를 들면, 군

(郡)이나 목(牧) 등 지방행정기구를 단위로 하는 향약은 지방자치기구인 향청(鄕廳)과 향약을 결합시켜 운영하도록 만들었다. 이이가 청주목사 시절에 만든 서원향약(西原鄕約)이 그것이다. 유학자를 양성하는 교육기관인 서원(書院)을 단위로 하는 향약은 주로 유생들에게 필요한 규범을 만들었는데, 이것이 해주향약(海州鄕約)이다. 여기에 사창제(社倉制)를 결합시켜 경제적으로 서로 도와주도록 했다. 그리고 시골농촌을 단위로 하는 향약은 경제적 상부상조에 초점을 맞추었다. 해주의 야두촌(野頭村)을 대상으로 한 사창계약속(社倉契約束)이 그것으로 사창계(社倉契)라는 재원을 만들어 경제적으로 서로 돕도록 운영한 것이 특징이다.[23]

셋째, 이이가 만든 향약은 사족(士族), 서얼(庶孼), 향리(鄕吏), 서민(庶民) 그리고 노비(奴婢)를 포함하여 모든 계층이 참여할 수 있도록 했으며, 노비도 실무자에 포함시켰다.

이상 이이가 만든 향약은 종전의 향도계가 지닌 초계급적 공동체의 장점을 최대로 흡수하면서 유교적 도덕규범을 실천할 수 있도록 만든 것이 향도계와 다른 점이다. 다만, 유교적 도덕규범 속에는 상전(上典)과 하인(下人)의 관계를 포함시키고, 충효(忠孝)에 대한 덕목을 크게 강조한 것이 중국 향약과 다른 점이다.

이이가 만든 향약 이외에도 지역에 따라 다양한 형태의 향약과 계(契)가 만들어져 시행되면서 강인한 농촌공동체문화가 지속되어갔는데, 그 명칭도 동계(洞契), 동규(洞規), 동약(洞約) 등 다양했다. 그 가운데에는 정치색을 강하게 띤 계도 등장했다. 예를 들면 선조 때 정여립(鄭汝立)이 만든 대동계(大同契)는 반란세력을 모으는 데 이용되었고, 조선 후기에는 노비들이 상전(上典)

23 율곡 이이의 향약에 대해서는 한영우, 《율곡 이이평전》(민음사), 2012, 참고.

을 해치기 위해 만든 살주계(殺主契)도 등장했다.

향약은 시대가 내려가면서 부정적인 기능도 노출되었다. 탐욕한 양반들이 서민을 수탈하는 데 공동체조직을 악용하는 사례가 늘어났다. 그래서 19세기 초 실학자 정약용(丁若鏞)은 향약의 폐단이 도적보다도 무섭다고 비판하기도 했다. 하지만, 전체적으로 본다면 농촌공동체는 상부상조의 미풍과 더불어 국난을 당했을 때 의병(義兵)으로 분출되어 나라를 지켜내는 등 순기능이 더 컸다고 말할 수 있다.

4. 선비정신과 서양 근대의 만남

1876년의 개항을 계기로 일본 및 서양과 국교를 맺으면서 전통적인 선비정신은 중대한 시련기를 맞이했다. 근대서양의 산업문명은 조선왕조가 지금까지 경험하지 못한 새로운 충격이었다. 무엇보다 산업문명이 지닌 기술문화에 압도당했으며, 산업문명과 더불어 들어온 기독교나 일본의 국교(國教)인 천황숭배의 신도(神道)도 매우 이질적인 요소였다.

서양과 일본의 새로운 문명이 평화로운 교류를 통해 들어왔다면 문명적 충격은 그다지 크지 않았을 것이다. 그러나 새로운 문명은 제국주의적 정복사업과 연결되어 있었기 때문에 우리의 처지에서는 격렬한 저항과 수용이라는 이중적인 모습으로 대응할 수밖에 없었다.

농촌 선비=지식인들은 주로 저항적 대응을 보이면서 위정척사(衛正斥邪)와 동학(東學)이라는 배타적 민족주의 이념을 창출했다. 전통적 유교문화를 수호하면서 일본과 서양을 오랑캐로 취급하여 배척하자는 것이 위정척사라면, 전통적 무교문화(巫教文化)를 현대화하여 수호하면서 일본과 서양을 배척한 것이 동학(東學)이었다. 이 두 흐름은 의병운동(義兵運動)으로 표출되어 일제강점기에도 격렬한 항일운동의 기둥이 되었다.

한편 농촌선비와는 달리 서울과 그 인근의 도시선비=지식인들은 이른바 〈동도서기〉(東道西器)의 절충적 노선을 추구했다. 전통적 유교문화를 지키면서도 서구의 기술문화를 수용하여 자주적인 근대문명을 창조하자는 시각이다. 다시 말해 근대국가 형성을 위한 산업화와 부국강병을 위해서는 산업문명의 핵심기술을 배울 수밖에 없다는 것이다, 하지만, 서양보다도 먼저 관료정치를 발전시키고, 높은 수준의 도덕적 왕조정치를 이끌어온 유교문화와 고유한 풍속은 그대로 지켜야 한다고 믿어 이를 동도(東道)로 불렀던 것이다. 개항 이후 정치를 담당한 고종과 그 관료들은 대부분 이런 노선에 따라 자주적인 근대화정책을 추진하면서 실력을 기르고 서양과 일본의 침투에 대응해나갔다.

위 〈동도서기〉 노선이 1897년에 대한제국이 성립한 뒤에는 〈구본신참〉(舊本新參)으로 호칭이 약간 바뀌었지만, 그 뜻은 동도서기와 다름이 없었으며, 이런 노선은 조선후기 실학자들의 개혁노선을 계승한 것이기도 했다. 〈구본신참〉에서 〈구본〉의 구체적 내용은 왕조체제의 큰 틀을 그대로 유지한다는 것이다. 다시 말해 강력한 황제권을 바탕으로 국민의 애국심을 수렴하고, 국가의 주권을 수호하면서 위로부터의 근대화정책을 추진하겠다는 것이며, 국가의 제사를 비롯한 전통적 음력중심의 명절을 그대로 지키겠다는 뜻이다. 음력은 비록 국제적 역법(曆法)인 양력과는 다르지만, 그 안에 조상을 받드는 효도와 국민통합을 가져오는 풍속이 담겨 있기 때문이다. 양력을 쓰고 있는 오늘날에도 진정한 설날은 음력으로 받아들이고 있으며, 추석이나 정월대보름이나 입춘, 우수, 경칩 등의 월령은 음력을 따르고 있지 않은가? 또 상투라든가 한복 등과 같은 풍습도 반드시 서양식으로 바꿔야 근대화가 되는 것은 아니다. 전통적인 음식도 서양식으로 바꿔야 근대화가 되는 것은 아닐 터이다.

다음에 〈신참〉의 핵심은 주로 서양식 기술문화이다. 전기, 기선, 비행기, 그 밖에 산업화에 필요한 각종 기계들은 서양 것을 받아들이지 않을 수 없기 때문이다. 그리고 서양의 양력(陽曆)도 받아들여 음력과 병행하여 사용했다. 그래서 국제외교와 관련되는 공적인 문서에는 양력을 써서 세계적 흐름에 동참했다. 또 관료제도를 근대적 국가운영에 맞게 바꾸는 일도 필요했다. 종전의 6조체제로는 근대국가를 운영할 수 없는 한계를 인식했기 때문이다.

이렇게 전통과 서양식 제도와 문물을 절충한 〈구본신참〉의 노선은 기본적으로 옳은 것으로 이를 수구반동으로 해석하는 것은 잘못이다.

그런데 개화기 일부 도시선비=지식인들 가운데에는 〈동도서기〉에서 한 걸음 더 나아가 일본의 메이지유신을 본받아 권력구조를 내각중심제 또는 미국식 공화정으로 바꾸려는 일파가 있었으며, 이들은 일본의 협조를 얻어 이를 급속하게 실천하려다가 실패했다. 1884년에 김옥균(金玉均)을 중심으로 서울 양반과 중인들이 일으킨 갑신정변(甲申政變)과 1894-1895년의 갑오경장(甲午更張), 그리고 1897년의 독립협회(獨立協會)를 이끌어간 주역들이 그런 유형이었다. 이들의 시도가 실패한 원인은 무엇보다도 그들의 급진적 노선이 백성들의 지지를 얻지 못했다는 것과 일본이 이들의 시도를 한국침략에 유리한 환경을 만드는 데 이용했다는 점 때문이었다.

아무리 서양의 선진적인 제도라 하더라도 하루아침에 전통을 바꾸는 일에 국민이 동의하지 않는 것은 너무나 당연하다. 그런데도 당시의 일부 젊은 도시 지식인들은 이런 점을 헤아리지 못하고 성급하게 혁명적인 변화를 추진하다가 실패한 것이다. 그래서 일제강점기에 상해에서 임시정부의 제2

대 대통령을 역임하고, 《한국통사》(韓國痛史: 1915)와 《한국독립운동지혈사》(韓國獨立運動之血史)를 쓴 박은식(朴殷植: 1859-1925)은 《열자》(列子)에 나오는 유명한 우공이산(愚公移山) 이야기를 인용하여 급진개화파의 이상은 좋았으나 그 방법이 경거망동이었음을 비판했던 것이다.

〈우공이산〉의 요지는 이렇다. 앞에 큰 산[태행산]이 앞을 막아 교통이 불편한 중국의 어느 지역에서 우공(愚公)으로 불리는 90세 노인이 온가족과 함께 태산을 옮기는 일을 시도했다. 그래서 하루에 한 삽씩 흙을 파서 삼태기에 담아 발해에 버렸다. 이를 본 사람들은 비웃었으나, 우공은 이를 듣지 않고 계속했으며, 다음 후손들이 이를 계속하면 언젠가는 태산을 옮길 수 있다고 말했다. 마침내 이웃사람들이 감동하여 도와주고, 산신도 감동하여 도와주어 마침내 산을 옮기는 데 성공했다는 이야기다.

우공과 정반대되는 설화가 과보(夸父) 이야기다. 힘이 장사인 과보는 힘을 믿고 태양과 경주를 하다가 마침내 목이 타서 죽었다는 이야기다. 박은식은 이 두 설화를 소개하면서 급진 개화파의 성급한 혁명운동을 과보에 비유하고, 우공의 지혜를 배워야 한다고 말했다. 그래서 근대화가 아무리 옳은 방향이라도 이를 점진적으로 추진해야 성공을 거두는 것이고, 성급하게 추진하면 오히려 일을 망친다는 것이다.

박은식은 또 조선 중종 때 이상주의 개혁가였던 조광조(趙光祖) 일파가 실패한 원인도 그 조급성에서 찾았다. 삼대(三代)의 이상사회를 조급하게 건설하려고 일하는 데 점진성을 잃었으며, 수구세력을 지나치게 몰아세우다가 역풍을 맞았다는 것이다. 박은식은 이런 태도를 일러 〈작사무점 직전태예〉(作事無漸 直前太銳)라고 불렀다. 박은식의 이런 비판은 실은 조광조를 존경했던 율곡 이이(栗谷 李珥)가 일찍이 비판한 바 있었다. 그래서 이이는 하루에 한 가지씩 일을 고쳐나가면 언젠가는 이상사회가 올 수 있다고 믿었다. 그러니까 이이는 조광조의 이상은 따르되 그것을 실현하는 방법은 점진적인 방법을 택했던 것이며, 이런 온건한 개혁노선을 이이는 경장(更張)이라고 불러 선조대왕에게 경장을 촉구했던 것이다.

일본과 서양의 침투를 만나 혁명운동을 일으킨 동학(東學)에 대해서도 박은식은 비판을 가했다. 농민의 고통을 해소하려는 동학운동의 목적은 정당한 것이지만, 그들은 우준무식(愚蠢無識)하여 근대국가를 이끌어갈 능력이 없었다고 비판했다. 또 위정척사 사상을 바탕으로 쇄국정책을 쓴 대원군(大院君)의 노선도 박은식은 한계가 있음을 지적했다. 대원군의 과단성 있는 내정개혁은 잘한 일이지만, 쇄국을 벗어나지 못한 대외정책은 잘못된 것으로 보았다. 다시 말해 대원군은 〈동도〉를 지키는 일에는 성공했으나 〈신참〉을 통한 근대화에는 실패했다고 본 것이다. 박은식이야말로 〈동도서기〉, 〈구본신참〉의 노선이 가장 올바른 개혁노선임을 지지하고, 이를 따라주지 않은 급진개화파, 위정척사파, 동학운동을 비판한 것이다.

제 4 장

일제강점기의 선비정신

1. 한일관계의 특수성

일본에 국권을 박탈당한 암흑기에도 한국인의 광복을 위한 투쟁은 그치지 않고 이어졌다. 일본에 대한 한국인의 감정은 단순히 일본의 강점에 대한 분노만은 아니었으며, 일본인의 시각에서 보더라도 한국강점은 단순히 경제적 이익만을 목표로 한 것도 아니었다. 거기에는 한일 두 나라 사이에 쌓여온 복잡한 역사감정이 내재되어 있었다. 바로 이 점이 한일관계의 특수성이다. 따라서 일본의 한국강점을 단순히 제국주의 정책의 일반논리로만 바라보는 것은 사실의 본질을 모르는 것이다. 영국, 프랑스, 독일 등 서양 여러 나라가 아시아, 아프리카에 식민지를 건설한 것과는 차원이 다르다는 것을 알아야 한다.

일부 서양인들은 한일관계의 특수성을 모르고, 일본이 대만(臺灣)을 지배했음에도 대만인이 일본을 증오하지 않는데, 왜 유독 한국인은 일본을 불신하고 증오하는지를 모르겠다고 말하기도 한다. 이런 판단이야말로 두 나라의 역사를 모르는 주장이다. 대만은 중국 변방의 조그만 후진국 섬나라로서 일본의 지배를 받으면서 근대문명의 혜택을 받았기 때문에 적개심이 크지 않았고, 일본도 대만을 역사적 열등감을 가지고 대한 것도 아니었다.

한국과 일본의 관계는 대만과는 전혀 다르다. 일본 역사의 시작은 한국 이주민에 의해 열렸다. 특히 백제와 가야계 이주민이 주도하여 3세기경에 야마토국[大和國]을 세우고, 7-8세기에는 아스카문화(飛鳥文化)로 불리는 찬란한 불교문화를 꽃피웠으며, 이들의 후예가 천황과 지배적인 무사가문을 형성하여 세습적으로 통치해왔으며, 메이지유신을 통해 근대국가를 만든 것도 이들이었다. 이 점에 대해서는 이미 앞에서 설명한 바 있다.

일본인들은 예부터 좋은 물건은 〈구다라〉라고 말하고, 좋은 물건이 아닌 것은 〈구다라가 없다〉고 말하는 버릇이 있었다. 여기서 구다라는 백제를 호칭하는 말이다. 지금 부여에는 부소산 아래 백마강 가에 구두레 나루터가 있는데, 이 나루터는 일본으로 통하는 항구였다. 그래서 일본인은 백제를 구다라로 부르게 되었다. 일본인들이 국보로 지정하여 세계적으로 자랑하고 있는 광륭사(廣隆寺)의 목제반가사유상(木製半跏思惟像)이나, 법륭사(法隆寺)의 백제관음상(百濟觀音像), 옥충주자(玉蟲廚子) 등이 모두 백제인이 만든 것은 잘 알려진 사실이다. 반가사유상은 독일의 실존철학자 칼 야스퍼스(Karl Jaspers)가 인류 최고의 예술품으로 극찬하여 더욱 세계적인 명성을 날렸고, 백제관음상은 프랑스의 문무장관을 지낸 앙드레 마를로(Andre Marlraux)가 일본열도가 바다에 잠기면 자기는 백제관음만 가지고 나오겠다고 말하여 더욱 유명해졌다. 그러나 야스퍼스와 마를로는 이것들이 백제인이 만든 것은 몰랐다.

또 일본인은 좋은 것을 〈가라〉로 부르는 버릇도 있었다. 가라는 곧 가야를 말한다. 그런데 가라를 한자로 쓸 때에는 처음에는 한(韓)으로 쓰다가, 메이지유신 이후에는 일본이 한국문화의 영향을 받은 것을 지우기 위해 한(韓)을 당(唐)으로 바꾸어 쓰기도 했다. 그러나 발음은 여전히 '가라'로 불렀다. '가라' 또는 '가야'를 한(韓)으로 부른 이유는 가야가 변한(弁韓)과 진한(辰韓)에서 발생했기 때문이다.

가야인들이 집중적으로 이주했던 규슈(九州)에는 지금도 〈한〉(韓)이나 〈당〉(唐)이라고 쓴 지명이 적지 않다. 후쿠오카 남쪽에는 한국악(韓國岳)이라는 산이 있는데, 읽기는 〈가라쿠니 다케〉로 부른다. 그러니까 가야국의 산이라는 뜻이다. 후쿠오카 서쪽에는 당진(唐津)이라는 항구가 있는데, 읽기는

〈조선통신사 그림〉(에도 입성)

〈가라쓰〉라고 한다. 이곳은 가야와 규슈를 연결하는 주요 항구였기에 그렇게 이름을 붙인 것이다. 아마도 처음에는 한진(韓津)으로 썼다가 뒤에 당진(唐津)으로 바꾼 듯하다. 하지만 한자를 바꾸었어도 〈가라쓰〉라고 하여 가야로 가는 나루터임을 인정하고 있다.

또 일본인들은 조선에서 통신사가 오면 〈마쓰리〉로 불리는 축제를 열면

〈말 위에서 글을 써주는 조선소년〉

〈통신사행렬을 조각한 도장주머니〉

서 각종 행사를 벌였는데, 그 가운데 〈가라오도리〉로 부르는 춤을 추면서 환영했다. 〈가라오도리〉는 처음에 〈한인용〉(韓人踊) 즉 〈한국인의 춤〉으로 썼다가 뒤에 〈당인용〉(唐人踊)으로 이름을 바꾸었다. 하지만 이 춤은 당나라와는 아무런 관계가 없다. 일본에는 한국의 태권도와 비슷한 무술로 〈가라테〉가 있는데, 한자로는 〈당수〉(唐手)로 쓰고 있다. 그러나 이것은 가야에서 건너간 무술이기 때문에 〈가라테〉로 부른 것이다. 따라서 원래는 〈한수〉(韓手)였던 것을 〈당수〉(唐手)로 바꾼 것을 알 수 있다.

조선시대에 들어오면 일본에 간 조선의 통신사(通信使)가 엄청난 한류(韓流)를 일으켰다. 요즘의 인기배우나 인기가수보다도 더 열렬한 환영을 받았다. 일본 지식인들은 통신사로부터 글 한 수를 받는 것이 평생의 소원이었으며, 통신사를 따라간 조선의 어린 소년의 글을 받기도 쉽지가 않았다. 지금 일본 각 지역에는 통신사를 환영하는 그림들이 무수히 많이 남아 있어 당시 일본인의 열광이 얼마나 대단했는지를 잘 보여준다.

일본 각 지역에 있는 고대의 신사(神社)에 봉안된 귀신들의 대부분은 일본 국가를 건설한 한국 이주민이다. 이들 귀신 가운데 남자귀신은 〈사마〉로 부르고, 여자귀신은 〈히메〉로 부른다. 그런데 몇 년 전에 한국 드라마 〈겨울연가〉가 일본에 큰 인기를 끌면서 주연 남자배우인 배용준을 〈욘사마〉로 부르고, 주연 여자 배우인 최지우를 〈지우히메〉로 부른 일이 있었다. 역사적으로 일본인은 존경하는 한국인을 〈사마〉나 〈히메〉로 부르는 것이 오랜 관습으로 내려왔다.

그런데, 백제계와 가야계 이주민들은 신라에 의해 한반도가 통일되면서 신라에 대한 감정이 나빠지고, 자신들의 정체성을 독자적으로 세우기 시작했다. 수도도 나라(奈良)에서 헤이안(平安: 지금의 교토)으로 옮기고, 나라 이름도 〈야마토〉(大和)에서 〈일본〉(日本)으로 바꾸고, 일본이 한국의 삼국보다도 더 힘세고 앞선 나라인 것처럼 역사를 왜곡하기 시작했다. 그것이 바로 8세기 이후에 만들어진 〈일본서기〉(日本書紀)이다.

일본인으로 정체성을 바꾼 백제, 가야계 사람들은 고려, 조선시대에 들어와서도 반한감정을 극복하지 못하면서 왜구(倭寇)의 모습으로 침략을 일삼기도 하고, 〈대장경〉 등 문화재를 달라고 떼를 쓰기도 했으며, 마침내 임진왜란을 일으켜 고국의 각종 기술자들을 납치하여 자기 고향으로 데려갔다. 일본 도자기문화를 일으킨 이삼평(李參平)이나 심당길(沈當吉) 같은 기술자들이 규슈지역으로 끌려간 이유가 여기에 있었다. 메이지유신을 일으키고 정한론(征韓論)을 주장하고 한국 침략에 앞장선 인사들도 대부분 한국계 일본인들이었다.

한국계 일본인들이 가지고 있던 대한감정(對韓感情)은 매우 이중적이었다. 이는 한국에 대한 열등감의 발로이기도 하다. 한편으로는 한국을 의도적으로 멸시하면서, 다른 한편으로는 한국을 침략하는 것을 지극히 당연한 일로 여겼다. 그래서 일본 침략자들은 한국강점을 죄악으로 보지 않으며, 잃어버린 고향땅을 되찾는 과정으로 생각하는 경향이 강하다. 그런 전통을 이어가려는 극우보수세력이 바로 지금의 아베정권이다. 지금 한류열풍에 대한 반발로 일부 극우세력이 벌이고 있는 혐한운동도 조선후기 국학자들이 벌인 혐한운동과 너무나 비슷하다.

그러나 일본의 평민층은 이러한 지도층과는 생각이 달랐다. 한국은 매우 문화가 앞서는 나라로 보면서 선망의 눈길을 던졌다. 그래서 통신사의 인기가 그토록 높았던 것이다. 하지만 한류열풍이 불수록 일본의 지도층은 이를 불쾌하기 여기면서 한류열풍을 잠재우기 위해 혐한운동(嫌韓運動)을 벌였다. 18세기 후반기에 일어난 이른바 국학운동(國學運動)이 그것이다. 일본인의 주체성을 강조하는 국학운동은 자신들이 고대에 정체성을 새로 만들기 위해 지은 《일본서기》를 다시 주목하고 재해석하여 마치 일본이 고대에 한반도를 지배한 것처럼 역사를 왜곡하는 일이었다.

이런 전통이 일제강점기에도 그대로 이어져서 한국사를 대대적으로 깎아내리는 역사학을 발전시키고, 이를 전 세계에 확산시켰다. 그래서 서양인들은 이를 그대로 믿고 한국사를 우습게 보는 학자들이 지금도 적지 않은 것이다. 지금 아베정권이 역사를 왜곡하는 데 여념이 없고, 우리가 이를 비판하면서 맞서고 있는 이유도 여기에 있다. 잘못된 역사를 바로잡지 않으면 한일관계는 정상화되기 어려운 것이 한일관계의 특수성이다.

일본 보수지도층의 침략적 행태는 한국인의 시각에서 보면 배은망덕하기도 하고, 야만스럽게도 보였다. 특히 유교문명을 모르고 고도로 세련된 인문적 정치를 경험하지 못한 채 무사통치로 일관해온 역사의 행정이 매우 후진적인 모습으로 보였다. 그래서 일본인을 부를 때 〈왜놈〉이라는 멸칭을 써

왔으며, 그런 〈왜놈〉에게 나라를 빼앗긴 것은 더 없는 수치로 여겨질 수밖에 없었다.

일본이 강점기에 한국사를 깎아내리는 데 혈안이 되고, 한국인의 자존심을 말살하기 위해 창씨개명(創氏改名)을 하면서 세계 역사상 유례없는 동화정책을 편 것은 바로 한국인에 대한 일본인의 열등감에서 비롯된 것이고, 바로 그런 열등감이 내포된 식민정책이 거꾸로 한국인의 반일감정을 극도로 자극하게 되었던 것이다. 그래서 일본이 철도를 건설하고, 근대적인 제도와 시설을 만들어주는 이른바 근대화정책을 폈더라도 한국인의 시각에서 보면, 그것은 전혀 고마운 일이 아니고, 그런 근대화를 이미 추진하던 대한제국의 자주적 사업을 오히려 방해한 것으로밖에 비쳐지지 않았다.

2. 일제강점기의 선비정신

(1) 단일민족주의

일제 강점기 36년간에도 한국인 지식인의 선비정신은 사라지지 않았다. 그것은 한마디로 저항적인 민족주의였다. 다만, 민족주의 안에는 다양한 스펙트럼이 있었다. 하나는 혈연적 단일민족과 고유문화를 강조하는 국수적 민족주의가 있었다. 이런 흐름은 1909년에 창립된 단군교(뒤의 大倧敎) 신도들이 주도했다. 이들은 대부분 만주로 이주하여 독립운동을 하면서 우리 민족이 모두 단군의 후손이고, 중국인들이 동이족(東夷族)으로 부르던 아사달족(阿斯達族)을 모두 똑같은 단군의 자손이라고 주장하면서 '배달민족'이라고 부르기도 했다. '배달'이란 태양과 밝음을 숭상하는 신앙을 가지고 있다는 뜻이다.

배달족에는 역사적으로 한국인과 갈등을 빚었던 거란족, 여진족, 몽골족, 선비족 등이 모두 포함되어 있었다. 이렇게 모든 배달족이 같은 민족으로 취급되면서 요나라, 금나라, 원나라, 청나라도 한국사에 편입되었고, 한국사의 중심무대도 당연히 만주가 중심이 되었다. 따라서 만주는 우리 민족이 되찾아야 할 고토(故土)로 인식되고, 이곳에 식민사업을 하는 것이 당연시되었다. 만주를 독립운동의 기지로 설정한 이유도 여기에 있었다.

실천적인 의미에서 본다면 배달민족주의는 항일운동을 부추기는 강력한 정신적 무기로 활용되었다. 하지만, 이런 민족주의는 배달족이 지닌 문화적 친근성을 혈연적 친근성과 국가활동의 친근성으로 확대해석한 것이다. 실제로 배달족은 중국문화와는 다른 특성을 지닌 문화집단이었지만, 역사의 흐름 속에서 언어도 달라지고, 혈통도 달라졌으며, 각각 다른 나라를 세워 한반도인과는 수많은 전쟁을 겪으면서 갈등을 빚었던 집단이었다. 따라서 오늘의 시각에서 본다면 단일민족주의는 역사의 진실에도 맞지 않을 뿐 아니라, 혈연이 다른 여러 민족이 서로 상생하는 국제화시대에 역기능을 초래할 위험성이 있다.

단일민족주의의 또 한 가지 잘못된 점은 배달족의 원초적 문화인 태양숭배에서 비롯된 무교(巫教)를 지나치게 미화시키고, 유교문화를 사대주의로 지나치게 부정적으로 평가하여 역사의 발전과정을 무시한 것이다. 유교문화도 아사달족의 문화임을 망각한 것이고, 유교가 한국의 정치문화를 발전시켜온 중대한 공로를 무시하는 것이다.

(2) 공산주의

일제강점기 또 하나의 민족주의는 사회주의[공산주의]였다. 1920년대 소련에서 수입된 공산주의는 원래 민족주의와는 달리 무산계급의 국제적 연대를 통한 무산계급혁명을 부추기는 이념이었다. 하지만 한국의 공산주의자들은 일제로부터의 해방이 없이는 무산자혁명이 불가능하다는 것을 인식하여 민족해방과 계급혁명을 동시에 추구하는 노선을 따랐다. 다시 말해 민족주의와 계급주의를 연결시킨 것이다. 그래서 실천적으로는 노동자, 농민운동을 항일운동과 연계시키고, 만주에서는 무장운동을 일으켜 일제와 투쟁했다.

공산주의자들은 한국사를 유물사관의 시각에서 다시 해석했다는 점에서도 배달민족주의자와는 다른 길을 걸어갔다. 이들은 한국인을 단일민족으로 해석하지 않고, 유산자와 무산자가 역사적으로 계급투쟁을 통해 역사를 발전시켜온 것으로 해석했다. 그래서 노예제사회에서 봉건제사회를 거쳐 역사가 발전해 왔으며, 자본주의사회를 자력으로 건설하기 전에 일본제국주의의 침략을 받아 식민지가 되었다고 보았다. 따라서 일제강점기의 역사적 과제는 제국주의에 대한 투쟁과 더불어 봉건제에 대한 투쟁을 병행하는 이른바 반제(反帝)-반봉건(反封建)투쟁으로 설정했다.

8·15광복 후 공산주의자들은 북한정권에 협력하면서 '반제반봉건민주혁명'을 구호로 내걸고, 토지개혁과 주요산업의 국유화를 추진했다. 이로써 토지의 사적 경작권을 일시적으로 허용하다가 6·25전쟁을 치른 뒤에는 협동농장을 건설하여 사적 경영을 부정하고 사회주의적 단계로 넘어갔다.

반제반봉건민주화개혁은 정치형태에도 반영되었다. 광복 직후 무산계급독재를 피하고 이른바 '인민민주주의헌법'을 채택하여 초계급적인 정권인 것처럼 표방했다. 그러다가 1972년에 이르러 마르크스주의를 거부하고 이른바 주체사상을 내걸고 '사회주의헌법'을 제정하면서 수령의 독재를 절대화시키고, 나아가 권력세습을 옹호하는 체제를 만들었다. 이런 체제는 실제로 사회주의 정치체제도 아니고 자유민주주의와도 전혀 다른 것으로서 오직 권력유지를 위한 수단에 지나지 않았다. 현대사회에 절대권력과 권력세습을 옹호하는 정치체제는 세계 어느 나라에도 없다. 북한이 유일하다. 북한의 주체사상은 인민을 위한 것이 아니고 수령과 수령을 따르는 일부 지도층의 생존을 위한 정치이데올로기임이 드러났다.

한편, 북한의 경제는 1970년대 이후로 사회주의 경제마저 파탄에 이르자 점차적으로 시장경제 체제를 도입하기 시작했다. 그러나 국제적 고립으로 외자가 들어오지 않고, 전력 등 에너지가 부족하고, 기술이 낙후하여 생산력이 크게 저하되었다. 여기에 권력유지를 위한 핵무기와 미사일개발 등에 과도한 자금이 지출되면서 세계 최빈국의 하나로 전락했다.

(3) 서구식 민주주의

일제강점기 상대적으로 경제적 여유가 있는 한국인은 일본으로 유학하여 대학에서 서구식 민주주의를 배우고 돌아왔다. 일부는 동경제국대학 등 국립대학에도 유학했으나 와세다대학(早稲田大學)을 비롯한 사립대학 유학생이 더 많았다. 또 서울에 경성제국대학이 설립된 뒤에는 이 대학을 다닌 인사도 적지 않았다.

하지만, 이들이 배운 서구식 민주주의는 총독부체제 속에서 자유를 잃어버린 현실과는 너무나 다른 것이었다. 서구식 민주주의는 국가의 독립과 주권, 정치적 참정권, 언론과 집회의 자유, 자본주의적 시장경제 등을 내포하고 있지만, 그 어느 것도 식민지 조선에서는 자유롭지 못했다. 그렇다고 이미 세계적 보편가치로 자리 잡은 민주주의를 거부할 수도 없는 것이 현실이었다. 미래의 독립된 나라를 준비하기 위해서도 그 가치는 버릴 수 없었다.

서구식 자유민주주의 신봉자들은 일제의 탄압에 정면으로 맞서 투쟁하는 것도 불가능했다. 그것은 곧 자멸을 의미하기 때문이다. 외국으로 망명한 인사들과 국내에 거주하는 인사들이 선택하는 길은 같을 수가 없었다. 총독부와 적당한 선에서 타협하면서 교육, 경제, 학문, 언론, 예술 등 여러 분야에서 자생력을 키우는 방향으로 살아가는 길을 택했다. 그래서 학교를 세우고, 회사를 만들고, 학문을 연구하고, 기술을 배우고, 신문사를 경영하고, 미술, 음악, 연극, 영화, 무용 등 예술의 여러 방향에서 활동하면서 힘을 키워 나갔다.

그런데 자유민주주의 인사들에게 가장 큰 시련이 닥친 것은 일제말기 중일전쟁과 태평양전쟁기였다. 서양 열강과 전쟁하는 데 힘이 달린 일본은 1910-1920년대의 이른바 다이쇼(大正) 민주주의를 포기하고, 천황(天皇)을 신(神)으로 섬기면서 극단적인 무단정치(武斷政治)를 실시하여 한국인을 전쟁 노예로 내몰고, 자유민주주의 지식인들을 협박하여 전쟁에 협조하도록 끌어냈다. 이런 행태는 자유민주주의 신봉자들이 맞이한 최대의 시련인 동시에 친일파의 오명을 뒤집어쓰게 만든 원인이 되었다. 그런 의미에서 본다면 이들도 똑같은 일제의 희생자 가운데 일부라고 해도 지나친 말이 아니다.

물론, 일제강점기에 자발적으로 총독부의 하수인이 되어 협력하면서 애국인사들을 탄압한 부류는 지탄을 받아 마땅하다. 그러나 교육과 언론을 통해 인재를 키우고, 기업을 통해 민족자본을 키우고 독립운동가들을 이면에서 후원하면서 일시적으로 강압에 못 이겨 협력한 인사들은 좀 더 따뜻한 시각에서 바라볼 필요가 있을 것이다.

8·15광복 후 자유민주주의를 선택한 대한민국의 정치, 경제, 교육, 문화를 이끌어간 주역은 당연히 일제강점기에 실력을 쌓아온 인사들이 맡을 수밖에 없었고, 그런 준비가 있었기에 자유대한민국의 건설이 가능했다. 그러므로 외국으로 망명하여 적극적인 독립운동을 벌인 인사를 기준으로 이들을 폄하하는 것은 공정하다고 보기 어렵다. 나가서 싸운 독립운동가들과 조국에 남아 실력을 쌓은 인사들의 노력이 합쳐져 대한민국이 탄생하고 발전

한 것이다.

(4) 신민족주의와 신민주주의

일제강점기 말기에는 민족주의자와 사회주의자 가운데 극단적인 교조주의를 피하고 서로의 장점을 합하여 제3의 길을 추구하던 부류가 있었다. 민족주의가 지닌 주체성과 사회주의가 지닌 평등성을 합하여 유산자와 무산자의 어느 한편에 서지 않는 초계급적 민주주의를 지향하고, 민족주체성을 살리면서도 배타성을 띠지 않고 국제적 협력과 교류를 존중하는 새로운 민족주의를 만든 것이다.

이런 제3의 흐름은 1920년대 후반 신간회(新幹會) 운동으로 나타나고, 8·15광복을 전후한 시기에는 그 이론이 가다듬어져서 '신민족주의'와 '신민주주의'로 불렸다. 이를 정치이념으로 발전시킨 인물은 민세 안재홍(民世 安在鴻: 1891-1965)이고, 역사이론으로 발전시킨 학자는 남창 손진태(南倉 孫晉泰: 1900-?) 등이다. 이런 흐름은 상해의 대한민국임시정부 인사들 안에서도 나타났는데, 그 대표적 이론가가 삼균주의(三均主義)를 주창한 조소앙(趙素昂: 1887-1958)이었다.

조선일보의 언론인으로 아홉 번이나 옥살이를 했던 안재홍은 선배 민족주의자인 단재 신채호(丹齋 申采浩: 1880-1936)를 존경하면서도 지나치게 국수적이고 배타적인 점을 극복하여 개방적이고 국제적인 민족주의를 창도한 것이다. 그의 호(號)를 민세(民世)라고 한 것도 '민족'과 '세계'를 아우르겠다는 뜻이 담겨 있었다.

안재홍의 '신민주주의'는 당시 유행했던 중국의 모택동(毛澤東)과 한국의 좌파인 백남운(白南雲)의 그것과는 다른 것이었다. 좌파의 신민주주의는 무산계급과 양심적인 자산가들이 일시적으로 손을 잡은 뒤에 무산자독재사회를 만들겠다는 전략이었음에 반하여 안재홍의 신민주주의는 자산가 중심의 서양식 자유민주주의와 공산당의 무산계급 독재를 모두 배격하고 모든 계층을 평등하게 포용하는 초계급적 민주주의를 만들자는 것이다. 안재홍은 이러한 신민주주의 이념의 뿌리를 전통적인 '홍익인간'에서 찾았고, 이를 쉽게 풀이하여 '다사리'(만민공생) 민주주의로 부르기도 했다.

안재홍은 이미 신간회에 참여할 때부터 좌우를 통합하는 중앙당(中央黨) 건설을 주장하고, 중앙당의 전위적인 세력을 양심적인 중소자산가와 지식인층으로 보았으며, 이들이 무산계급을 포용해야 한다고 보았다. 그러니까 중간계층을 중심에 두고 좌우를 통합하겠다는 중도우파의 성격을 담고 있었다.

안재홍의 새로운 민주주의는 그가 만든 국민당의 정강(政綱)이 되기도 했는데, 여기서 경제구조는 주요산업을 국유화하고, 중소상공업은 시장경제를 채택했다. 말하자면 자본주의와 사회주의경제를 혼합했다고 볼 수 있다. 좌파에서는 그의 이론을 기회주의와 회색주의라고 비판했지만, 한국인의 표준적인 정서에는 호소력이 컸다. 실제로 그는 미군정기에 민정장관을 지내면서 대한민국의 기틀을 만들었고, 대한민국이 정식으로 출범한 뒤 이승만정권시대의 정책은 이를 따라 국영기업이 탄생했다. 지금 남아 있는 공기업도 그 후신에 지나지 않는다.

제 **5** 장

대한민국 발전의 원동력과 미래를 위한 자성

1. 대한민국 발전의 원동력

(1) 대한민국은 뿌리 깊은 나무

1948년에 출범한 신생 대한민국은 거의 70년이 지난 오늘날 산업화와 민주화를 달성하여 세계 중심국가의 하나로 발전했다. 그동안 산업화와 민주화를 위해 많은 국민이 희생을 치른 것이 사실이지만, 일단 경제적으로는 세계 10대 강국에 들어서고, 민주주의도 형식상으로는 뿌리를 내렸다. 세계인들은 한국의 발전을 '한강의 기적'으로 부르고, 그 노하우를 배우려는 신생국들이 많다.

그러면 제2차 세계대전 이후 신생한 나라들 가운데 유독 대한민국이 비약적인 발전을 이룩한 원동력은 무엇이며, 앞으로 풀어야 할 과제는 무엇인가? 이 문제는 논자에 따라 다양한 해석과 주장이 있을 수 있지만, 역사적인 문맥에서 해석해야 올바른 정답을 얻을 수 있다고 본다. 왜냐하면 대한민국은 정치적으로는 신생국이지만, 역사적으로는 수천 년간 동아시아문화선진국으로 살아온 엄청난 전통이 있기 때문이다. 그런 점에서 본다면 대한민국은 결코 신생국이 아니며, 일시적으로 중단된 민족사의 흐름을 다시 회복한 것에 지나지 않는다.

이웃 중국이 19세기 말-20세기 초 우리와 마찬가지로 서양과 일본의 시달림을 받을 때 〈잠자는 사자〉라는 말을 들었고, 한국은 〈은자(隱者)의 나라〉(Hermit Nation)라는 말을 서양인으로부터 들었다. 그런데 지금 중국은 미국과 어깨를 겨루는 세계 최강국의 하나로 우뚝 섰고, 한국도 G20의 하나로 우뚝

섰다. 중국이 본래 〈사자〉였기에 잠을 깨자 다시 맹수로 돌아온 것이고, 한국이 본래 〈도를 닦은 은자〉였기에 속세로 나오자 동방의 태양으로 다시 떠오른 것이다. 〈은자〉는 높은 도덕수양을 쌓은 인물을 가리키므로 우리식으로 말하면 바로 〈선비〉를 가리킨다.

조선왕조가 세워진 뒤 세종대에 만들어진 《용비어천가》(龍飛御天歌)에는 아주 귀담아들어야 할 명언이 들어 있다. 조선왕조의 건국을 뿌리 깊은 나무와 샘이 깊은 물에 비유한 구절이 그것이다. 뿌리 깊은 나무는 바람에 흔들리지 않고 꽃이 아름답고 열매가 많다. 샘이 깊은 물은 가물어도 마르지 않고 냇물을 이루어 바다로 흘러간다. 대한민국의 발전에는 뿌리 깊은 나무와 샘이 깊은 물과 같은 위대한 전통이 원동력으로 작용했다. 바로 그 전통이 선비정신이요 선비문화이다. 그러면 구체적으로 선비정신과 선비문화의 어떤 요소가 대한민국 발전의 원동력이 되었는가?

(2) 치열한 교육열, 성취욕, 근면성

첫째, 치열한 교육열, 성취욕, 근면성이다. 한국인의 교육열은 세계에서 두 번째 가라고 하면 서러워할 정도이다. 문자문맹률도 1% 미만으로 가장 낮고 인구비율로 따져 대학 이상의 학력을 가진 인구도 세계에서 가장 많은 편에 속한다. 그래서 한국은 지하자원은 석유도 나오지 않는 빈약한 나라이지만, 세계적으로 가장 높은 고학력국가이다. 인재만은 강대국에 속한다.

이렇게 교육열이 높은 이유는 수천 년간 과거제도를 운영하면서 출세하려면 공부해야 한다는 인생철학이 머리에 박혀 내려왔기 때문이다. 그래서 〈아는 것이 힘이다〉라는 신념 아래 개화기에도 가장 주력한 것은 신식학교를 세우는 일이었다. 일찍이 공자(孔子)는 《논어》의 첫머리에서 "글을 배우고 때에 맞추어 실천하는 것이 인생 최고의 즐거움"이라고 말했는데, 한국인은 역사적으로 공부하기 위해 태어난 사람처럼 살았다. 한국 역사에서 가장 빛나는 부분이 교육과 관련된 금속활자의 발명, 출판인쇄술의 발달, 최고 수준의 종이문화라는 것은 앞에서 이미 설명했다.

한국인이 역사적으로 존경하는 임금이나 학자나 정치인은 어김없이 뛰어난 교육자들이었다. 벼슬을 떠나면 시골에 내려가서 아이들을 가르치는 것을 업으로 삼았고, 세종이나 정조 같은 뛰어난 임금은 공부벌레로 불릴 만큼 공부를 많이 하고 집현전(集賢殿)이나 규장각(奎章閣)을 설치하여 신하들을 재교육시켰다. 16세기에는 한강가에 독서당(讀書堂)을 짓고, 벼슬아치들이 장기휴가를 받아 이곳에 와서 공부하는 제도도 있었다.

한국인의 치열한 교육열은 성취를 위한 것이므로 교육열은 곧 성취욕이기도 하다. 왕조시대에는 주로 정승(政丞)이나 판서(判書)가 되는 것이 꿈이었다. 근대화 이후에는 그 꿈이 다양해져서 정치인뿐 아니라 사업가, 예술인, 운동선수, 연예인 등 문호가 넓어졌다. 다만, 어느 길로 가든지 1등을 하지 않으면 스스로 낙오자로 생각할 만큼 목표치가 높고, 실제로 세계 정상에 오른 인물이 적지 않다.

성취욕은 부지런함으로 나타난다. 너무 부지런한 것이 〈빨리 빨리〉 문화를 낳아 무엇이든지 느리고 더디면 참지 못하고 화를 내는 일이 많다. 아마도 일의 속도감에서는 한국인을 능가하기 어려울 것이다. 집을 짓거나, 책을 만들거나, 물건을 배달하거나, 밥을 먹거나 무엇이든지 빠르다. 이런 습성이 경제생산성을 높이고 이윤을 창출하는 데 도움을 주고 있는 것이 사실이다. 하지만 〈빨리빨리문화〉가 일을 거칠게 만드는 부작용도 없지 않다.

오늘날 한국인은 많은 성취에도 불구하고 행복지수는 매우 낮은 것으로 조사되어 있다. 경제적으로 한국보다 훨씬 뒤진 나라 국민의 행복지수가 높은 것과 비교하여 매우 이례적인 현상이다. 한국인의 자살률이 세계적으로 가장 높은 이유도 낮은 행복지수와 관련이 커 보인다. 행복지수가 낮은 이유는 성취의 목표가 너무 큰 것과도 관련이 있다.

(3) 공동체문화와 협동정신

대한민국 발전의 두 번째 요인은 공동체문화이다. 공동체의 형태는 작게는 가족공동체에서 시작하여 이웃공동체, 친족공동체, 학벌공동체, 지역공동체, 직장공동체, 취미공동체 등 다양하여 이런 공동체에 참여하기 위해 분주하게 돌아다닌다. 한국의 교통체증이 심한 이유도 차량이 절대적으로 많아서보다도 이동차량이 많은 데 원인이 있다고 한다. 아마도 한국인처럼 모임이 많고, 회식(會食)이 많고, 경조비(慶弔費)와 회비(會費)가 많이 지출되는 나라도 드물 것이다. 공동체 때문에 지출되는 비용은 어쩌면 일종의 계(契)라고도 볼 수 있다. 주는 것도 많지만, 받기도 하기 때문이다.

한국인의 공동체문화는 공동체에 들지 않은 사람에 대한 배타성이 있다는 비판을 받기도 한다. 하지만, 실제로는 여러 공동체에 얽혀 있기 때문에 배타성이 상쇄되는 경우가 많다. 공동체문화는 세 가지 장점이 있다. 하나는 일의 능률이 시너지효과를 가져온다는 점이고, 다른 하나는 심리적인 고립감을 풀어준다는 점이고, 세 번째는 어려운 환경에 빠진 사람을 물질적으로 도와준다는 점이다. 기업체에서 사원을 뽑을 때 전문성보다는 조직원 사이의 협동성을 중시하는 이유도 여기에 있다.

농촌에서의 공동체문화는 특히 긍정적이다. 농사를 품앗이로 도와주고, 김장도 함께하고, 음식도 함께 나누고, 취미생활을 함께 하면서 협동조합을 통해 상품을 공동으로 판매하기도 하여 수익을 올리는 사례가 많다. 한국인의 복지는 국가가 담당하는 몫보다도 자율적인 공동체문화가 해결하는 경우가 적지 않다. 이것은 국가가 모든 것을 해결하고, 국가재정을 확보하기 위해 세금을 높이는 서구형 복지와 다른 점이다.

한국인의 공동체문화는 국가적 위기를 극복하는 데에도 기여하는 점이 많다. 그 좋은 예가 1997년의 외환위기 극복이다. 정부의 외환보유고가 거의 파탄에 빠져 국제통화기금[IMF]의 지원을 요청하는 등 경제대란이 일어났을 때 전국민적인 금모으기운동이 벌어졌다. 각 가정에서 기념품으로 가지고 있던 금붙이들을 자발적으로 정부에 내놓아 외환위기를 극복하는 데 큰 도움을 주었으며, 이 사실이 전 세계에 알려져 세계인을 놀라게 했다. 이와 비슷한 일이 100여 년 전인 1907년에 일본에 진 빚[국채]을 갚기 위한 국채보상운동으로도 나타난 일이 있었다. 이때도 남자들은 담배를 끊은 돈을 나라에 바치고, 부녀자들은 가락지, 비녀 등을 팔아서 나라에 바쳤다.

국가공동체에 대한 충성심이 전쟁이나 자연재난을 만났을 때 큰 위력을 발휘했음은 한국 역사가 증명하고 있다. 전쟁기에는 민병대(民兵隊)나 의병(義兵)의 모습으로 충성을 바쳐 나라를 구하는 데 결정적인 역할을 했고, 일제강점기에도 각종 독립군, 3·1운동, 6·10만세운동, 광주학생운동, 노동자 및 농민운동 등으로 표출되어 일본 침략자들을 괴롭혔다.

국가대항 운동경기를 할 때에도 한국인들은 위력적인 응원문화를 보여준다. 2002년 월드컵 때 보여준 '붉은 악마'의 집단적인 응원은 세계를 놀라게 했다.

한국이 민주화를 달성한 것도 두 가지 요인이 작용했다. 하나는 전통적인 홍익인간의 선비정신이 발휘된 것이고, 다른 하나는 거대한 집단적 시위운동의 결과이다. 이승만정부를 무너뜨린 1960년의 4·19혁명, 한일협정을 반대한 1965년의 6·3사태, 박정희정부의 유신정치에 반대한 1979년 10월의 부마사태(釜馬事態), 신군부의 쿠데타에 저항한 1980년의 '서울의 봄', 전두환정부에 저항한 1987년의 6월항쟁은 그 가운데 가장 격렬한 시위운동이었다. 1987년에 민주헌법이 부활한 것은 바로 이 같은 국민적인 시위운동의 결과로 얻어진 것이다.

하지만 한국인의 공동체문화는 장점만 있는 것이 아니다. 부정적인 측면도 없지 않다. 첫째, 개인의 자율적인 판단과 선택이 집단적 의지에 매몰되어 〈전부가 아니면 제로〉(All or Nothing), 또는 〈내편은 선(善)이고, 내편이 아닌 것은 악(惡)〉이라는 극단적인 흑백논리가 지배하게 되었다는 점이다. 또 집단적 시위를 통해서 힘으로 목적을 달성하려는 집단적 이기주의가 커지면서 국가의 법질서를 파괴하는 일이 비일비재하다. 이런 극단적 태도가 오늘날 형식적 민주주의를 달성했음에도 불구하고 다양함을 존중하는 민주주의의 정상적인 발전을 저해하는 요인으로 작용하고 있다.

(4) 통합적 사고방식

대한민국 발전의 세 번째 요인은 한국인의 통합적 사고방식이다. 한국인은 한 가지 일에 전문적 지식을 갖는 것보다 여러 가지 지식을 골고루 갖추려는 성향이 크다. 그 원인은 오랜 유교전통과 관련이 있다. 유교는 요즘 말로 하면 문학, 역사, 철학, 정치학, 경제학, 사회학, 자연과학, 그리고 예술까지 아우르는 포괄적인 학문체계를 갖추고 있다. 전문적 지식인을 키우기보다 인간이 살아가는 데 필요한 넓은 지식을 갖춘 교양인을 키우는 데 목표를 두고 있다. 물론 전문적 지식을 갖춘 인재를 키우기 위해 잡학(雜學)을 두기도 했다. 천문(天文), 지리(地理), 의약(醫藥), 통역(通譯), 그림, 산학(算學), 율학(律學) 등이 여기에 속한다. 하지만 잡학은 교양학보다 낮게 보았다. 왜냐하면 잡학은 전문적 기술발전에 도움이 되지만, 정치를 하려면 잡학의 지식으로는 어렵다고 보았기 때문이다.

유교전통이 강한 한국인은 대체로 장인(匠人) 기질이 약하고, 전문적 지식이 부족하다는 평가를 받고 있지만, 그 대신 임기응변에 능하고, 상상력이 풍부한 편이다. 이 점은 역사적으로 유교전통이 약한 일본인과 뚜렷한 대조를 보인다. 일본인은 한 가지 일에 올인하면서 인생의 승부를 걸고 장인정신을 발전시켜 왔지만, 세상이 바뀌어 그 전문성이 효력을 잃게 되면 새로운 변화에 적응하기 어렵다. 장인정신을 필요로 하는 산업화시대에는 일본이 아시아선진국으로 우뚝 섰지만, 다양한 상상력과 정보를 필요로 하는 지식기반사회로 들어선 21세기에는 일본이 힘을 잃고 있는 이유가 여기에 있다. 특히 IT(Information Technology) 분야에서 일본이 한국에 뒤지고 있는 까닭도 여기에 있는 것이다.

전 세계인의 사랑을 받고 있던 일본의 소니(Sony), 파나소닉(Panasonic), 도시바(Toshiba) 등의 전자제품이 지금 삼성(三星)에 밀려 고전을 면치 못하고 있는 것도 우연이 아니다. 일본의 니콘(Nikon)이나 캐논(Canon) 등의 카메라는 아직 건재하지만, 이것도 삼성에 밀리는 날이 언제 올지 모른다. 자동차는 아직도 일본이 세계 1위를 달리고 있지만, 주로 승용차에만 매달리고 있어서 새로운 품종은 찾기 힘들다.

한국인이 넓은 교양을 중요시하고, 상상력이 풍부하고, 임기응변에 능하여 변화의 속도가 빠르기는 하지만, 최근에 이르러 이를 방해하는 것이 바로 교육시스템이다. 대학의 학과 세분화가 너무 심하고, 고등학교도 문과와 이과가 갈라져 있다. 강요된 전공에 매달려 다른 분야에 대한 공부가 극히 부진하다. 이를 극복하기 위해 학과 간의 통폐합이 추진되고, 학제 간의 협동연구가 강조되고 있으나, 아직은 실효를 거두지 못하고 있다. 개혁추진자는 너무 조급하고, 개혁대상자는 너무 수구적이다.

전공을 넘나드는 창의적이고 시야가 넓은 학문이 부진한 이유의 하나는 계량(計量)에 매달린 업적주의도 한몫을 한다. 1년에 몇 편의 논문을 쓰지 않으면 재임명과 승진이 불가능하도록 강요되고 있어 우량한 논문이 나오기 어려운 것은 당연하다. 그것도 어려우면 표절이 나온다. 논문에 붙이는 각주(脚註)의 인용서적도 주로 젊은 교수들끼리 품앗이하듯이 써준다. 비슷한 주제의 연구를 했어도 학과가 다른 학자의 글은 거의 인용하지 않는다. 또 학과간의 정보가 공유되지 못하여 모르는 경우도 많다. 그래서 중복되는 연구가 적지 않다.

한국 학문의 문제점을 시정하려면 대학과 교육부가 달라져야 할 것이다. 계량적 업적평가를 질적 업적평가로 바꾸고, 단기적 업적 평가를 중장기적 평가로 바꾸고, 인문사회분야에서는 연구비를 선지원하기보다는 우수논문에 대한 포상을 강화하는 것이 좋을 것이다. 학과통폐합은 현직교수를 퇴직시키거나 학생을 다른 학과에 보내는 방법보다도 퇴직 후에 후임자 임명을 중지하면서 단계적으로 추진하는 것이 좋을 것이다.

(5) 신바람의 국민성

대한민국 발전의 원동력은 한국인의 특이한 '신바람'의 역동성에서도 찾을 수 있다. 한국인은 매우 정열적이고 적극적인 에너지를 보여준다. 그 역동성이 바로 '신바람'이다. 전통적인 '신바람문화'에 대해서는 앞에서 이미 자세히 설명한 바 있지만, 그 전통이 국민성으로 자리 잡아 마치 유전인자처럼 이어지고 있다.

'신바람'은 원래 무당이 굿을 하면서 신(神)과 접신할 때 생기는 무아지경의 에너지를 가리킨다. "저 사람은 마치 신들린 사람 같다"는 말을 한국인은 자주 한다. "신바람난다" 또는 "신명난다" 또는 "흥겹다"는 말도 자주 쓴다. '신바람'은 바로 사람이 대자연과 하나가 되면서 생기는 생명에너지를 말하는데, 한국의 산천은 '신바람'을 일으킬 수 있는 좋은 환경을 갖추고 있다. 한국의 산천은 산소가 희박한 고산지대도 아니고, 산에 흙이 많아 흙탕물이 흐르는 개울물도 없다. 나무와 바위가 적당하게 배합되어 있어 맑은 물이 산속에서 흐르고, 사계절의 기온차이를 이겨내면서 성장한 초목들이 많아 약초(藥草)의 효험이 크다. 그래서 건강을 잃은 사람들이 산에서 살면서 자연치유하는 일이 적지 않다.

신바람을 가진 사람은 성격이 낙천적이다. 낙천적인 사람은 춤과 노래를 좋아하고, 웃음과 익살을 즐긴다. 물론 생로병사(生老病死)의 고통이 없는 사람은 없다. 고통은 두려움과 노여움과 슬픔을 발생한다. 그러나 낙천적인 사람은 두려움, 슬픔, 노여움을 노래와 웃음과 익살로 푼다. 가장 슬픈 일이 죽음인데, 한국인은 원래 장례식을 축제(祝祭)로 치렀다. 술 마시고, 노래하고, 춤추면서 죽은 이를 보냈다. 여기에 죽음 자체를 '하늘로 돌아간다'는 믿음까지 합해져서 축제의 의미를 더했다. 장례식 때 상주(喪主)가 통곡을 하는 관례는 중국에서 들어온 〈주자가례〉(朱子家禮)의 영향이 크다. 한국인의 본심은 그렇지 않다.

영화감독 임권택(林權澤) 씨가 만든 〈축제〉라는 영화가 있었다. 그 내용은 바로 전라도 바닷가 어느 어촌의 전통적 장례풍속을 다룬 것이다. 그 장례식이 바로 축제였다.

한국문학과 한국문화의 본질을 〈한〉(恨)으로 해석한 학자가 있었다. 〈한〉은 〈슬픔〉이나 〈후회〉를 뜻한다. 한국 문학이나 노래 가운데 간혹 슬픔을 담은 것이 있지만, 그것이 한국문화 전체의 특성으로 볼 근거는 매우 약하다. 오히려 비극으로 시작해서 해피엔딩으로 끝나는 것을 좋아한다. 《춘향전》이나 《심청전》, 《콩쥐팥쥐전》 등이 바로 그렇다. 〈아리랑〉이 슬픈 노래인 듯 보이지만, 사실은 그 안에 3박자의 흥겨움이 담겨 있다.

한국문화의 특성을 〈은근과 끈기〉로 해석하는 것도 문제가 있다. 〈은근과 끈기〉는 명확한 개념이 아니지만, 대체로 무언가 노골적이지 않고, 참을성이 있다는 뜻이다. 좋게 해석하면 〈점잖다〉는 뜻으로도 들리지만, 나쁘게 말하면 〈싫어도 참고 사는, 음성적이고 밝지 못하다〉는 뜻으로도 해석된다. 그런 점에서 〈한(恨)〉과 서로 통하는 측면이 있다.

한국의 국화(國花)가 무궁화이고, 무궁화의 특성이 오래도록 피는 꽃으로 은근과 끈기를 가진 민족성을 상징한다고 말한다. 그러나 솔직하게 말하여 무궁화를 사랑하는 한국인은 그리 많지 않다. 옛날에도 무궁화를 소재로 한 노래나 예술은 거의 없다. 무궁화에 대한 기록은 오직 기원전 3세기경의 중국책 《산해경》(山海經)뿐인데 "근(槿: 또는 堇, 또는 薰이라고도 한다)이라는 풀이 있는데, 아침에 났다가 저녁에 진다"고 되어 있다. 그런데 근(槿)을 근(堇: 제비꽃) 또는 훈(薰: 훈초, 난초)으로도 부른다고 했다. 여기서 근(堇)은 자주색 꽃을 피우는 제비꽃을 말하고, 훈(薰)은 콩과류에 속하는 일종의 난초이다. 아침에 피었다가 저녁에 지는 풀이라면 제비꽃이나 난초로 보는 것이 합당하다.

무궁화는 이렇게 근거가 약한 꽃인데, 《산해경》의 기록을 무궁화로 해석하여 한국을 근역(槿域: 무궁화의 나라)으로 부른 이는 일제강점기의 서예가 오세창(吳世昌)이다. 그는 《근역서화징》(槿域書畵徵)이라는 책을 발간하여 한국미술사를 정리했는데, 이때부터 한국은 마치 무궁화의 나라인 것처럼 불리게 되었다. 그러나 한국에는 실제로 자생하는 무궁화가 별로 없고, 해방 후 국화로 지정되면서 억지로 심어 놓은 무궁화가 있지만, 그다지 사랑을 받고 있지 못하다. 따라서 한국인이 무궁화를 사랑하지 않는다고 탓할 것이 아니라, 오히려 우리나라에서 자생하고, 사랑을 많이 받는 다른 꽃으로 국화(國花)를 바꾸는 문제도 검토할 필요가 있다. 진달래는 가장 강력한 후보의 하나가 될 듯하다.

한국문화의 특성을 〈한〉이나 또는 〈은근과 끈기〉로 보는 해석은 마치 한국 미술의 특성을 슬픔과 고난, 그리고 거기에서 생겨난 가냘픈 곡선(曲線)에서 찾은 저 일본인 미술사가 야나기 무네요시(柳宗悅)의 시각과 비슷하다. 일제강점기의 비참한 현실을 체험하고, 8·15광복 후에도 가난과 전쟁으로 찌든 생활을 하던 시절에 한국문화를 연구하던 선배학자들의 눈에는 저 야나기의 말이 더 실감나게 들렸을지도 모른다. 그때 한국 지식인이 보는 한국사는 한마디로 비참한 역사로 인식되었기 때문이다.

오늘날 한국인의 국민성을 잘 보여주는 것이 있다. 세계적으로 〈한류〉(韓流) 바람을 일으키고 있는 대중문화예술이다. 세계인, 특히 청소년과 여성층의 열광적 호응을 받고 있는 한국의 춤, 노래, 영화, 드라마 등이 보여주는 특성을 〈한〉이나 〈은근과 끈기〉라고 말할 수 있을까? 아닐 것이다. 아마도 〈신바람〉일 것이다. 싸이(Psy)의 춤[강남스타일]을 본 어느 서양인은 그 춤을 보고 출근하면 하루 종일 기분이 좋다고 말했다. 마이클 잭슨의 춤(moon walk)은 기술적으로 뛰어나긴 해도, 혼자만 연기하고, 직선적인 동작에 그치고, 신바람을 주는 춤은 아니다. 싸이의 춤은 상하운동과 전후좌우운동을 겸하고, 특히 상하운동은 한국 전통춤의 특징인 〈신바람춤〉 곧 〈덩실덩실 어깨춤〉이 그대로 녹아 있다. 여기에 집단의 군무(群舞)가 가미되어 〈신바람〉을 더욱 배가시키고 있다. 사실 이렇게 따라하기 쉽고 흥겨운 춤은 드물다.

인기가 높은 한국 드라마는 그 안에 갈등이 많지만, 그 갈등을 풀어가는 과정에 따뜻함과 익살이 들어 있고, 결과는 역경을 뚫고 나가 모두가 하나가 되는 평화가 있다. 사람의 원초적 감정은 기쁨[喜], 분노[怒], 사랑[愛], 두려움[懼], 슬픔[哀], 증오[惡], 탐욕[欲]이 있는데, 옛 사람들은 이를 칠정(七情)으로 불렀다. 한국인은 이 칠정을 구태여 감추려 하지 않는다. 칠정을 기본적으로 성선설(性善說)의 시각에서 바라보았다, 율곡 이이의 칠정설(七情說)이 여기에 속한다. 그래서 칠정 가운데 나쁜 뜻을 가지고 있는 슬픔, 분노, 증오,

탐욕 등에 대해서도 본질적으로는 그 안에 악(惡)과 더불어 선(善)도 있다고 보았다. 이런 철학이 바탕에 있었으므로 칠정표현이 더욱 자유로울 수밖에 없다.

사실, 사람이 짐승과 다른 점은 칠정을 자유롭게 표현할 수 있다는 점일 것이다. 짐승은 칠정을 자유롭게 표현할 능력이 없다. 그러니 이를 지나치게 억제하거나 감추는 것은 인간본성을 억압하는 것이다. 도덕이나 순화라는 이름으로 감정을 억제시키는 경우가 많고, 이런 사람을 교양인으로 부르기도 한다. 하지만 그 억제가 지나치면 범죄로 폭발할 가능성이 있고, 겉과 속이 다른 인간형으로 바뀔 수도 있다.

한국인은 일상생활이나 예술활동에서 이런 본능적 감정을 비교적 자유롭게 표현한다. 그래서 감정표현이 부족한 사람을 '냉정(冷情)하다'고 말하고, 감정표현이 많은 사람을 '다정다감(多情多感)하다'고 말한다. 당연히 냉정한 사람보다는 다정다감한 사람을 좋아한다. 그래서 서양인 가운데에도 비교적 다정다감한 지중해연안의 라틴계 사람들을 더 좋아한다.

노래나 춤, 드라마, 영화 등 한국의 대중문화도 이런 특성이 비교적 적나라하게 표현되고 있다. 경우에 따라서는 안방극장의 지나친 감정표현이 '막장'이라는 비판도 받고, 가족과 함께 보기가 민망하다는 지적도 있지만, 한류에 속하는 대중문화에는 그런 막장은 대체로 드물다. 칠정이 비교적 순화되어 있어서 사랑과 즐거움과 해학과 슬픔이 골고루 배어 있고, 고생 끝에 낙이 오는 해피엔딩으로 끝나고 있어서 뒷맛이 개운한 것도 사실이다. 바로 이 점이 억압된 분위기에서 살고 있는 평범한 시청자의 대리만족을 유발하고 있는 것 같다. 〈대장금〉, 〈겨울연가〉, 〈별에서 온 그대〉 등이 이런 유의 드라마로 보인다.

한국의 전통문학을 보면 이성적인 스토리가 중심이 된 소설은 그다지 발달하지 못했다. 특히 장편소설은 거의 없다. 그저 생활주변의 단편적인 이야기들을 담은 잡기류(雜記類)나 야사류(野史類)의 소설이 많다. 그 대신 감정을 있는 그대로 표출하는 시(詩)가 유난히 발달하고 시인이 많다. 일반 선비들은 누구나 시인이 아닌 사람이 없고, 부녀자나 천민 가운데에도 유명한 시인이 적지 않다.

한국인의 〈신바람〉을 말하면서 한 가지 짚고 넘어가야 할 것은 일본의 〈신바람〉이다. 일본에서도 〈신바람〉을 '신풍'(神風)으로 부르는데, 이를 '가미카제'로 읽는다. 그런데 한국의 신바람과 일본의 신바람은 그 의미가 너무 다르다. 가미카제를 떠올리면 태평양전쟁 때의 '가미카제 특공대'가 떠오른다. 천황을 위해 비행기를 몰고 가서 연합군과 충돌하여 장렬하게 죽는 군인을 가리킨다. 나이어린 소년들을 폭탄으로 이용하는 잔인한 행위이지만, 일본에는 이들을 기리는 기념관이 곳곳에 세워져 있어 은연중 가미카제정신을 후세들에게 가르치는 듯한 인상을 받는다. 규슈의 가고시마에 있는 기념관을 가보면, 어린 소년이 가미카제 특공대로 떠나기 전에 자신의 옷에 무엇인가 낙서를 가득채운 옷이 전시되어 있다. 그 낙서는 모두 〈어머니〉라는 글이었다. 그 소년은 분명 천황을 사랑하여 떠나는 몸이었지만, 마지막 순간에 사랑한 사람은 천황이 아니라 〈어머니〉였음을 말해준다.

일본의 신바람은 오직 천황을 신(神)으로 여기고, 천황을 위해서 목숨을 초개처럼 버리는 종교에 지나지 않는다. 실제로 메이지유신 이후 일본의 국교(國教)로 등장한 것이 천황을 신으로 모시는 신도(神道)이고, 신도의 사당이 신사(神社)이다. 지금 일본에서 침략의 만행을 정당화하고 있는 극우세력은 이러한 신도의 신봉자들이다. 아베신조(安倍晋三) 총리를 비롯한 각료들이 제2차대전 전범의 위패를 봉안하고 있는 야스쿠니신사(靖國神社)에 참배하고 있는 이유도 여기에 있다.

일본의 신바람은 원래 한국에서 건너간 한국인에 의해 시작된 것이지만, 근대에 와서 이것이 천황을 위한 반인륜적 종교로 탈바꿈한 것이다. 일반인의 자유분방한 신바람은 극도로 억제되어 문학, 예술 등은 지나치게 절제되고, 엄숙하고, 형식화되고, 섬세하고, 순화된 느낌을 준다. 탈극인 노오(能)나 여장남자가 연기하는 가부키(歌舞伎) 등의 연극과 엔가(演歌) 등의 노래 등이 그러하다. 물론 절제된 문학이나 미학도 미학의 하나일 수 있다. 그래서 노벨문학상을 탄 소설가가 많지만, 한국인의 정서와는 많이 다른 것이 사실이다. 한국문화가 남성적이고 자유분방하다면, 일본문화는 다분히 여성적이고, 지나치게 절제된 문화로 불러도 좋을 것이다. 아마도 살벌한 무사(武士) 사회에서 타율적으로 절제된 문화가 겉으로는 교양 있어 보이고, 친절해 보이는 것이 사실이지만, 겉과 속이 다를 수도 있다. 그래서 많은 사람들은 일본인의 성격이 이중성을 지니고 있다고 지적하기도 한다. 이렇게 절제된 감정이 농축되어 폭발할 때에는 걷잡을 수 없는 야성을 드러낼 수도 있는 것이다. 바로 이런 점 때문에 우리는 가미카제로 회귀하는 듯한 일본의 모습을 보면서 미래를 걱정하지 않을 수 없다.

2. 미래를 위한 자성(自省)

(1) 안정과 평화를 위하여

지금까지 한국인의 장점과 대한민국이 발전한 원동력을 살펴보았다. 그러나 모든 사물에는 빛과 더불어 그늘이 있게 마련이다. 장점 속에 단점이 있다. 그 단점은 표현방법이 지나칠 때 생긴다. 무엇이든지 지나치면 평화가 무너진다. 인간사회의 최고이상은 바로 평화(平和)다.

평화를 가장 해치는 것은 다른 나라와의 전쟁이지만, 전쟁이 없어도 평화는 깨질 수 있다. 나라 안의 내부갈등이 커지면 평화는 깨진다. 가령 범죄, 폭력, 자살, 불신 등이 심각해지면 평화는 무너진다. 평화는 곧 안정이기 때문이다. 안정은 조화에서 생긴다. 그래서 평화의 핵심은 조화이다. 조화는 과유불급(過猶不及)과 불편부당(不偏不黨)을 통해서 중도(中道)를 이루는 것이다. 너무 지나치지도 말고, 너무 모자라지도 않아야 하고, 너무 한쪽에 기울어지거나 한쪽 편만 들어서도 안 된다. 조선후기 영정조의 탕평정책이 일정한 성공을 거둔 것도 이 까닭이다.

그런데 지금 우리 사회는 너무 지나치고, 너무 치우쳐 있다. 중도(中道)로 가려고 하면 오히려 비겁하거나 기회주의로 오해한다. 정치도 그렇고, 경제도 그렇고, 사회도 그렇고, 문화도 그렇다. 이런 폐단을 바로잡지 않으면 한국은 3류국가로 전락할 우려가 있다. 현재의 성공에 만족해서는 안 되고 처절한 자성(自省)이 요구되는 이유가 여기에 있다.

(2) 진보와 보수를 넘어서 중도홍익(中道弘益)으로

지금 한국인은 정치에 대한 불신감이 매우 높다. 특히 국회에 대한 불신이 크다. 먼저 국회는 민생을 외면하고 당리당략(黨利黨略)을 추구하는 데 여념이 없다는 비판이 크다. 또 국회의원의 특권이 지나치고, 여야가 각각 보수와 진보를 자처하고 있지만, 진정한 보수와 진보가 없다는 비판도 크다. 국회의원을 선거하고 국회를 운영하는 데 들어가는 비용도 지나치게 크다는 지적도 있다.

지난 대통령 선거 당시 '새 정치'를 표방한 이른바 '안철수바람'이 일어난 것은 정치에 대한 불신감을 가진 국민들이 중도적이고 실용적인 정당의 출현을 고대하는 마음이 컸기 때문이었다. 그러나 국민의 기대는 실현되지 않았다. 1년이 지난 오늘 안철수와 민주당 중도세력이 손을 잡고 '새정치민주연합'을 탄생시켰지만, 진로가 순탄치 않다. 그 이유는 기성정치세력의 벽이 너무 두꺼울 뿐 아니라, '새 정치'를 이끌어 갈 정치세력이 아직은 형성되지 못했다는 것을 말해준다.

한국의 정치세력은 대한민국 건국초기에는 크게 네 흐름이 있었다. 하나는 박헌영(朴憲永)을 대표로 하는 공산주의를 추종하는 좌파세력이고, 둘은 여운형(呂運亨)을 대표로 하는 중도좌파 세력, 셋은 안재홍(安在鴻)을 대표로 하는 중도우파를 지향하는 신민족주의(新民族主義)와 신민주주의(新民主主義) 세력 및 조소앙(趙素昂)을 대표로 하는 삼균주의(三均主義) 세력, 넷은 서구식 민주주의를 추구하는 자유민주세력이었다.[24] 그러나 6·25전쟁을 겪으면서 국민의 반공의식이 높아지자 좌파는 북으로 가거나 몰락을 가져왔고, 중도우파와 중도좌파세력은 대부분 북으로 납치되어 자취를 감추었다. 그 뒤로는 자유민주세력이 주도권을 쥐고 이승만정권과 박정희정권의 장기집권에 대항하여 민주화투쟁을 전개하면서 야당의 전통을 이어갔다.

그런데 1970-1980년대 이후로 북한의 노선을 추종하는 세력이 진보(進步)를 표방하고 새로이 등장했다. 그 주역은 기성정치인이 아닌 학생층에서 나타났다. 산업화가 급속도로 진행되면서 빈부격차가 커지고, 농촌을 떠난 이농민들이 서울 변두리에 몰려들어 노동자나 서비스업에 종사하면서 빈민층을 형성했는데, 농촌 출신이나 도시빈민층 출신의 학생들은 생활에 큰 어려움을 겪었다. 이 틈새를 파고든 것이 북한의 '주체사상'이었다. 당시 북한은 경제적으로 남한에 뒤지기 시작했지만, 그래도 김일성의 지도력은 아직 위력을 발휘하고 있었으며 신(神)처럼 떠받들리고 있었다. 가난한 시골출신과

24 김병로, 김성수 등이 주도한 한국민주당이 그 대표적 정당이다.

도시빈민 출신의 학생들 가운데에는 북한의 주장에 따라 미군을 철수시키고, 인민민주주의 혁명을 이룩하면 진보적인 통일국가가 올 것으로 착각했다. 이들을 '주체사상파'(약칭 주사파)로 불렀다. 학생운동세력 가운데에는 북한의 노선을 따르지 않고 노동자, 농민해방운동을 추구하는 학생층도 있었지만, 그 세력은 '주체사상파'보다 약했다.

당시 군부정권은 이들 '주체사상파'와 노농운동학생층의 저항을 단호하게 억제하면서 산업화정책을 계속 추진했다. 그 결과 경제는 급속도로 성장했으나, 그 이면에는 정경유착(政經癒着)을 비롯한 비리와 부정이 난무하고, 국가의 법질서가 무너졌다. 오늘날 군부출신 두 대통령의 부정축재가 드러나고 이를 환수하는 소동이 벌어지고 있는 이유가 여기에 있지만, 비단 대통령뿐 아니라 당시 지도층에 있던 인사들은 크고 작든 부정과 비리에서 자유롭지 못한 인사들이 적지 않았다.

그런데, 이때 '주사파'와 '노농파'로 출발한 학생층이 1990-2000년대에 들어오면서 기성인으로 성장하여 자칭 진보정치세력의 중심으로 자리 잡아갔다. 김영삼정부와 김대중정부가 다소간의 노선 차이는 있지만, 기본적으로 자유민주세력의 정권이었다. 그러다가 노무현정부가 들어서면서 학생운동 출신의 젊은 정치세력이 정치, 사회, 문화의 중심세력으로 떠오르고, 기득권을 가지고 있던 산업화세력과 극단적인 갈등을 일으켰다. 위기에 몰린 산업화세력이 보수세력으로 결집하여 보수정권을 세운 것이 이명박정부와 박근혜정부의 탄생이다.

진보세력과 보수세력은 단순한 노선의 차이를 놓고 경쟁하는 정치세력이 아니라 깊은 적대감과 불신감을 가지고 있었다. 그 이유는 이들이 탄생하는 과정이 극단적으로 전투적이었고, 가해자와 피해자의 관계를 지니고 있었기 때문이었다. 진보세력은 보수세력을 반민주적이고 비도덕적인 세력으로 보았으며, 보수세력은 진보세력을 국가를 전복하려는 불순한 반란세력으로 바라보았다. 객관적으로 보면 두 세력의 주장은 모두가 일리가 있었고, 공과(功過)도 함께 지니고 있었다. 보수세력은 나라를 지키고 힘을 키운 공로가 있으나 도덕적 결함이 있었던 것이 사실이고, 진보세력은 민주화에 일부 기여했지만 국가의 존립을 위협한 것도 사실이었다.

이렇게 보수와 진보가 극단적으로 대립하게 된 가장 큰 원인은 북한과의 관계 때문이었다. 진보도 상당수가 북한과 연계되어 있었기 때문에 더 위험한 세력으로 비쳐졌고, 보수세력도 북한의 적화통일에 대한 위기감 때문에 더욱 강경한 모습을 보였던 것이다. 이렇게 본다면 보수든 진보든 북한이라는 변수 때문에 서로 폭력적 투쟁을 벌이고 정상궤도를 이탈한 것이다.

남북의 체제경쟁이 끝난 오늘의 시점에서 보면 북한을 추종하거나 북한의 잘못된 정책에 침묵하는 진보는 더 이상 진보가 될 수 없고, 국민의 지지를 받을 수 없음이 명백하다. 한편, 이미 진보세력을 압도할 만한 힘을 얻은 보수는 좀 더 약자를 포용하는 너그러움을 보일 필요가 있을 것이다. 보수와 진보가 옛날의 낡은 옷을 벗고 환골탈태(換骨奪胎)하여 합리적이고 도덕적인 보수와 진보로 다시 태어날 때가 되었다. 또 양자의 균형자로서 중도홍익(中道弘益)을 따르는 실용적인 제3의 정체세력이 나올 때가 된 것이다.

대한민국이 헌법상 자유민주주의 질서를 되찾은 것은 1987년이다. 1973년 이후 독재적 성격을 지닌 유신헌법(維新憲法)이 무너지고, 대통령 직선제를 포함한 민주헌법이 부활했다. 이해 범국민적인 민주화운동이 일어나자 전두환정부가 굴복하여 쟁취한 정치적 승리였다. 그 후 형식상으로는 근 30년간 민주화시대가 열렸고, 경제는 더욱 성장하여 남북한의 경제력은 250배, 국민소득은 25배 정도의 차이를 보이고 있다.

특히 북한은 김정일이 집권한 1990년대 이후로 경제가 최악의 상황을 맞이하여 이른바 '고난의 행군'으로 불리는 침체기를 거치면서 남북한의 격차는 더욱 커졌다. 남북한이 체제경쟁을 하는 시대는 이미 지났다. 더욱이 북한은 2012년에 3대세습을 이룩하면서 전 세계의 비웃음을 사고 있으며, 인민경제가 파탄했음에도 불구하고 핵과 미사일개발에만 총력을 기울이면서 정권유지에만 전념하는 것이 오늘의 북한 모습이다.

(3) 새 정치의 방향

진보와 보수의 갈등을 넘어서서 '중도홍익'과 '실용'을 지향하는 새 정치가 해야 할 일은 무엇인가? 여기에는 권력구조의 개편, 국회의 혁신, 인사제도의 개선, 정치적 소통 등 많은 문제를 내포하고 있을 것이다.

현재 한국에는 대통령은 있으나 국무위원이나 여당은 보이지 않는다는 말이 있다. 그 원인은 무능한 국무위원이나 여당이 대통령의 말을 받아 적는 데만 골몰하고 대통령에게 적극적으로 건의하거나 주체적으로 실천하는 의지가 부족하기 때문이라는 지적이 있다. 표면적으로 보면 그렇게 보이는 것이 사실이고, 실제로 그런 측면이 있다. 저 옛날 왕조시대에도 임금의 말을 적기만 하는 신하는 없었다. 오히려 신하들은 직언을 서슴지 않았고, 임금은 신하의 말을 주로 듣는 것이 관례였다. 그런데 민주국가에서 지시만 하는 대통령과 받아 적기만 하는 국무위원의 모습이 보이는 것은 민망한 일이다. 대통령과 국무위원이 원탁에 앉아 격의 없이 토론하고, 일상적인 국무는 총리 이하 국무위원에게 넘겨야 할 것이다. 대통령이 국회와 국무위원에게 권력을 나누어주지 않고 만기(萬機)를 친람(親覽)하면 시스템 정치는 무너지고, 모든 사람이 대통령의 눈치만 살피게 될 것이다.

대통령의 권한이 지나치게 커지면 이에 따라 비서실의 권한과 기능이 커질 가능성이 있고, 보이지 않는 실세가 배후에서 대통령을 움직일 가능성도 있다. 과거 군부정권시절에 비서진이나 경호실, 그리고 친인척 등에서 어떤 문제점이 있었는지를 생각해 보아야 한다.

왕조시대에도 임금의 측근이나 비서실이 커지면 정치가 문란해진 사례가 많아 최고비서인 승지(承旨)의 품계를 정3품으로 낮추어 6조의 판서(判書)와 참판(參判) 아래에 있는 참의급(參議級)으로 만들었다. 지금으로 따지면 실장이나 국장급에 속한다. 그런데 비서실장을 장관급으로 만들면 당연히 비서실장은 총리나 장관보다도 더 큰 권력을 가질 가능성이 있으며, 비서진의 판단이 국운을 좌우할 수도 있는 것이다.

국회가 민생을 외면하고 당리당략에 치우치고, 막대한 세비(歲費)를 챙기고 각종 특권을 누리고 있어 국민의 불신을 받은 것은 어제 오늘의 일이 아니다. 심지어 국회무용론까지 나오고 있다. 여기에 선거에 들어가는 비용이 너무 많아 학식과 덕망이 있어도 돈이 없으면 정치를 하지 못한다. 그래서 정치인의 자질이 떨어지고, 천박한 언동이 그치지 않고 나타나서 나라의 품위를 떨어뜨리고 있다. 국회의원의 목표는 국민을 잘살게 하는 것이 아니라 다음 선거에 이길 수 있는 방법이 무엇인가를 준비하는 데 올인하는 인상을 준다. 그래서 책임질 수 없는 무지갯빛 공약을 남발하여 선거지역 주민의 기대감만 높여놓고 뒤에 가서는 정부에 책임을 떠넘기고 있다.

국회가 이런 모습으로 운영되면 나라가 위태롭다. 그래서 이에 대한 근본적인 대책과 변화가 일어나야 할 것이다. 돈 안 들이는 선거가 필요하고, 국회의원 수를 줄이고, 국회의원이 누리는 특권도 대폭 줄여야 할 것이다.

국가의 비전을 설정하고 학식과 덕망이 높은 인사들이 국정에 도움을 주는 길을 열어놓기 위해 상설적인 자문기구를 두는 것도 좋은 일일 것이다. 옛날에는 경연(經筵)이 있어 최고 엘리트 관료인 홍문관(弘文館)이 이를 주관하면서 임금을 교육시키고, 격의 없는 토론을 통해 정책을 결정하기도 했다. 지금 경연을 하기는 어렵더라도 경연에 준하는 기구를 두는 것은 고려해 볼 가치가 있다. 다만 자문위원에 월급을 줄 필요는 없을 것이다.

정부의 부정부패를 막기 위한 감찰제도도 강화되어야 하고, 독립성을 유지해야 한다. 감사원(監査院), 검찰, 경찰, 국가정보원 등은 정권과 무관하게 임무를 수행할 수 있도록 최대로 독립성을 보장하지 않으면 감찰기능은 약화되고 행정부의 눈치나 살피는 기구로 전락하게 될 것이다. 대통령을 돕는 것과 국가를 돕는 것은 반드시 일치하지 않을 수도 있음을 알아야 할 것이다. 왕조시대의 사헌부(司憲府)는 임금을 탄핵하면서까지 국가기강을 바로잡는 일에 나서 왕조가 장수하는 데 일조했던 것이다.

인사제도가 공정(公正)하지 않으면 국민의 신뢰를 받기 어렵다. 공정한 인사는 혈연(血緣)과 지연(地緣), 학연(學緣)을 초월하여 도덕성과 전문성이 높은 인재를 발탁하는 것이다. 왕조시대에 인사원칙으로 입현무방(立賢無方), 유재시용(惟才是用)을 내걸고 과거제도를 통해 전국의 인재를 등용한 이유가 여기에 있다.

김대중정부 시절에 중앙인사위원회를 두어 전국의 인재풀을 만든 것으로 알고 있는데, 이것이 노무현정부 이후 흐지부지된 것 같다. 선거에 공을 세운 인사들을 일정 정도 등용하는 것은 불가피한 일로 보이지만, 이것이 지나치면 국민의 신뢰가 무너진다. 아무리 정당정치라 하더라도 한 개의 정당에 모든 인재가 모여 있는 것은 아니다. 국가는 국민의 국가이지 한 개 정당을 대표하는 국가는 아닐 터이다. 야당에도 인재가 있을 수 있고, 정치를 모르는 사람 가운데에도 뛰어난 자질을 가진 인재는 얼마든지 있다. 특히 고도의 전문성이 요구되는 학술, 교육, 예술, 기술기관 등에는 정치성향이 강한 선거공신을 임명해서는 안 될 것이다. 이런 인사가 반복되기 때문에 막대한 국고를 소비하면서도 그 기관이 제 구실을 못하는 사례가 너무나 많다.

우리나라 인사제도에 지역편중이 심하고, 이 때문에 지역갈등이 심하다는 지적도 있다. 지역편중은 역대 대통령의 출신지역의 편중에서도 나타난다. 대한민국의 역대 대통령 11명[25] 가운데 7명이 영남출신이고, 이들이 집권한 기간은 49년이다. 대한민국 67년의 역사에서 73%를 차지하는 기간이다. 박근혜 대통령의 남은 임기 3년을 더하면, 그 기간은 74%를 넘어선다. 물론, 공정한 선거를 통해서 집권한 경우가 더 많기 때문에 대통령의 출신지역을 크게 문제 삼을 필요는 없다. 하지만, 대한민국 총인구에서 20%를 차지하는 지역에서 배출된 대통령이 74%의 기간을 지배했다는 것은 지역균형 발전에 도움이 되는 일은 아니다.

지역편중은 비단 권력편중을 가져왔을 뿐 아니라 경제적으로도 지역간 불균형을 가져오는 요인으로도 작용했으며, 전반적인 사회지도층의 구성에도 큰 영향을 주었다. 이런 불균형은 한국의 정당운영에도 영향을 미쳐 영남에서는 야당이 발을 붙이지 못하고, 호남에서는 여당이 참패당하는 비정상적인 정당정치가 오랫동안 이어오고 있다. 바로 이것이 헌법상 민주국가이면서도 한국정치의 비민주적 후진성을 보여주는 대목이다. 지역탕평의 필요성이 강력하게 요구되는 이유가 여기에 있다.

한국의 공익성을 띤 조직이나 큰 기업체 가운데에는 전관(前官) 또는 학벌(學閥)로 구성된 배타적이고 특권적인 공동체가 있는 곳이 적지 않다. 일의 전문성 때문에 불가피한 측면도 없지 않지만, 이들이 로비에 앞장서고 서로 잘못을 감싸주면서 이득을 챙기는 공고한 먹이사슬이 되고 있는 것이 문제이다. 그야말로 '마피아'와 비슷한 존재이다. 이번 4·16참사에도 이런 구조적인 문제가 노출되어 논란이 되고 있지만, 그런 현상은 이미 보편화되어 있

25 우리나라 역대 대통령은 (1) 이승만, (2) 윤보선, (3) 박정희, (4) 최규하, (5) 전두환, (6) 노태우, (7) 김영삼, (8) 김대중, (9) 노무현, (10) 이명박, (11) 박근혜 등 11명이다.

다고 보아야 할 것이다. 이런 구조적인 문제는 장관이 바뀌어도 손을 쓸 수가 없다. 십중팔구는 하극상으로 밀려날 가능성이 크다.

국가재정의 낭비를 막기 위해 쓸데없는 유명무실한 정부기구를 혁파하는 일도 중요하다. 정부 산하기구를 정밀하게 진단해 보면 금방 문을 닫아도 국가운영에 지장이 없는 기구들이나 중복되는 일을 수행하는 기구들이 수없이 많을 것이다. 정권이 바뀔 때마다 정권창출에 공로가 큰 실세에 속하는 인사들이 로비를 통해 유사한 기구들을 새로 세워서 국고를 탕진하는 일이 비일비재하다. 말하자면 위인설관(爲人設官)이다. 이런 것을 과감하게 정리하여 국민복지향상이나 실업자구제 등으로 전용한다든지 중소기업을 도와준다면 사회통합과 경제발전에 큰 도움을 줄 수 있을 것이다. 지금 공기업의 개혁에는 열의를 보이고 있으나, 그에 못지않게 국고를 탕진하는 수많은 용관(冗官)을 혁파하는 일에도 관심을 두어야 할 것으로 보인다.

공공기관의 예산을 1년에 다 쓰지 못하고 국고에 반납하면 다음해 예산에 악영향을 주기 때문에 연말이 되면 불요불급한 사업을 억지로 벌여 예산을 다 써버리는 관행도 국고의 낭비를 가져온다. 멀쩡한 보도블럭을 새로 포장하거나 조경(造景)을 이유로 나무와 꽃을 해마다 새로 심는 일도 빈번하다. 별로 중요하지도 않은 이벤트사업을 경쟁적으로 벌여 아까운 예산을 일회성 행사에 탕진하는 것도 안타까운 일이다. 이런 일을 막고, 남는 예산을 건설적으로 쓸 수 있는 방법이 무엇인지를 강구할 필요가 있을 것이다.

(4) 평화통일의 중요성

남북통일은 우리 민족이 함께 풀어야 할 최대의 민족적 과제이다. 분단 때문에 정치가 왜곡되고, 경제가 어렵고, 국위가 실추되는 일이 너무나 크다. 지구상에 이토록 동질성이 강한 두 민족집단이 막말을 쏟아 내면서 협박하고 있는 나라는 없다. 밖에서 본다면 한국인 전체에 대한 이미지가 얼마나 나빠지고 있는지 모른다. 대한민국이 건전하게 발전하고 한민족 전체가 존경을 받는 일류국가로 나가려면 통일은 반드시 와야 한다. 그러나 통일처럼 어려운 일이 없다.

요즘 통일은 대박이라는 말이 유행하고 있다. 통일이 순조롭게 이루어진다면 분명히 통일은 대박이다. 남북한 주민이 합쳐지면 7천만이 넘고, 북한의 지하자원과 노동력이 남한의 기술력과 합쳐지면 엄청난 시너지효과가 발생할 것이다. 통일된 한국의 경제력은 거의 일본과 비슷한 수준으로 올라갈 가능성이 있으며, 정치적으로도 동아시아세계의 실질적인 균형자 역할을 할 수 있을 것이다. 한국이 일류선진국으로 도약하는 것은 아마도 그때 가서 가능해질 것이다.

그런데 문제는 어떻게 통일하느냐이다. 통일한국의 모습은 당연히 자유민주국가가 되어야 하지만, 이를 거부하는 북한을 어떻게 합치느냐의 어려움이 있다. 무릇 통일의 방법은 무력에 의한 통일과 평화적 통일의 두 가지 방법이 있다. 만약 우리가 전자의 길을 택한다면 미군의 도움이 절대적으로 필요할 것이고, 많은 희생자를 만들게 될 것이다. 또 미국이 개입하면 중국이 가만히 있지 않을 것이다. 미군이 한국을 지키는 데 도움을 주고 있는 것과 미군이 북한에 들어가는 것은 전혀 문제가 다르기 때문이다. 북한 지도층이 산속으로 숨어들어 내전을 일으킬 가능성도 있다.

무력통일은 통일을 단기간에 끝내는 효과는 있을지 모르나 그 후유증과 부작용은 오래 두고 나타날 것이다. 이는 역사가 증명한다. 제2차대전 후 분단된 국가가 통일을 이룩한 것은 독일과 베트남이 대표적이지만, 두 나라는 기본적으로 평화통일이다. 독일은 동서독 사이에 오랜 교류 끝에 이루어진 것이지 어느 날 갑자기 일어난 것이 아니다. 또 동서독은 서로 전쟁을 한

일도 없어 깊은 원한관계가 없었다. 베트남은 남북이 서로 전쟁을 한 듯 보이지만, 사실은 남북 베트남민족이 미국과의 전쟁에서 이긴 것이다. 그래서 통일 후의 후유증이 거의 없다.

한국의 역사를 보면, 삼국통일이 무력으로 이루어지고, 고려의 후삼국통일도 무력으로 이루어졌다. 그런데 신라의 무력통일이 가져온 후유증이 후삼국시대의 분열을 가져오는 원인이 되었고, 고구려 후신인 고려가 또다시 무력으로 후삼국을 통일하는 결과를 낳았다. 이렇게 두 번에 걸쳐 무력통일이 이루어지면서 삼국유민(三國遺民) 사이에는 쉽게 가시지 않는 앙금이 생겨났다. 그래서 고려 475년 동안 신라계 유민과 고구려계 유민 사이에 크고 작은 싸움이 일어났다. 묘청(妙淸)의 반란이나 무신(武臣)의 반란은 고구려계 유민들이 신라계에 대한 반발과 관련이 크다. 조선시대에 들어와서 삼국을 동등하게 바라보는 이른바 삼국균적론(三國均敵論)이 퍼져서 민족통합이 한 단계 높아졌지만, 역사서술에서는 신라중심으로 쓰는 부류와 고구려중심으로 쓰는 부류가 없지 않았다.

8·15광복 후의 남북분단은 기본적으로 미소간의 냉전에서 비롯된 것이지만, 그 저변에는 고구려와 신라의 오랜 갈등이 잠재되어 있다. 특히 북한은 고구려의 현대판으로 보이기도 한다. 고구려의 정통성을 강하게 내세우는 것도 그렇고, 민생을 돌보지 않고 군사강국에 매달려 있는 것도 고구려의 연개소문(淵蓋蘇文) 정책을 보는 듯하다. 고구려를 멸망으로 이끈 것이 바로 연개소문의 무단정치와 강병정책이었음을 알아야 할 것이다.

한편, 신라와 백제의 갈등은 국내에서는 크게 표출되지 않았으나, 한일관계의 악화를 가져오는 한 원인이 되었다. 백제는 일본에 진출하여 고대국가를 건설하고, 그 뒤에도 일본을 이끌어온 지배층을 형성했기 때문에 신라가 무력으로 통일한 뒤에는 한국과의 관계가 껄끄러운 관계로 변했다. 왜구(倭

寇)나 임진왜란, 그리고 근대의 정한론(征韓論)과 한국강점에 이르기까지 그 저변에는 백제유민의 모국에 대한 복잡한 감정이 흐르고 있다고 볼 수 있다. 이렇게 본다면 무력에 의한 민족통일이 얼마나 기나긴 후유증을 가져오는지를 이해할 수 있다.

역사의 문맥에서 통일을 생각해보면 남북통일은 반드시 평화적으로 이루어져야 하고, 지금과 같은 적대적 대결구도는 바람직하지 않다. 그보다는 남북이 서로 상생할 수 있는 방법과 길을 찾아 교류를 확대하는 것이 좋을 것이다. 김대중정부나 노무현정부처럼 '햇볕정책'을 통해 지나치게 현금으로 북한정권을 돕는 일은 옳지 못하지만, 개성공단(開城工團) 같은 사업은 남북이 서로 도움을 받는 일이므로 잘한 일에 속한다.

남북 간의 신뢰가 중요하다는 정부의 방침은 옳다. 신뢰를 쌓으려면 서로 비방을 중단하고 남북이 서로 이득을 얻을 수 있는 사업을 더 찾아서 북한과 조용히 대화를 나누면서 신뢰를 쌓아갈 필요가 있다. 북한을 지나치게 공개적으로 자극하는 정책은 오히려 북한의 도발정책을 부추기는 결과를 가져올 수도 있을 것이다. 통일이 되면 북한 주민은 물론 북한의 지도층도 살 길이 열린다는 것을 행동으로 보여줄 필요가 있다.

또 한 가지 명심할 것은 대한민국 자체의 내치수준과 평화수치를 끌어올려 대한민국이 안정되고 살기 좋은 나라라는 것을 북한 주민에게 보여주는 일이다. 지금처럼 사회통합이 미흡하고, 여기에 부정과 비리, 대형사고, 범죄가 난무하는 사회가 지속된다면 통일은 더욱 멀어질 것이다. 한국의 지도층은 이런 점을 고려하여 품위를 지키고, 자기관리를 철저히 하면서 저 옛날 '군자국'의 모습과 '홍익인간'의 꿈을 보여주는 나라를 만드는 데 총력을 기울여야 할 것이다. 통일은 대박이라는 말보다는 통일은 뼈를 깎는 자기혁신이 없이는 불가능하다는 것을 먼저 깨닫는 것이 중요한 일이다.

(5) 경제, 사회, 문화의 자성

8·15광복 후 국민소득 70-80달러에 머물렀던 나라가 지금 2만 5천 달러에 이른 것은 정말로 기적에 속한다. 특히 정보통신분야는 세계 최첨단을 달리고 있으며, 일상적으로 사용하는 가전제품이나 자동차 등이 거의 국산으로 되어 있다. 참으로 놀라운 변화이다. 한국인이라는 자부심을 갖고 사는 세상이 된 것이다. 한때는 외국에 나가 한국인이라는 신분을 감추고 살았던 시대를 생각하면 격세지감을 느끼지 않을 수 없다. 스포츠나 대중문화 부문에서도 무수한 세계적 스타가 배출되고 있어 더욱 자랑스럽다.

이렇게 경제가 성장한 것은 치열한 교육열, 성취욕, 근면성, 협동정신, 유교의 통합적 사고방식, 신바람의 에너지 등이 합쳐진 결과이며, 그것은 바로 우리 조상이 물려준 선비문화의 유전인자를 받은 덕이기도 하다. 그런데 우리는 경제가 성장한 만큼의 안정과 품격을 가진 나라는 아니라는 데 문제가 있다. 지금 외국인들이 우리나라를 일러 '군자국'이나 '동방예의지국'으로 부를 수 있을까를 생각해 볼 필요가 있다. 2014년 4월에 일어난 세월호침몰사건은 대한민국이 얼마나 규범도 없고, 염치도 없는 나라인가를 총체적으로 보여준다.

한국의 큰 기업인이나 부자(富者) 가운데에는 국민의 존경을 받는 인사도 적지 않지만, 품위 없는 졸부(猝富)들도 적지 않다. 부동산이나 투기로 돈을 번 사람들 가운데 이런 부류가 많다. 집은 비싼 외국산 자재를 사들여 궁궐처럼 꾸며놓고 살면서 가난한 사람을 멸시하고, 자식들은 외국으로 유학을 보내 귀족처럼 살게 해주는데, 이런 아이들일수록 공부는 하지 않고 방탕아가 되기 쉽다. 졸부 가운데에는 외국에 호화별장을 사놓고 재산을 도피시켜 놓고, 틈만 나면 나가서 골프나 도박을 즐기고, 여차하면 피난처로 이용한다. 이런 사람들이 외국에 나가면 국가망신을 시키는 일을 많이 저지르고, 국내에서는 가난한 사람이나 어려운 처지에 있는 사람들을 멸시하거나 갑(甲) 행세를 하면서 때로는 정치판에 뛰어들기도 하여 정치를 흐려놓기도 한다.

외국의 경우를 보면 돈 번 사람들이 공익사업에 투자하여 국민의 존경을 받는 인물이 많다. 미국의 포드, 록펠러, 카네기 등이 그러하고, 이들의 공헌으로 미국이 지금 세계를 지배하는 힘을 얻는 데 크게 기여했다. 일본의 재벌들 가운데에도 미술관, 박물관, 도서관 등을 만들어 사회에 기여한 인물이 적지 않다. 예를 들면, 지금 세계적인 명성을 얻고 있는 동양고문서 도서관인 동양문고(東洋文庫)는 바로 미쓰비시(三菱)가 앞장서서 전 세계의 동양 고도서를 수집하여 만든 것이다. 14-15세기 이탈리아 피렌체에서 세상을 바꾸는 르네상스문화가 꽃핀 것은 누구나 아는 일이다. 레오나르도 다 빈치나 미켈란젤로 같은 거장(巨匠)이 나온 그 힘은 바로 금융업자인 메디치가(Medicci家)의 후원 때문이었다.

한때 우리나라에서도 모 기업이 문화예술을 후원하는 메세나운동을 벌인 일이 있는데 지금은 별로 활동이 없는 듯하다. 우리나라 대기업은 대학에는 비교적 많이 투자하고 있다. 그러나 주로 건물을 짓는 것을 도와주는 데 그치는 경우가 많다. 고급문화예술사업에 투자하는 경우는 매우 드물다. 그래서 우리나라의 문화활동은 주로 관변 중심으로 이루어지고 있는데, 예산, 인력, 시간의 지속성이 부족하여 대개는 전시성 행사에 그치고 있으며 거작(巨作)이 나오지 못하고 있다. 물론 대중문화에 투자하여 한류(韓流)를 일으키는 기업도 있지만, 대부분 규모가 영세할 뿐 아니라, 고급문화와 고급예술의 한류는 아직 나오지 못하고 있다.

지금 서울대학교 안에는 규장각(奎章閣)이 있다. 왕조시대의 국보급 서적들이 약 20만 권 소장되어 있다. 이 책을 활용하면 한국의 르네상스가 오고 국가 브랜드가 엄청나게 올라갈 것으로 확신한다. 그런데 그동안 규장각은 서울대의 조그만 소속기관으로 운영되어 오다가 지금은 대학이 법인화되면서 국고의 보조도 줄어들게 되었다. 규장각은 도서관이라는 측면에서 보면 교육부와 관련이 있고, 문화재라는 측면에서 보면 문광부와 관련이 있는데, 그 어느 쪽에서도 적극적으로 도와주지 않는다. 말하자면 사각지대에서 잠자고 있는 셈이다.

지금 한국이 전 세계에 자랑할 수 있는 최고의 학문이 한국학(韓國學)이고, 그 보물창고가 규장각임에도 불구하고 이렇게 초라한 모습을 보이고 있는 것은 참으로 애석하고 답답하다. 일본에는 규장각과 유사한 기구로 일본사료편찬소(日本史料編纂所)가 동경대학(東京大學) 안에 있는데, 기구가 독립되어 있고 수십 명의 교수가 소속되어 자료보존과 연구에 몰두하고 있다. 그런데 지금 규장각에는 전임교수가 단 한 사람뿐이다. 서울대를 찾아오는 외국손님들이 규장각을 보고나서 한국이 경제발전한 이유를 알게 되었다고 말한다.

규장각과 비슷한 수준의 왕조시대 문헌을 보관하고 있는 곳이 한국학중앙연구원의 장서각(藏書閣)이다. 원래 규장각도서와 장서각도서는 똑같은 왕실도서로서 궁 안에 있었다가 일제강점기에 창경원을 만들면서 그 안에 장서각을 짓고, 규장각도서의 일부를 이곳으로 옮겨 놓았던 것이다. 왕실후손인 이왕직(李王職)의 참고도서로 이용하기 위해서였다. 장서각도서와 규장각도서의 차이는 전자는 주로 임금이나 왕비가 직접 쓴 글이나 글씨가 많고, 후자는 국가기관에서 편찬한 도서들이 주류를 이루고 있다. 그래서 이 도서는 서로 깊은 보완관계를 가지고 있다.

그렇다면 광복 후에 당연히 장서각도서를 다시 규장각도서와 합쳐야 했을 터이나, 장서각도서는 문광부가 관리하게 되어 교육부가 관리한 규장각도서와 합쳐지지 못했다가 정신문화연구원[한국학중앙연구원의 전신]이 생기면서 당시 이선근 원장이 장서각도서를 정신문화연구원으로 가져간 것이다.

장서각도서는 지금 독립된 건물도 짓고 관리하여 옛날보다는 관리가 잘 되고 있는 편이지만, 이용도는 매우 낮다. 연구인력이 매우 부족할 뿐 아니라, 영인본 출판이나 해제사업, 데이터베이스 등의 사업이 부진한 까닭이다. 규장각도서와 장서각도서 모두가 국가의 적극적인 지원을 받지 못한 가운데 제 구실을 다하지 못하고 있다. 정부에서 문화진흥사업을 강조하면서 왜 이런 사업에는 관심을 보이고 있지 않은지 안타깝다.

정부의 관심이 기대에 미치지 못한다면 대기업이라도 발 벗고 나서서 도와줄 필요가 있을 터인데, 아직 그런 소식을 듣지 못했다. 고급문화의 한류가 절실하고, 그것이 가져올 국위선양이나 부가가치를 생각할 때 획기적인 대책이 시급히 마련되어야 할 것이다.

우리나라 기업인 가운데에는 소비자의 목숨은 안중에 없고 수단과 방법을 가리지 않고 돈벌이에만 혈안이 된 악덕기업이 적지 않다. 불량식품을 만들거나, 불량토목공사를 해서 반드시 지켜야 할 안전수칙을 소홀히 하여 사고를 일으키고 무고한 사람들의 목숨을 앗아가는 일이 너무나 많다. 공공사업에서 시행하는 입찰제도(入札制度)에도 문제가 있다. 비용을 절감하고 사적인 거래를 막겠다는 취지는 좋지만, 지나치게 낮은 가격으로 입찰된 사업은 반드시 부실(不實)로 이어진다. 불량식품을 납품한다든지 불량한 토목공사가 비일비재한 배경에는 이런 구조적인 문제가 있는 경우가 많다. 큰 기업체는 저가입찰을 막기 위해 업체들끼리 담합하는 사례가 많이 알려지고 있다. 그러나 이것은 불법으로 되어 있고, 뒷거래가 있는 경우도 있는 듯하다. 정부는 이런 구조적인 문제를 합리적으로 해결하는 방안을 반드시 강구할 필요가 있을 것이다.

비단 기업만이 아니라 정치단체나 사회단체, 종교단체, 언론단체, 그 밖에 수많은 단체들이 겉으로 드러낸 사업목적은 그럴 듯하지만 내막은 돈벌이를 목적으로 하거나 아니면 감투 하나를 얻으려는 목적을 가진 것들이 적지 않다. 왜 이렇게 돈벌이나 감투에 연연하는지 안타깝다.

요즘 언론에서 갑(甲)과 을(乙)의 관계를 걱정하는 논의가 무성하다. 강자가 약자를 함부로 다룬다는 뜻이다. 민주주의와 도덕을 존중하는 나라에서는 있을 수 없는 일들이 도처에서 행해지고 있다. 한 탕으로 일확천금(一攫千金)을 노리는 사람도 많다. 그래서 먹고 튀는 사기꾼이 난무하고 도박에 중독되기도 한다.

돈을 버는 것보다 쓰는 것이 더 중요하고 어렵다는 말이 있다. 돈이 없어도 불행하지만 돈이 많아서 불행해지는 사람도 많다. 돈을 좋은 일을 위해 쓰는 사람은 살아서도 행복하고 죽어서도 명예를 얻는다. 반대로 자신이나 가족을 위해서만 돈을 쓰는 사람은 살아서도 불행해지거나 죽어서도 존경을 받지 못하는 경우가 많다. 그래서 돈을 벌기보다 쓰는 것이 어렵다는 말이 생긴 것이다.

돈을 벌고자 할 때에는 무엇에 쓸 것인가를 먼저 생각하는 것이 좋다. 자신의 생존을 위해 돈을 버는 것은 당연하고 정당하다. 하지만 생존에 필요한 돈은 그다지 많은 것이 필요한 것이 아니다. 남을 해치지 않고도 벌 수 있다. 물론, 병이 있거나, 불구자이거나, 가족이 많은 경우에는 예외가 될 것이다. 이런 사람들을 도와주는 것이 바로 복지다. 생존비 이상으로 돈을 벌고자 할 때에는 무엇을 위해 벌어야 하는지를 반드시 생각하고 벌어야 할 것이다. 만약 좋은 일을 위해서 벌기로 작심했다면, 돈을 버는 방법도 저절로 도덕성을 잃지 않게 될 것이다.

유교를 퍼뜨린 공자(孔子)와 맹자(孟子)는 "부유하면서 교만하지 않은 사람이 없다"고 하면서 선비는 안빈낙도(安貧樂道)해야 한다고 말했다. 가난한 것을 편안하게 생각하고, 사람이 올바르게 사는 것을 즐겨야 한다는 뜻이다.

그러나 이 말은 지도층이 검소해야 한다는 뜻이지 일반 백성들이 가난하게 살아야 한다는 것은 아니다. 오히려 "백성은 곡식 창고가 가득해야 예의와 염치를 알게 된다"고 하고, "백성은 먹는 것이 하늘"이라고도 말했다. 그래서 "아래로 자녀를 키우고 위로 부모를 부양하고 조상의 제사를 지낼 정도의 재산을 가져야 한다"고도 말했다. 그래서 정치에서 가장 중요한 것 가운데 하나를 '족식'(足食)에 두었던 것이다. 요즘말로 경제를 안정시켜야 한다는 뜻이다.

이렇게 경제가 중요하고, 돈이 필요한 것이지만, 지도층은 돈에 목표를 두어서는 안 되고, 자신의 욕망을 억누르면서 백성을 위한 정치에 임해야 한다는 것이 유교의 가르침이다.

요즘 우리 사회를 보면 이와 같은 선비정신은 어디로 갔는지 알 수 없고, 정치인, 공무원, 기업인 등 지도층이 오히려 수단과 방법을 가리지 않고 돈벌이에 혈안이 된 듯한 모습이 보인다. 물론 이런 현상이 모든 지도층에 해당된다고 보지는 않지만, 큰 웅덩이 물도 몇 마리의 미꾸라지가 흐려놓는다는 말이 있다. 그런 점에서 정부는 경제성장에만 몰두할 것이 아니라, 정치와 경제를 정화하는 일에 더 큰 관심과 노력을 기울여야 할 것이다.

한국은 지금 경제의 하드웨어는 세계적 수준에 올라 있고, 정부는 경제성장 속도를 높이기 위해 '창조경제'가 강조되고 있으며, 이를 위해 '규제를 철폐해야 한다'는 것도 강조되고 있다. 경제성장이 지속적으로 이루어지는 것이 바람직하고, 그러기 위해 '창조경제'로 가야 하고, 경제활동을 제약하는 나쁜 규제를 철폐해야 한다는 말도 틀린 것은 아니다. 그러나 이런 것도 지나치게 정치권에서 강조되면 오히려 역효과를 가져올 수 있음을 유념할 필요가 있다. '창조'나 '규제철폐'는 경우에 따라서는 "경제활동을 마음대로 하라"는 잘못된 메시지를 전달할 수도 있기 때문이다. 다시 말해 좋은 규제도

철폐하고, 창조를 지원한다는 명분으로 국가재정이 낭비될 가능성도 없지 않기 때문이다.

창조경제를 위해 대학교육을 현장중심으로 바꾸고, 맞춤형 교육을 실시하는 것도 필요한 측면이 있다. 대학이 시대에 뒤떨어진 교육에 매달리고 현실감각이 뒤떨어져 있는 것도 사실이기 때문이다. 하지만, 그렇다고 모든 교육이 현장중심, 맞춤형 중심으로 가는 것도 부작용이 있을 수 있다. 예를 들면 디지털문명이 지배한다고 해서 모든 사람이 이쪽으로 쏠리면 아날로그문명은 죽을 수도 있다. 디지털문명은 기술을 발전시키는 데 크게 기여하지만 도덕을 키우는 데는 도움이 되지 않기 때문이다.

인류가 수천 년간 쌓아온 문명은 기본적으로 아날로그문명이고, 그 속에서 아름다운 역사, 철학, 윤리, 예술이 꽃피어왔다. 활자와 종이로 된 책을 읽으면서 책에서 풍기는 묵향(墨香)과 서기(書氣)를 함께 느끼면서 살아왔다. 아날로그에는 생명체의 향기와 감성이 숨 쉬고 있지만, 디지털은 빠르고 정확한 것만 추구하기 때문에 그 자체 성능이 좋은 기계에 지나지 않는다. 기계가 너무 좋으면 인간은 기계를 부리는 존재에서 기계가 시키는 대로 움직이는 피동체가 된다. 다시 말해 기계의 노예가 되고 그 기계의 편리함을 이용한 범죄가 늘어나게 된다. 정보통신의 최선진국인 한국은 오늘날 범죄에서도 첨단을 걷고 있는 것은 아닌가 의심스럽다.

우리가 디지털문명을 발전시키면서도 그 위험성을 경계하는 이유는 도덕의 핵심인 '생명에 대한 사랑'과 거기에서 분출되는 '정'(情)이 메말라가는 데 대한 두려움 때문이다. 이번 4·16세월호 침몰참사사건도 그 원인을 알아보면 기계의 낙후성에 있다기보다는 그것을 운영한 사람들의 마음에 '생명에 대한 사랑'이 부족한 데 원인이 있다고 할 수 있다. 다시 말해 한국은 '기술후진국가'가 아니라 '도덕후진국가'라는 말이다. 이런 도덕후진성이 비단 이번 사건뿐 아니라 우리 사회의 구석구석에 도사리고 있다면 언제 또 어떤 대형 사고가 일어날지 모른다. 바로 이것이 우리가 극복해야 할 최대의 과제가 아닐 수 없다. 잇따른 대형 금융사고도 그 하나이다.

한국은 이제 교육을 비롯한 모든 분야에서 도덕재무장운동을 벌일 시기가 되었다. 그 출발점이 바로 '생명에 대한 사랑'과 그 사랑을 나누는 '정문화(情文化)'이다. 불행 중 다행인 것은 그래도 한국인의 핏속에는 그런 선비전통이 맥맥히 이어져 와서 대부분의 보통 한국인은 따뜻한 품성을 지니고 있다. 어려운 재난을 만날 때마다 자원봉사자들이 줄을 잇고 달려와서 도와주고, 의연금을 자발적으로 희사하는 이들이 적지 않다. 이렇게 보면 문제의 심각성은 보통 사람들에게 있는 것이 아니라 이른바 사회지도층과 엘리트를 자처하는 소수계층에서 찾아진다.

자본주의가 사회주의보다 경제를 발전시키고 자유를 누리게 하는 데 도움이 된다는 것은 이미 명백하게 증명되었지만, 도덕성을 잃은 자본주의는 인간을 더 불행하게 만들 수도 있다는 것을 명심할 필요가 있다.

(6) 서양문명의 반성

지금 우리나라는 기회와 위기, 희망과 절망이 팽팽하게 교차하는 중요한 역사적 전환점에 서 있다. 국가의 하드웨어는 만만치 않게 성장하고 있으나, 그 안에 담긴 소프트웨어는 오히려 뒷걸음치고 있다. 여기서 소프트웨어를 끌어 올려 하드웨어와 나란히 키우면 희망과 기회가 커질 것이고, 반대로 소프트웨어를 키우지 않고 이대로 후퇴를 거듭한다면 하드웨어마저 스스로 무너뜨리는 날이 올지도 모른다.

밖에 있는 적만이 우리를 위협하는 것이 아니라 우리의 마음속에 있는 후진적 소프트웨어도 우리를 위협하고 있다. 그래서 내치와 외교가 똑같이 중요하고, 내치를 잘해야 외치를 잘할 수 있다는 옛말이 있는 것이다. 요새와 같은 대형사고와 대형범죄가 빈발하여 국민에게 막대한 해를 입혀도 그 책임을 질 사람은 대부분 가벼운 처벌로 위기를 모면하는 일이 되풀이된다면 정치에 대한 국민의 신뢰는 기대하기 어려울 것이다.

소프트웨어를 전면적으로 쇄신하는 새로운 문화운동이 일어나지 않으면 안 되는 절박함이 여기에 있다. 여기서 우리나라뿐 아니라 우리와 함께 살아갈 전세계문명의 위기를 크고 넓게 바라보면서 새로운 시대의 과제를 진단할 필요가 있다.

인류문명이 지금까지 발전해오는 과정을 되돌아보면, 크게 보아 동아시아의 유교문명, 유럽의 기독교문명, 중앙아시아의 이슬람문명, 그리고 동남아시아의 불교문명으로 구분할 수 있을 것이다. 이 문명들은 원천적으로 그들이 터 잡은 자연환경의 영향 속에서 발생하여 자신들의 삶에 이롭다고 여겨 만든 것이다. 그래서 어느 문명이 좋고 어느 문명이 나쁘다고 한 가지 잣대로 평가하는 것은 좋은 일이 아니다. 각기 자기 몸에 맞는 문명을 선택하고 살 권리가 있기 때문이다.

문제는 기독교문명이 팽창하면서 문명 간의 충돌과 교합(交合)이 일어나게 된 것이다. 이슬람문명이 유럽까지 퍼진 시대도 있었고, 불교문명이 인도에서 출발하여 중국과 한국, 일본에까지 큰 영향을 미친 것도 사실이다. 그러나 기독교문명의 파급력에 비한다면 공간적으로 매우 제한되어 있고, 토착문명과의 충돌도 그다지 심하지 않았다. 지금 기독교문명이 큰 힘을 발휘하지 못하고 있는 지역은 인도, 중국, 일본, 동남아 정도일 것이다. 물론 인구로 보면 이 지역의 인구가 전세계 인구의 4분의 3 정도를 차지한다. 하지만 공간상으로 보면 유럽, 아프리카, 남북 아메리카, 오스트레일리아, 러시아 등이 기독교문명권에 속하여 5대주 가운데 4대주와 아시아의 일부지역을 차지하고 있다.

한국은 본래 무교(巫敎: 神敎, 仙敎, 道敎)에서 출발하여 불교 및 유교문명이 접합되어 살아오다가 오늘날에는 기독교문명이 들어오면서 전인구의 3분의 1이 기독교신자로 되어 있다. 아시아에서는 필리핀을 제외하고는 가장 많은 신도를 가지고 있다.

기독교문명 국가는 무엇보다 경제와 군사력에서 압도적인 우위를 차지하고 있다. 이런 현상은 15세기 말 신항로의 발견[지리상의 발견]과 뒤이은 18세기 산업혁명의 결과이다. 경제와 군사력이 강한 배경에는 과학기술의 발전이 뒷받침하고 있다. 그래서 기독교문명국에 가장 크게 압도당한 유교문명권에 속하는 중국, 한국, 일본은 일단 기독교문명국의 경제와 군사력을 밑받침하고 있는 과학기술을 배우는 데 먼저 열의를 보였다. 그것이 19세기 말 중국의 양무운동(洋務運動)이고, 일본의 화혼양재(和魂洋才) 운동이고, 한국의 동도서기(東道西器) 또는 구본신참(舊本新參) 운동이었다. 서양의 기독교 그 자체에 대해서는 3국의 대응이 서로 달랐다. 중국과 일본은 기독교를 거부했고, 한국은 오히려 자발적으로 기독교를 받아들였다.

중국은 오랫동안 세계의 중심국가로 살아온 자존심 때문에 기독교를 거부했고, 일본은 불교와 무교가 접합된 신도(神道)를 국교(國敎)로 믿어 왔기에 기독교를 거부했다. 일본은 서양과 접촉하던 16세기 중엽에는 기독교[구교]를 받아들였으나, 뒤에는 그들이 위험하다고 판단하여 거의 씨를 말리다시피 했다. 이렇게 동아시아 3국은 서양의 과학기술을 받아들이는 데는 똑같은 적극성을 보였지만, 종교로서의 기독교를 받아들이는 데는 태도를 달리했다. 그러나 서양과학기술을 받아들인 결과 3국은 모두 서양과 어깨를 겨루는 경제, 군사강국으로 다시 일어섰다.

그러면 한국만이 열성적으로 기독교를 받아들인 것은 어떤 의미가 있는가? 결과적으로 보면, 한국은 오늘날 중국이나 일본에 비해 정신적으로 서구화가 가장 앞선 나라이고, 가장 친서방적인 국가이다. 중국이 서양에서 받아들인 정신문화는 공산주의였고, 일본이 서양에서 받아들인 정신문화는 다분히 나치즘에 가까웠다. 그래서 중국은 공산화되었고, 일본은 군국주의국가를 세웠다. 중국이 공산주의를 받아들인 것은 공자(孔子)의 대동사상(大同思想)과 《주례》(周禮)를 거쳐 발전한 이상주의적 평등사상 때문이다. 일본이 나치즘을 받아들이고 나치즘 독일과 동맹을 맺은 것은 무사국가(武士國家)의 전통이 오랫동안 유지된 결과이다.

한국이 기독교를 받아들인 것은 하늘을 숭배하는 무교(巫敎)의 강인한 전통과 관련이 크다. 물론 기독교의 하늘과 무교의 하늘은 성격이 반드시 같은 것은 아니지만, 하늘을 조물주로 공경하고 하늘의 자손임을 믿는 태도는 비슷하다. 또 하느님이 복을 내려준다는 믿음은 〈단군신화〉에 보이는 삼신(三神)이 생명, 곡식, 질병치료, 악한 자를 징벌한다는 믿음과 서로 통한다.

그러나 기독교와 무교의 근본적인 차이점은 성악설(性惡說)과 성선설(性善說)의 차이다. 기독교는 인간이 원죄(原罪)를 짓고 태어났다고 믿기 때문에 그 원죄를 용서받기 위한 수행(修行)을 강조한다. 아담과 이브가 하느님이 먹지 말라는 선악과(善惡果)를 먹고 에덴동산에서 쫓겨나고, 아담과 이브의 두 아들 가운데 형 카인(Cain)은 동생 아벨(Abel)을 죽이는 범죄를 저질렀다. 이렇게 성경(聖經)의 이야기는 선과 악의 대결로 인간사회를 그려놓고 있기 때문에 악과의 투쟁이 끊임없이 강조되고 있다.

이렇게 기독교가 선악대결을 중심에 놓고 악에 대한 선의 승리를 추구하고 있는 것은 예수가 속한 유태인이 주변 민족으로부터 받은 압박과 설움 속에서 태어났기 때문으로 보인다. 그래서 기독교 교리가 갖는 세계관이 그렇게 된 배경은 이해되지만, 이런 세계관으로 세상을 바라보면 선악이분법

(善惡二分法)에서 벗어나기 어려운 것도 사실이다.

그런데 기독교 이전의 그리스와 로마문명에서도 선악이분법은 매우 강하다. 북유럽의 신화도 마찬가지다. 이들 신화(神話)를 보면 선과 악의 대결이 기본적인 줄거리를 구성하고 있으며 악에 대한 응징이 매우 혹독하다.

기독교국가들이 걸어온 행적을 보면, 악으로 지목된 민족이나 국가들에 대한 징벌을 목표로 수많은 전쟁을 벌여온 것도 사실이다. 기독교국가들이 다른 종교나 다른 문명에 대한 이해가 부족하여 이단시(異端視)하는 듯한 인상을 받는 이유도 여기에 있다. 예수가 하느님의 독생자(獨生子)로 보는 시각도 하느님의 후손을 자처하는 다른 종교와 충돌할 소지가 큰 것이다. 잉카제국의 임금이 하느님의 아들을 자처하다가 스페인정복자에 의해 죽임을 당한 것도 그 까닭이다.

그러나 한국의 무교는 전혀 다르다. 〈단군신화〉에서 보듯이 단군은 하느님의 후손이다. 그런데 단군의 아버지 환웅(桓雄)은 하느님[桓因]의 독생자가 아니라 서자(庶子)로 되어 있다. 여기서 서자는 첩의 자식이 아니라 여러 아들 가운데 하나라는 뜻이다. 그래서 무교의 세계관 속에는 다른 하느님의 아들과 충돌할 이유가 없다. 또 〈단군신화〉에는 환웅이 선악(善惡)을 판별하고 악한 자를 벌주는 것을 〈홍익인간〉의 하나로 묘사하고 있지만, 그렇다고 온 세상을 선과 악의 대결로 보지는 않는다. 〈홍익인간〉 그 자체가 모든 인간을 이롭게 한다는 보편적 사랑과 공동체적 협동정신이 들어 있기 때문이다.

한국에도 권선징악(勸善懲惡)을 주제로 한 소설이나 이야기들은 많다. 하지만, 악으로 설정된 인물도 개과천선(改過遷善)하는 경우가 많고, 악에 대한 징벌도 혹독하지는 않다. 이런 생각은 인간을 근원적으로 착하다고 보기 때문이다.

이렇게 한국의 무교가 낙천적이고 공동체적인 세계관을 가지고 있는 것은 한국인의 삶 자체가 다른 민족의 핍박 속에서 산 것이 아니고 자급자족적인 농경문화를 바탕으로 살았기 때문일 것이다. 그래서 이런 세계관을 지켜온 한국인은 근본적으로 다른 민족이나 다른 종교, 또는 다른 문화를 악의 상징으로 바라보지 않는다. 침략자가 아닌 한 인종적인 적대의식은 약하다.

한국인이 조선후기 이후 기독교를 받아들인 것도 여기에 이유가 있다. 다만, 국가에서 천주교인에 대한 탄압을 내린 것은 일부 교인이 처음에 효의 상징인 제사를 거부한 것과 기독교국가의 침략성을 위험하게 보았기 때문이었다. 천주교의 교리에 대해서는 비교적 우호적으로 바라보고, 한국 사상과 접합될 수 있는 요소를 찾으려는 노력이 더 컸다.

여기서 한국의 기독교문화는 무교와 접합되어 한국화되어 있어서 서양의 기독교와 그 세계관이 반드시 일치한다고 볼 수는 없다. 문제는 서양 기독교국가의 세계관이 선악논리에서 벗어나지 않고 있다는 것이 인류문명의 진보에 어떤 의미를 가질 것인가를 음미할 필요가 있다는 것이다.

서양문화의 또 한 가지 음미할 대상은 개체(個體)에 대한 존중이다. 개인이나 사물의 개체에 대한 존중은 그 개성을 존중한다는 점에서 가치가 있고, 그 개체의 특성을 존중하는 과정에서 새로운 창조력이 발생할 수 있는 장점이 있다. 그래서 분석적인 과학이 발달하고, 그 결과 산업혁명과 20세기 과학문명의 눈부신 발전을 가져온 것도 사실이다.

하지만, 개체와 개성에 대한 지나친 존중은 필연적으로 개체와 개체 사이의 갈등과 마찰이 불가피하고, 그 갈등이 투쟁이나 전쟁으로 확대될 가능성도 매우 크다. 그래서 이 문제를 해결하는 논리가 헤겔(Hegel)의 변증법(辨證法)으로 나타난 것이다. 곧 정[正: These]과 반[反: Anti-these]의 갈등이 지양(止揚)되어 새로운 형태의 합[合: Synthese]이 이루어진다는 것이다. 이렇게 변증법은 정반합(正反合)의 논리로 갈등이 해소되면서 무궁한 통합이 이루어진다는 해결책을 제시하고 있지만, 그 대신 갈등 그 자체의 무궁한 재생산은 극복되지 않고 있다. 그러니까 사람이 사는 데 갈등은 피할 수 없는 현상이다. 여기서 갈등은 곧 싸움이며, 큰 갈등은 곧 전쟁이다. 싸우지 않고는 갈등은 해결되지 않기 때문이다.

근대 서양에서 다윈(C. Darwin: 1809-1882)의 진화론(進化論)이 나오고, 이를 사회발전이론으로 접합시킨 스펜서(H. Spencer: 1820-1903)의 사회진화론(社會進化論)이 나온 것은 다 아는 사실이다. 다윈의 진화론은 그 뒤 용불용설(用不用說)과 돌연변이설(突然變異說)로 보완되어 오늘에 이르고 있지만, 창조론자(創造論者)의 비판을 받고 있는 것도 사실이다. 하지만 진화론과 창조론은 모두 일리가 있어서 이 둘을 합쳐서 이해하는 것이 좋을 것이다. 다시 말해 아무리 생물이 환경에 따라 진화한다고 해도 짐승이 사람이 되었을 리는 없을 것이다. 그런데 진화론을 인간사회의 현상으로 설명한 스펜서의 이론은 약육강식(弱肉强食)과 적자생존(適者生存)을 사회발전의 원동력으로 보았다는 점에서 심각한 문제를 일으켰다. 제국주의(帝國主義)를 정당화하는 이론으로 악용되었기 때문이다.

약육강식과 적자생존은 동물이나 식물의 세계에서는 어느 정도 진실로 인정된다. 하지만 동식물세계에서도 강자와 약자가 서로 보호하면서 공생하는 모습도 얼마든지 볼 수 있다. 약자라고 해서 모두 멸망하는 일은 없다. 하느님이 우주만물을 창조할 때 약자는 모두 강자의 밥이 되라고 만들지는 않았을 것이다. 다양한 생명체들이 서로 조화롭게 공생하라는 뜻으로 그렇게 만들었을 것이다. 하물며 만물의 영장인 사람은 공생의 능력이 한층 높다고 보아야 한다. 아니 그렇게 하려고 노력할 필요가 있다.

그런데 서양인에게는 사회진화론과 제국주의를 부정적으로 바라본다고 하더라도 체질적으로는 약육강식의 전통이 남아 있다. 여기서 기독교문명의 선악론, 헤겔의 이원론적 변증법, 그리고 사회진화론 등이 서양문화의 핵심으로 자리 잡아 서로 깊은 연관을 맺고 있다고 본다면, 선악의 대결과 개체간의 대결, 강자와 약자의 대결은 피할 수 없는 운명처럼 느껴지기도 한다.

물론, 이런 투쟁적 요소를 완화하는 제동장치가 없는 것은 아니다. 기독교는 사랑으로 이를 완화시키고, 정치인은 관용(寬容: Tolerance)으로 타협점을 찾으라고 강조한다. 그렇게 하면 갈등이 완화되고 일시적 평화가 오는 것도 사실이다. 하지만, 현실정치를 보면 여전히 이분법적(二分法的) 제도장치가 작동하고 있다. 예를 들면, 정치는 여당과 야당을 갈라놓고, 정책은 보수와 진보, 또는 좌익과 우익으로 나누고, 정책결정은 다수결로 정하여 소수의견은 무시된다. 이런 제도장치가 오늘날 서구식 민주주의의 모델로 정착되어 있다. 중도(中道)는 설 자리가 없고, 소수의 패배자는 승리자의 적이 되어 싸우거나 복종할 수밖에 없다.

그러면 이러한 이분법적 세계관을 따르는 것이 최선을 보장하는 것인가를 심사숙고하지 않을 수 없다. 모든 사물을 생명체로서 존중하는 성선설(性善說)을 바탕에 두고, 대립이 아닌 포용관계와 상생관계로 바라보고, 악(惡)에 대한 징벌을 최소화하면서 도덕적 교화를 이끌려는 한국의 전통은 의미가 없는 것인가. '정치'를 힘이나 수치의 논리로 바라보지 않고, '사람을 바르게 교화하는 것'으로 본 시각은 어떻게 평가해야 하는가?

성리학(性理學)에서는 우주자연의 질서를 설명할 때 이(理)를 '순수지선'(純粹至善)한 것으로 보지만, 그것은 어디까지나 눈에 보이지 않는 형이상(形而上)의 세계를 말한다. 다시 말해 우주자연의 법칙은 기본적으로 '깨끗하고 지극히 착하다'는 것이다. 그래서 성선설(性善說)을 따른다. 그런데 형이하(形而下)의 눈에 보이는 세계에는 착한 것도 있고, 악(惡)한 것도 있다. 그 이유는 우주자연 속에는 좋은 생명을 만드는 기(氣)가 있는데, 그 기는 천차만별하여 좋은 것, 나쁜 것, 큰 것, 작은 것 등이 존재한다. 그래서 어떤 기를 타고나느냐에 따라 동물도 되고 사람도 되며, 착한 사람도 되고 어리석은 사람도 된다. 하지만 이러한 차이에도 불구하고, 본질적으로는 착한 이(理)를 동시에 타고나기 때문에 절대적으로 악한 것도 없고, 절대적으로 나쁜 것도 없다. 그러니까 절대선(絶對善)과 절대악(絶對惡)을 이분법적으로 나누지는 않는다. 우주만물이 서로 도우면서 상생할 수 있는 이유가 여기에 있다.

한국과 서양의 우주관이나 인간론을 비교해보면 이렇게 차이가 분명히 존재한다. 여기서 무엇이 더 과학적이냐를 따지는 것은 의미가 없다. 과학은 얼마든지 깨질 수 있는 가설이기도 하고, 과학적으로 사는 것이 반드시 인간을 행복하게 만드는 것은 아니기 때문이다. 과학만이 중요하다면 종교나 예술은 불필요한 존재가 되는 것이 아닌가? 그래서 우주관에서 중요한 것은 그 실효성일 것이다. 우주자연과 인간 속에서 선악(善惡)을 명백하게 둘로 갈라서 보는 것이 인간을 행복하게 만드는 것이냐, 선(善)에도 그 안에 악(惡)이 있을 수 있고, 악(惡)에도 그 안에 선(善)이 있을 수 있다는 생각이 인간을 행복하게 해 주느냐의 문제이다.

실제로 예를 들어보자. 돈을 많이 번다는 것은 좋은 일이다. 하지만 돈을 많이 벌수록 인간이 행복해지는 것은 아니다. 오히려 가난해서 행복하고 돈 많아서 불행한 경우도 얼마든지 볼 수 있다. 아무리 좋은 음식이나 좋은 약에도 반드시 독(毒)이 들어 있다. 적당하게 먹으면 몸에 좋고 과도하게 먹으면 해로운 것이다. 멧돼지나 한라산 노루 같은 야생동물도 인간과 공존해야 한다고 믿어 보호정책을 쓰다가 지금은 개체수가 너무 늘어나서 농작물을 망치는 일이 많아지면서 포획에 나서고 있다. 회복이 불가능한 식물인간을 안락사시키는 것은 어찌 보면 나쁜 살인행위이고, 어찌 보면 본인과 주변 사람을 도와주는 일이기도 하다.

물론 이 세상에는 선(善)을 찾기 어려운 대악(大惡)이나 극악(極惡)이 없는 것은 아니다. 예를 들면 유태인을 집단으로 학살한 히틀러의 나치즘 안에 선(善)이 있다고 말하기는 어렵고, 생체무기를 만들기 위해 인간을 실험도구로 이용한 일본 관동군 마루타 731부대의 만행에도 선(善)이 있다고 말하기는 어렵다. 또 수많은 무고한 사람을 이유 없이 죽게 만든 극악한 살인범, 방화범, 사기꾼도 있다. 이런 대악과 극악은 당연히 악으로 평가하여 응징하는 것이 마땅하지만, 대다수 사람의 일상생활의 사소한 일들은 선인지 악인지 분간이 어려운 일들이 적지 않다. 또 악한 사람이라도 처음부터 악하다기보다는 환경이 그렇게 만든 경우도 있으므로 그 책임은 그런 환경을 만든 모든 사람에게도 없다고 말하기도 어렵다.

이렇게 본다면 인간의 본성을 착하다고 성선설(性善說)에도 일리가 있고, 본성이 악하다고 보는 성악설(性惡說)에도 일리가 있다. 그래서 성선설을 따르는 덕치(德治)와 교화(敎化)도 필요하고, 성악설을 따르는 법치(法治)와 응징도 필요한 것이다. 다만, 현재 세계질서와 한국사회는 지나치게 선악이분법(善惡二分法)이 지배하고 있다. 중앙아시아지역에서 끊임없는 전쟁이 발생하고, 동아시아세계에서 미국이 한미일(韓美日) 공조하에 중국을 군사적으로 견제하고 있는 것도 이분법의 세계를 극복하고 있지 못하다는 증거이다. 과연 일본이 중국보다 선(善)한 나라로 가고 있는지를 생각해보면 미국의 판단이 문제가 없는 것도 아니다.

국내를 살펴보면 여당과 야당은 서로 자신이 선하고 상대가 악하다고 본다. 국민의 눈으로 보면, 여야 모두에 선도 있고 악도 있어 보이지만, 투표를 통해 선택하는 것은 둘 가운데 하나밖에 없다. 그것은 곧 억지로 선악으로 나누어 선택하라는 뜻이다. 그렇게 해서 선택한 여당은 대통령의 눈치만 살피고, 야당은 정부를 비판하고 대안을 제시하는 것이 아니라 듣기 민망한 악담을 퍼붓는 데 골몰하여 눈살을 찌푸리게 한다. 이런 형태의 정당이 과연 민의를 대변한다고 볼 수 있는가?

지금 우리 사회는 선악이분법으로 살아가도록 강요받고 있어 내편이 아닌 것은 모두 악으로 보이고, 악과는 타협을 하지 않으려는 풍조가 만연되어 있다. 그래서 필요 이상의 사회갈등이 조성되고 있으며, 갑(甲)과 을(乙)의 주종관계가 구석구석에 도사리고 있는 것이다. 국제사회와 국내사회를 지배하고 있는 이 같은 이분법적 사고를 극복하려면 인간은 모두 생명공동체라는 전통적 우주관이나 인생관을 회복할 필요가 있을 것이다. 그래야 서로 믿을 수 있고, 협동하면서 정을 나누는 사회가 될 것이다.

제 **6** 장

결론: 법고창신의 길

인간의 지혜는 역사에서 얻는 것이 있고, 현재에서 얻는 것이 있다. 역사에서 얻는 지혜는 비유하자면 씨줄에 해당한다. 현재에서 얻는 지식은 현실에서의 경험과 아울러 세계와 호흡하면서 밖에서 배우는 지혜이다. 이를 비유하자면 날줄에 해당한다. 씨줄과 날줄이 똑같은 굵기로 엮여야 좋은 옷감을 만들 수 있듯이 역사에서 얻는 지혜와 현실 및 밖에서 배우는 지혜가 균형을 이루어야 지혜의 수준이 높아진다. 춘추시대 공자(孔子)가 여러 제자백가를 누르고 지혜의 황제로 등극한 것은 바로 역사지식과 현실지식을 모두 갖추었기 때문이었다. 그래서 공자는 역사가인 동시에 철학자였다.

옛말에 온고지신(溫故知新)이란 말도 있다. "옛것을 익히고 새로운 것을 알라"는 뜻이다. 바꿔 말하면 전통을 사랑하면서 동시에 새로운 지식을 배우라는 것이다. 우리 조상들은 '온고지신'을 '법고창신'(法古創新)으로 부르기도 했다. "옛것을 본받고, 새로운 것을 창조하라"는 말이다. 우리 역사를 돌아보면 우리 조상들은 '법고창신'을 통해서 전통을 지키고 새로운 문화를 창조하면서 선진국의 역사를 꾸려왔다. 고려는 고구려의 영광과 전통을 계승하면서 송나라문명을 받아들여 475년의 장수를 누리고 송나라와 어깨를 나란히 하는 선진국을 만들었다. 조선왕조는 고조선의 영광과 전통을 이어가면서 명나라와 청나라의 문명을 받아들여 519년의 장수를 또 누렸고, 선진적인 유교국가를 만들었다. 세종대왕이 그런 정신으로 조선왕조를 문명국가로 만들었고, 정조대왕이 그런 정신으로 왕조를 부흥시켰다.

개화기에는 '법고창신'과 비슷한 동도서기(東道西器)와 구본신참(舊本新參)의 정신으로 자주적 근대국가를 만들었다. 우리의 우수한 정신적 전통문화를 바탕에 두고 서양의 기술문화를 접합시켜 자주적 근대국가를 만든 것이다. 대한제국이 비록 일본에 패망했다고 해서 대한제국이 이룩한 자주정신과 근대화의 성과를 무시해서는 안 된다. 대한제국이 만든 근대문명이 바로 오늘날 대한민국을 만든 뿌리가 되고 있기 때문이다. 대한민국의 국호(國號)가 여기서 시작되었고, 대한민국의 국기(國旗)인 태극기가 이때 탄생했고, 지금 우리가 차지하고 있는 독도를 확실한 영토로 편입시킨 것도 대한제국이다. 대한제국과 그 직전에 세운 신식학교를 나온 사람들이 대한민국을 이끌어간 제1세대가 되었다. 이승만 대통령이 바로 배재학당(培材學堂)을 나온 인물이 아닌가?

일제 강점기에 멸망한 대한제국과 대한민국을 연결시켜준 징검다리가 바로 중국에 세워진 대한민국 임시정부이다. 대한민국 임시정부는 대한제국을 계승하면서 제국(帝國)을 민국(民國)으로 바꿔 법고창신 했고, 1948년의 대한민국은 임시정부를 계승하면서 처음으로 영토, 국민, 주권을 가진 나라로 만들었으며, 미국을 비롯한 서양문화를 받아들여 세계 10대 경제대국의 반열에 올려놓고, 형식상 민주화를 달성함으로써 법고창신 했다. 이렇게 본다면 한국사는 끊임없는 법고창신의 역사를 이어오면서 오늘에 이르렀음을 알 수 있고, 미래에도 그 길을 그대로 가지 않으면 안 된다는 것이 명백해졌다.

지난 시기의 대한민국이 법고창신의 정신을 가지고 발전한 것은 사실이지만, 미래에는 새로운 모습의 법고창신이 필요하다는 것이 최근에 와서 절실해지고 있다. 그것은 지금 우리나라가 새로운 형태의 위기를 맞이하고 있기 때문이다. 금년 4월에 일어난 세월호참사사건은 단순히 수백 명의 어린 생명을 잃은 우연적 사건사고가 아니라 우리 사회의 구석구석에 자리 잡은 구조적인 병폐가 그대로 드러났기 때문이다. 그래서 대한민국을 전면적으로 개조하지 않으면 이번 참사와 같은 불행은 얼마든지 재발할 수 있고, 대한민국이 안전하고 행복하게 살 수 있는 나라가 될 수 없다는 위기감이 고조되고 있다.

그러면 어떻게 나라를 개조할 것인가? 법질서를 강화하자는 주장, 관료제를 혁신하자는 주장, 시민운동이 더욱 강화되어야 한다는 주장 등 여러 견해들이 표출되고 있으나, 이 모든 것의 출발점은 정신개조에서부터 시작된다는 것을 알아야 할 것이다. 정신개조는 바로 도덕성 회복이고, 도덕성의 핵심은 생명에 대한 사랑이다. 생명을 사랑하는 마음이 없으면 사람은 모두가 돈으로 보이고, 돈을 위해서라면 얼마든지 생명을 희생시킬 수 있다는 불의가 싹트고, 불의가 싹트면 부정, 비리, 사기, 폭력, 불법, 사고가 판치게 된다. 나라의 기강은 여기서 무너지고, 기강이 무너지면 국가신뢰도가 무너지고, 경제와 국방도 함께 무너지고 만다.

이런 상황에서 경제성장에만 올인하여 국민소득이 4만 달러가 되면 선진국이 될 것이라는 생각은 잘못된 망상이다. 먹고사는 문제를 해결하는 경제가 중요하다는 것은 말할 필요가 없지만, 경제만능에 빠지면 사람은 짐승만도 못한 속물이 된다. 과거 경제제일주의로 산업화에 성공했지만, 그 대신 도덕성이 땅에 떨어져 물욕을 탐하는 속물근성이 몸에 배인 것을 뼈저리게 반성해야 한다. 앞에서 교육열, 성취욕, 근면성, 협동정신, 신바람 등 전통적인 선비정신이 발전의 원동력이 되었다고 말했지만, 선비정신의 핵심인 생명사랑, 민본정신, 홍익인간의 도덕성은 제대로 계승하지 못했다. 바로 이것이 오늘날 한국사회의 병폐를 낳게 된 근본원인이 된 것이다.

우리 사회, 특히 지도층의 속물근성은 정치, 기업, 관료, 학교, 문화계, 언론계 등 전 분야에 걸쳐 독버섯처럼 자라고 있어서 우리의 지도층 가운데 국민의 존경과 신뢰를 받는 인사가 매우 드물고, 청소년들이 기성세대를 존경하지 않는 풍토가 조성되었다. 아무리 덕성과 능력이 뛰어나더라도 돈으로 뒷거래를 하거나 정치판에 줄을 대지 않는 사람은 우리 사회에서 도태되어가고 있으며, 속물근성이 강한 사람들이 승승장구하는 세상이 되어가고 있다. 그러니 국민들이 지도층을 존경하거나 믿지 않는 것이다. 보수니 진보니 하는 이념의 깃발은 더 이상 국민을 감동시키지 못한다. 국민의 존경을 받고 싶으면 하루 빨리 낡은 깃발을 내리고 저 옛날 왕조시대에 청백리(淸白吏)로 존경을 받았던 수많은 참선비들이나, 백성을 진정으로 사랑한 세종이나 정조와 같은 성인군주(聖人君主)의 마음을 배워야 할 것이다.

사람은 죽어서 이름 석자를 남길 뿐이다. 재산을 많이 모아 자식들에게 주었다고 해서 이름이 빛나는 일은 동서고금에 없다. 살아 있을 때의 영화는 한 순간에 지나지 않고, 죽은 뒤의 명예는 자신뿐 아니라 자손들에게까지 영원히 빛난다는 것을 알면, 권력이나 재물을 탐하는 속물근성이 얼마나 어리석은 삶인지도 알게 될 것이다.

미래는 저절로 열리는 것이 아니라 과거를 반추하면서 잘한 것을 계승하고 잘못한 것을 반성할 때 밝게 열린다. 그래서 미래는 과거 속에 있다. 생명체와 평화를 사랑하는 우리의 아름다운 선비정신을 법고(法古)하여 이어가고, 경쟁력과 기술을 발전시킨 서양문명을 창신(創新)하여 새로운 미래를 열어가는 것이 우리 시대의 과제가 아닐까?

종합토론

—

한영우 교수의 3주간에 걸친 발표가 끝난 뒤인 제4주에 고려대학교 이승환 교수와 단국대학교 문철영 교수의 지명토론이 있었으며, 이어 청중의 질문이 있었다. 질문과 그에 대한 답변은 다음과 같다.

1. 이승환 교수(고려대학교)의 질문과 그에 대한 답변

한영우 교수님의 '선비정신'에 대한 강의는 우리 역사와 문화에 대한 그간 잘 모르고 있던 내용을 새롭게 깨우쳐주는 좋은 계기가 되었습니다. 일반적으로 '선비정신'이라고 하면 조선시대의 선비(士), 즉 사대부-양반-지식인계층이 가졌던 절의(節義), 공도(公道), 도의(道義), 충절(忠節)의 정신을 가리키는 것으로 이해되어 온 것이 사실입니다. 하지만 이번 강의를 통하여 '선비정신'이 단지 조선시대에만 국한된 문화적 특성이 아니라, 고조선으로부터 시작해서 삼국시대를 거쳐 조선시대에 이르는 우리나라 역사의 일관된 문화적 특성이라는 내용을 접하고, 그동안 가져왔던 모자란 지식을 넓히는 좋은 기회가 되었다고 생각합니다.

저는 오늘 종합토론 자리에 토론자로 참여하게 된 것을 영광으로 생각하며, 이 기회를 통해서 그간 제가 '선비정신'과 관련하여 잘 모르고 있었던 내용을 한 교수님께 질문 드리고, 이에 대한 한 교수님의 답변을 듣는 것으로 토론을 대신하고자 합니다. '선비정신'과 관련하여 제가 궁금하게 생각하는 문제는 다음 세 가지입니다.

〈질문 1〉 '공직자 선발'과 관련하여

조선시대의 공직자 선발과 관련하여, 그 우수성에 대해 한 교수님께서는 이렇게 설명해 주셨습니다.

"조선시대 관료를 선발하는 인사정책에는 큰 원칙이 있었다. 인재를 공정하게 선발한다는 '공선'(公選)이 그것이다. 어떻게 인재를 선발하는 것이 공선인가? 이른바 '입현무방'(立賢無方), '유재시용'(惟才是用)이 공선이다. '입현무방'은 '어진 사람을 등용하기 위해서는 모가 나면 안 된다'는 것으로, 여기서 '모가 난다'는 말은 혈연, 지연, 학연을 따져 인재를 선발하는 것을 말한다. 이렇게 모가 나면 어진 사람을 등용할 수가 없는 것이다."

한 교수님께서 잘 설명해주신 것처럼, 조선시대는 비록 근대 이전의 왕정이기는 하지만 공직자 선출에서 공정성, 형평성, 객관성을 기하기 위해 많은 노력을 기울였던 것 같습니다. 물론, 시간이 짧아서 강의에서는 다 소개하지 못하셨지만, 이 밖에도 조선시대에는 추천된 인물의 객관성을 보장받기 위해 책임추천제인 보거제(保擧制)를 시행하기도 했고, 지역별 형평성을 기하기 위해 과거 초시(初試)에 각 지역별로 합격인원을 할당하여 선발하기도 하였습니다. 조선시대에는 공직자 선발에 있어서 공정성, 객관성, 형평성을 대단히 중시했음을 알 수 있습니다.

공직자 선발과 관련하여 제가 가지고 있는 의문은 다음과 같은 것들입니다. 과연 공정성, 형평성, 객관성을 중시하는 '공선'의 원칙은 5백여 년에 걸친 조선의 역사에서 과연 얼마나 훌륭하게 지켜져 왔는지 궁금합니다. 역사 시기를 거치며 되풀이된 당쟁(黨爭)과 사화(士禍), 그리고 환국(換局)과 반정(反正)을 거치며, 혹시나 정치권력을 장악한 집권당이 반대당을 무자비하게 숙청하고 주요 공직을 독식하지는 않았는지 궁금합니다. 다시 말해서, '공선'의 원칙은 조선시대 인사정책의 '이상'(理想)이었는지, 아니면 조선역사의 '현실'이었는지 정확하게 알고 싶습니다.

그리고 이와 관련하여 한 가지만 더 질문 드리겠습니다. 우리는 민주주의 시대에 살고 있지만, 조선시대 인사정책의 '공선'의 원칙과는 달리, 오늘날의 고위 공직자 선발이 공정하고 형평성 있게, 그리고 객관적으로 이루어진다고 생각하는 시민은 많지 않을 것입니다. 오늘날 공직자 물망에 오르내리는 사람을 보면 온갖 부정부패에 비리를 저지른 후안무치한 사람이 태반이며, 그것도 특정한 지연이나 학연 출신으로 채워지곤 합니다. 과연 민주주의 시대의 인사제도가 조선시대의 인사제도보다 정비되지 못해서 그런 것인지, 아니면 선비와 군자는 다 사라지고 이제 소인과 모리배만 남아 있는 것인지, 세계경제 10위권인 나라의 공직자 선발이 왜 이렇게 왕조시대보다도 형편이 없는지 그 이유가 궁금합니다. 한 교수님의 명쾌한 설명을 듣고 싶습니다.

〈질문 2〉 '토지공개념'과 관련하여

한 교수님께서는 조선시대의 '토지공개념' 제도의 우수성에 대해 이렇게 설명해 주셨습니다.

"조선시대 토지제도는 공전제(公田制)로 부른다. 이는 토지에 대한 소유권을 농민이 가지고 있으면서 동시에 토지소유의 편차가 커서 빈부의 차이가 크게 생길 때에는 국가가 '토지에 대한 공개념'을 발동시켜 토지를 몰수하여 가난한 농민에게 재분배하는 정책을 썼다. 이런 정책은 왕조가 바뀔 때마다 반복되어 국민생활의 안정을 가져오는 데 기여했다. 말하자면, 조선시대의 경제구조는 오늘날의 시장경제와 비슷하고, 정신적으로는 토지를 대자연의 일부로 파악하여 모든 사람이 공유하는 '공개념'으로 바라본 것이다."

한 교수님께서 잘 설명해주신 것처럼 조선시대에는 토지소유의 불균형을 해소하기 위해 정전제(井田制), 한전제(限田制), 여전제(閭田制) 등의 개혁안이 유학자들에 의해서 제기되곤 했습니다. 예를 들어 16세기 초 조광조(趙光祖) 등 사림파의 토지개혁론, 16세기 말 율곡 이이(李珥)의 토지개혁론, 그리고 17세기 이후에 들어가서는 이른바 실학자들에 의해 토지개혁의 구상이 강하게 제기되었습니다. 조선시대 유학자들의 토지개혁론의 공통적인 점은 이러한 논의들이 모두 '토지공유제'를 기본으로 깔고 있다는 점입니다. 반계 유형원(柳馨遠: 1622-1673)은 '정전제'에 기반한 토지균등분배를 주장했고, 성호 이익(李瀷: 1681-1763)은 '정전제'가 원리적으로는 이상적이지만, 현실적으로는 실행하기 어렵다고 보아 '한전제'를 제안했으며, 연암 박지원(朴趾源: 1737-1805)은 국가가 토지를 몰수하여 균등 분배하는 것이 이상적이지만 현실적으로는 가능하지 않다고 보아, 대신 다른 형태의 '한전제'를 제안하기도 했습니다. 즉 지주로 하여금 일정면적 이상의 토지를 매점하지 못하게 하고, 제한범위 이상을 초과 보유할 경우에는 국유로 몰수할 것을 주장한 것입니다. 그가 제안한 한전제의 목적은 대토지소유자들의 토지 보유를 제한함으로써 농민들의 기초 생산수단을 보장해 주고, 분배정의를 구현함과 동시에 사회적 안정을 기하기 위한 것이었습니다.

위에 든 것처럼 토지분배의 불평등에 항의하는 유학자들은 토지를 국가소유로 하는 '토지공유제'를 기본적으로 견지하고 있으며, 토지사용권은 학자에 따라 각기 '균등'분배 또는 '필요'에 따른 분배 등 다양한 방식의 제안을 하고 있음을 알 수 있습니다. 이와 관련하여 제가 궁금하게 생각하는 것은, 과연 토지소유의 불균형이 발생할 때 국가가 정말로 토지를 몰수하여 가난한 농민에게 재분배하는 정책을 시행한 적이 있는가 하는 '역사적 사실'에 관한 질문입니다. 과연 '토지공개념'은 조선시대 토지분배 정책의 이상(理想)이었는지, 아니면 실제로 조선시대에 그러한 재분배의 사례가 있었는지 궁금합니다.

성호 이익이나 연암 박지원이 '정전제' 대신 '한전제'를 제안한 것은 '토지재분배'가 원칙적으로는 이상적이기는 하지만 현실적으로는 대토지 소유자의 반발로 말미암아 실행이 가능하지 않다고 보았기 때문입니다. 전쟁이나 혁명과 같은 폭력적 수단을 동원하지 않고는 토지의 실효적 지배자인 대지주계급의 거센 저항을 무시할 수 없었을 것입니다. 과연 공산주의식 혁명에 가까운 '토지재분배'가 조선의 '역사'에서 실제로 가능했는지에 대해 한 교수님의 고견을 듣고 싶습니다.

그리고 조선시대의 '토지공개념'이 오늘날의 '시장경제'와 비슷하다고 하신 한 교수님의 설명에도 보충설명이 있었으면 하는 바람입니다. 지난 1980년대 말 제6공화국 시절에 정부는 부동산 투기근절을 목적으로 개인의 토지소유, 개발, 이용, 처분 등에 대해 법적인 제한을 가할 수 있는 '토지공개념'의 입법화를 추진한 적이 있습니다. 하지만 '토지공개념'이 "개인의 소유권을 침해한다"거나 "자유시장경제에 어긋난다"는 등의 거센 반발로 인하여 용두사미격으로 슬그머니 꼬리를 내리고 만 적이 있습니다. '토지공개념'에 반대하는 사람들은 이러한 제도가 시장경제를 훼손하는 공산주의에 가까운 제도라고 말하곤 합니다. 그런데 한 교수님께서는 '토지공개념'이 시장경제와 비슷하다고 말씀하셨는데, 이러한 해석에는 아마 다른 근거가 있으실 것으로 추정됩니다. 이에 대해 한 교수님의 친절하신 보충설명을 듣고 싶습니다.

〈질문 3〉 '학자의 나라'와 선비정신

한 교수님께서는 조선이 '학자의 나라'였음을 이렇게 설명해 주셨습니다.

"개화기에 동양 3국을 여행한 어느 서양인은 한국, 중국, 일본의 차이를 지적하여 중국은 '상인의 나라', 일본은 '무사의 나라', 조선은 '학자의 나라'라고 불렀다."

한 교수님께서 말씀하신 것처럼 조선은 확실히 '학자의 나라'였던 것 같습니다. 모든 선비들이 제각기 성리학(性理學)의 대가라고 자처하면서, 제각기 나름대로의 식견을 가지고 치열하게 이기논쟁(理氣論爭)에 참여했기 때문입니다. 율곡이 퇴계를 비판한 이래(1672), 조선의 선비들은 두 학파로 나뉘어 무려 400여 년 동안 '이기논쟁'에 몰입했습니다. 한말의 양명학자 이건창(李建昌: 1852-1898)은 《당의통략》(黨議通略)이라는 저서에서 조선의 폐해에 대해 논하면서 그중 하나로 "도학(道學)이 지나치게 엄한 일'을 꼽았습니다. 성리학의 '도'를 추구하는 열정이 너무도 강해서, 서로가 서로를 공격하고 비방하여 나라가 약해졌다는 것입니다. 이건창보다 백여 년 전 사람인 다산 정약용(丁若鏞: 1762-1836)은 학파별로 나뉘어서 논쟁으로 일관하던 당시의 선비사회를 이렇게 묘사합니다.

"지금 성리학을 하는 선비들은 이기(理氣)니, 성정(性情)이니, 체용(體用)이니, 본연기질(本然氣質)이니, 이발기발(理發氣發)이니, 이발미발(已發未發)이니, 단지겸지(單指兼指)니, 이동기이(理同氣異)니, 심선무악(心善無惡), 심유선악(心有善惡)이니 하면서 수만 가지로 나눠 주장을 펴고 있다. 이렇게 터럭 끝까지 세밀하게 분석하다가는 자기 주장이 옳다고 기세를 올리면서 남의 주장을 배척한다. 죽은 듯이 침잠하여 연구하다가, 갑자기 기세를 부리면서 목에 핏대를 세우고 자기가 무슨 고묘(高妙)한 이치라도 터득한 것처럼 떠들어댄다. 동쪽으로 치받고, 서쪽으로 공격하면서 말꼬리나 잡고서 두서없이 떠들어대며, 문호마다 하나의 깃발을 세우고 집안마다 하나씩 보루를 구축한다. 세상 마칠 때까지도 옳고 그름을 판결할 수 없고, 후세로 전해져도 서로의 원한을 풀지 못한다. 자기의 문호에 들어오는 사람은 주인처럼 떠받들고, 달리하는 사람은 노비처럼 천시하며, 주장을 같이하는 사람은 떠받들고, 달리하는 사람은 공벌한다. 이러면서 자기의 논거만이 지극히 옳다고 여기니 어찌 언성하지 아니한가?"(《與猶堂全書》 제1집, 〈詩文集〉 제11권, 〈五學論〉)

이기논쟁으로 난타전을 거듭하던 당시의 선비사회에 대한 다산의 묘사는 마치 눈앞의 현실을 보는 것처럼 선하게 들어옵니다. "동쪽으로 치받고, 서쪽으로 공격하면서"라는 표현은 동쪽 사람들(영남학파)과 서쪽 사람들(기호학파)이 얼마나 심각하게 대립하며 서로를 공격하고 있었는지 알게 해줍니다. 또 "말꼬리나 잡고서 두서없이 떠들어댄다"라는 표현은 논쟁참여자들이 '성품의 도야'나 '인격의 함양'이라는 성리학 본연의 목표에서 벗어나 말꼬리나 잡으며 얼마나 서로를 공격해대고 있었는지를 잘 보여줍니다. 그리고 "문호마다 하나의 깃발을 세우고 집안마다 하나씩 보루를 구축한다"라는 표현은 이기논쟁이 비단 대립하는 양대 학파 사이에서만 진행된 것이 아니라, 학맥과 학파의 범위를 넘어 누구든 자기와 생각이 다르기만 하면 무차별적으로 공격을 일삼았던 당시의 학문풍토를 잘 말해줍니다. 다산뿐 아니라, 한말의 유학자 면암 최익현(崔益鉉: 1833-1906)은 이기논쟁으로 일관하던 자기 시대의 선비들을 이렇게 나무라고 있습니다.

"금세의 선비들에게는 세 가지 질병이 있다. 자기의 견해가 정밀하지 못한데도 고집스럽게 붙들고 집착하는 일이 그 한 가지이다. 다른 사람의 글자와 문장을 잘못 이해하고서는 급박하게 공박하는 것이 그 한 가지이다. 어느 당파에 속하는가 유심히 지켜보다가 내 편이 아니다 싶으면 터럭이나 티끌만큼의 꼬투리라도 짚어내서 잘못으로 몰아가는 일이 그 한 가지이다."(《俛宇集》 권141, 〈書韓南塘人心道心說後 辛未〉)

다산 정약용, 그리고 면암 최익현의 글을 보면, 조선후기의 선비들은 수기(修己)와 함양(涵養)에 종사하는 대신 이기논쟁과 학파 싸움으로 정력을 소모했던 것처럼 보입니다. 제가 궁금하게 생각하는 것은 바로 이 점입니다. '수기'를 통해 군자(君子)가 되는 것을 인생의 목표로 삼았던 선비들이 왜 그렇게 각박하고 치열하게 치고받으면서 논쟁을 일삼았는가? 과연 이러한 학술논쟁을 통해 얻은 학문적 성취는 무엇이고, 사회적 기여는 무엇이었는가? 서양의 근대 문물이 대포와 군함을 앞세우고 밀려들어올 때 이기논쟁으로 일관하던 조선의 선비들이 내놓은 대응책은 무엇이었으며, 얼마나 효과적이었는가? 조선이 '학자의 나라'라고는 하지만, 너무도 '실용'과 '기술'에는 무신경했던 것은 아닐까?

위에서 크게 세 가지의 질문을 드려보았습니다. 이 질문들은 제가 한 교수님을 궁지에 몰아넣기 위해 드리는 질문이 아니라, 그간 제가 조선의 선비문화와 관련해서 궁금하게 생각해왔던 의문들입니다. 저는 이 자리에 앉아 계시는 청중들께서도 저와 비슷한 궁금증을 갖고 계시리라 생각합니다. 한 교수님의 친절한 설명을 통해 그간 저와 청중들이 궁금하게 여겨온 의문들이 모두 해소되었으면 하는 바람입니다. 경청해주셔서 감사합니다.

〈이승환 교수님의 질문에 대한 답변〉

이승환 교수님은 크게 세 가지 질문을 주셨습니다. 순서에 따라 답변하겠습니다.

(1) 조선시대 공직자 선발과 관련하여 공선(公選)의 원칙이 〈이상〉(理想)이었는가, 아니면 〈현실〉이었는가라는 질문에 대한 답변입니다. 〈입현무방〉, 〈유재시용〉의 인사원칙, 그것이 내포하고 있는 〈공선〉의 원칙은 〈이상〉인 동시에 〈현실〉입니다. 다만, 〈이상〉과 〈현실〉은 일정한 차이가 있는 것이 사실입니다. 그 차이는 국가기강의 수준에 따라, 또는 시대적인 차이가 있습니다. 그 시대적인 차이를 구체적으로 연구하는 것이 정치사회사의 과제이겠지요. 제가 최근에 쓴 《과거, 출세의 사다리》에서 구체적인 통계를 제시하면서 어느 시기가 공선에 충실했고, 어느 시기가 그렇지 못했는지를 통계수치로 밝혀 놓았습니다. 여기서 자세한 내용은 말씀드릴 수가 없고, 다만, 실학자들이 주장한 대로 17-18세기 전반의 조선중기가 가장 양반문벌의 권력독점이 심했던 시기임을 재확인했습니다. 그러나 조선전기와 18세기 후반기 이후는 신분이동이 매우 활발했음을 알 수 있었습니다. 이른바 "개천에서 용이 나온다"는 말이 그래서 생겨난 것입니다.

사화(士禍)와 당쟁(黨爭), 환국(換局)과 반정(反正)을 거치면서 공직을 집권당이 독식하는 현상이 일어났느냐의 문제는 두 가지 측면에서 보아야 할 것입니다. 정승이나 판서 등과 같은 고위직은 집권당에게 쏠리는 것은 사실이지만, 과거제도를 통해 충원되는 하급관료는 정치변동의 영향을 크게 받지 않았다고 보입니다.

또 탕평정치를 추구하던 영조와 정조시대에는 당파를 비교적 고루 등용했기 때문에 어느 당이 독식하는 일은 적었습니다.

현재의 인사행정이 〈입현무방〉과 〈유재시용〉을 표방하던 조선시대와 비교하여 평가한다면 오히려 후퇴된 느낌을 받고 있습니다. 특히 지연, 혈연, 학연이 크게 작용하고 있는 것이 큰 문제점으로 보입니다. 조선시대는 정승이나 판서도 문과에 급제한 뒤에 낮은 벼슬부터 시작하여 차례로 승진하다가 정승이나 판서가 되는데 지금은 정승, 판서에 해당하는 고위공직자들이 낮은 단계부터 올라가는 것이 아니고, 공직경험이 없는 사람들이 갑자기 등용되는 사례가 많은데, 이런 제도일수록 넓은 인재풀을 만들어놓고 인재를 선발해야 할 것입니다.

그래도 현재 우리나라처럼 개천에서 용이 나오는 나라도 세계적으로 드물다고 생각합니다. 왜냐하면 우리나라에는 조선시대 이후로 세습귀족이라는 존재가 없었기 때문에 지금에도 귀족의 후예라고 볼 수 있는 고위공직자가 없습니다. 이 점은 서양이나 가까운 일본과 비교해도 판이하게 다릅니다.

(2) 토지공개념(土地公概念)과 관련된 질문에 대한 답변입니다. 국가가 토지를 몰수하여 농민에게 재분배한 사실이 있는가가 질문의 핵심인데, 저는 고려시대의 전시과제도(田柴科制度), 조선시대의 과전제도(科田制度)가 그렇고, 8·15 후에 남북한이 실시한 토지개혁과 농지개혁도 그런 전통을 이은 것으로 봅니다. 다만, 북한은 무상몰수·무상분배 했으나, 농민의 토지소유를 인정하지 않은 것이 옛날과 다르고, 남한은 유상몰수·유상분배 한 것이 옛날과 다르지만 농민의 토지소유를 인정한 것은 옛날과 같습니다.

〈토지공개념〉을 〈토지를 국가가 소유했다〉고 보는 견해에는 찬성할 수 없습니다. 〈토지공개념〉과 〈토지국유제〉는 다르다고 봅니다. 토지국유제는 농민이 토지를 소유하지 못했다는 뜻인데, 고려와 조선시대 농민은 자기 토지를 매매, 상속할 수 있는 권리가 있었습니다. 〈토지공개념〉은 실증법적인 개념이 아니고 정신적인 개념으로 보는 것이 옳다고 봅니다. 즉 현실적, 법적으로는 토지는 사유(私有)이고, 정신적으로는 공유(公有)라는 뜻입니다. 공유개념 때문에 전제개혁을 할 때 국가가 무상몰수가 가능한 것입니다.

토지공개념은 이미 《서경》(書經)에도 보입니다. 이른바 〈普天之下 莫非王土 率土之濱 莫非王臣〉이 그것입니다. 여기서 왕토(王土)란 임금이 모든 토지를 법적으로 소유한다는 뜻이 아니고 임금이 전국의 토지를 관리한다는 뜻이지요. 왕신(王臣)도 마찬가지로 전국의 인민을 임금이 소유한다는 뜻이 아니고 임금이 관리한다는 뜻입니다. 그래서 임금은 사유재산과 사인(私人)을 따로 가져서는 안 된다는 것이 《서경》의 뜻입니다. 이를 소유관념으로 보는 것은 막스 베버를 비롯한 서구학자들이 저지른 착각입니다.

사유토지를 국가가 무상몰수 하여 재분배하는 것은 구세력이 타도된 왕조교체기에나 가능한 일이지, 일단 왕조가 세워진 다음에는 실행하기가 매우 어려운 것입니다. 기성세력의 반발이 커서 이를 누를 힘이 없기 때문입니다. 그래서 실학자들이 주장한 토지개혁은 조선시대에 이루어지지 못한 것입니다.

저는 토지공개념이 시장경제와 비슷하다고 말한 일은 없고, 농민의 토지소유를 인정한 것이 시장경제와 비슷하다고 말한 것입니다. 토지를 소유하여 매매도 할 수 있고 상속도 가능했으며, 토지를 어떻게 경영하느냐도 소유자의 자유에 속했기 때문에 시장경제와 비슷하다고 본 것이지요. 반대로 토지공개념은 사회주의와 비슷한 점이 있는 듯하지만 다릅니다. 사회주의는 실제로 토지사유를 인정하지 않는 것이지만, 토지공개념은 정신적으로만 토지사유를 부인하는 것이기 때문에 사회주의와는 다르다고 봅니다.

비단 토지에 대해서뿐 아니라 한국인들은 자기 재산을 자기가 소유하고 있으면서도 심리적으로는 '내것이 아니라'는 생각도 많이 가지고 있습니다.

그래서 남에게 빌려주기도 하고, 거저 주기도 하는 일이 적지 않습니다. 이런 행태는 배타적인 소유관념이 매우 강한 서양인들과는 다른 점입니다.

(3) 〈학자의 나라〉에 관련된 질문에 대한 답변입니다. 외국인이 우리나라를 〈학자의 나라〉라고 말한 것은 성리학자들을 염두에 두고 한 말은 아닙니다. 〈학자〉는 〈공부하는 사람〉을 뜻하는 것입니다. 다시 말해 교육열이 높은 사람들이라는 뜻이지요.

다만, 이승환 교수님이 지적한 대로 성리학자들이 조선후기에 지나치게 공리공담(空理空談)에 몰두하여 다산 정약용(丁若鏞)이나 최익현(崔益鉉) 등이 비판을 하고 나선 것은 사실입니다. 그렇다고 하여 16세기에 서경덕(徐敬德), 이황(李滉), 이이(李珥), 기대승(奇大升), 김인후(金麟厚) 등이 치열하게 논쟁을 벌인 이기설(理氣說)이나 사단칠정론(四端七情論) 등을 공리공담으로 보는 것은 옳지 않다고 봅니다. 이는 세계철학사상 빛나는 형이상학(形而上學) 논쟁으로 보아야 한다는 하버드대학의 투웨이밍(杜維明) 교수의 평가가 옳다고 봅니다. 16세기의 이기설논쟁은 그 바탕에 정치사회정책의 차이가 전제되어 있기 때문에 결코 공리공담이 아니라고 봅니다. 율곡의 경우를 보면 알 수 있을 것입니다.

그런데 조선후기 특히 19세기 이후 세계 역사가 산업혁명과 패권주의의 길로 들어선 시기에 지나치게 이기설을 가지고 논쟁을 벌인 것은 분명히 지적하신 대로 〈실용〉과 〈기술〉을 무시하는 결과를 가져온 것이 사실일 것입니다. 그렇지만, 주리설(主理說)을 따르던 학자들이 위정척사(衛正斥邪)의 길로 나아가 의병전쟁을 비롯한 민족운동을 벌인 것은 그 나름의 의미가 있다고 봅니다.

또, 조선후기 유학자들이 모두 성리학 논쟁만을 벌인 것은 아니고, 주지하다시피 실용과 기술혁신을 추구하는 실학(實學)이나 북학(北學)으로 나아간 인물이 많은 것도 사실이므로 일률적으로 조선후기 학문을 부정적으로 볼 필요는 없다고 봅니다. 개화사상은 바로 실학과 북학을 계승하여 나타난 것이고, 이들이 동도서기(東道西器)를 내세우면서 서양의 과학기술을 받아들여 자주적인 근대화정책을 실행하지 않았습니까?

이승환 교수의 질문에 내포된 궁금증은 대체로 1960-1970년대의 학계에서 가지고 있던 문제의식과 비슷합니다. 저도 그 무렵에는 이승환 교수와 비슷하게 조선시대를 부정적인 시각으로 공부했으나 지금은 생각이 크게 바뀌었습니다. 저뿐 아니라 지금 국사학계의 전반적인 연구흐름이 크게 바뀌었다는 것을 말씀드립니다.

2. 문철영 교수(단국대학교)의 질문과 그에 대한 답변

〈질문〉

무엇보다 한영우 선생님의 석학인문학강좌 〈미래와 만나는 한국의 선비문화〉에 대한 지정토론을 맡게 된 것을 영광으로 생각합니다. 성경[Bible]에 보면 "열매로 보아 그 나무를 안다"는 말이 있습니다. 말만이 난무하고, 거짓 선지자들이 설치는 시대에 진짜와 가짜를 판별하는 기준은 그 열매로 그 나무를 판단한다는 것입니다. 지금 우리 시대에도 각종 대중매체 등을 통해 인문학의 대중화라는 미명하에 예능프로그램 수준의 강의들이 인터넷을 도배하거나, 자칭 타칭 대가와 석학이라는 분들이 최소한 자기 분야에서의 20년 이상의 학문적 온축(蘊蓄)도 없이 여기저기서 끌어모은 것을 재배열하고 과대 포장하여 마치 새 상품을 팔 듯이 자기 자신을 세일즈하는 것을 볼 수 있습니다. 따라서 "그 열매로 그 나무"를 판별해야 할 필요성은 지금 더욱 절실하다고 할 것입니다.

평자의 관견(管見)이기는 합니다만, 지금 우리 시대에 단군신화에서부터 삼국, 고려, 조선, 그리고 일제시대와 1940년대의 신민족주의를 지나 현재의 남북분단시대에까지 이르는 한국 역사의 정체성(正體性)을 막연하고 추상적인 이론적 작업이 아닌 구체적이고 실증적인 토대 위에서 일이관지(一以貫之)하여 하나의 틀(여기서는 '선비정신')에 담을 수 있는 분은 이번에 특강을 하신 한영우 선생님이 유일무이하다고 확신합니다. "그 나무"를 보기 위해 먼저 "그 열매"를 보면 평자의 의견에 동의하실 수 있을 것입니다.

한영우 선생님은 처음부터 어떤 서구의 세련된 큰 틀을 가지고 한국사회에 짜 맞추듯이 큰 그림을 제시하여 속된 말로 '대박'을 노리는 그러한 유형의 학자가 아닙니다. 그가 신조로 삼는 고사성어인 "우공이산"(愚公移山: 태산을 옮기려고 일생 동안 어리석게 한 줌씩 흙을 퍼 나르며 끝내 목적을 달성한 것을 비유한다) 그대로, 오늘 이렇게 큰 그림을 그리기 위해 그는 1969년부터 "조선의 사전(私田) 문제", "고려말 조선초의 한량(閑良)" 등 조선왕조의 사회경제적 기반과 관련된 흙부터 한줌씩 나르기 시작했습니다.

이러한 사회경제에 대한 관심과 함께 1970년대에는 조선왕조의 설계자라고 할 수 있는 정도전(鄭道傳)의 사상을 비롯하여 눌재 양성지(梁誠之), 지봉 이수광(李睟光), 농암 유수원(柳壽垣), 율곡 이이(李珥) 등에 이르는 사회사상의 흙을 한줌씩 나르면서 벽돌을 쌓아 올렸습니다. 사회경제와 사회사상을 양 축으로 하는 벽돌쌓기는 1980년대에 이르러 실학시대는 물론 1940년대 안재홍(安在鴻)의 신민족주의에 이르기까지의 과거 역사학에 대한 성찰로 이어졌고, 드디어 1997년 1월에 집필에 착수한 지 14년 만에 "우리 역사를 어떻게 해석하느냐는 우리의 미래를 어떻게 열 것인가의 문제와 직결되어 있다"

는 문제의식 속에서 우리 속에 "숨겨진 보석"을 다시 찾기 위해 《다시찾는 우리 역사》라는 통사(通史)를 세상에 내놓게 됩니다.

약 30년 동안의 흙을 모아 구석기, 신석기에서 현재의 남북분단체제에 이르는 하나의 큰 산, 큰 그림을 세상에 내보였는데, 그 큰 산은 지금까지 총 49쇄를 거듭하면서 한국사 이해의 표준서로 인정받았습니다. 그 '열매'의 하나인 이 책이 베스트셀러로 '대박'친 것은 아니지만, 스테디셀러로 지난 16년간 약 20만 부가 팔렸고, 지금도 매년 약 1만 권씩 꾸준히 나가고 있는 것은 '그 나무'의 30여 년 이상의 내공을 보여주고 있는 것이라 할 수 있습니다.

한 선생의 '우공이산'은 정년(2003년 8월 31일) 이후에 더욱 본격화되어 한편으로는 조선시대 기록문화를 일깨운 《조선왕조 의궤》(2005년)와 조선시대의 신분구조가 과연 어떤 것이었는지 5년에 걸친 실증적인 연구를 통해 밝혀낸 《과거, 출세의 사다리》(2013년, 전4권)와 같은 미시적 작업으로, 다른 한편으로는 한국인의 문화적 DNA를 찾는 《한국선비지성사》(2010년)와 오늘의 특강인 〈미래와 만나는 한국의 선비문화〉와 같은 거시적 큰 틀로 이어지게 됩니다. 그러므로 오늘의 특강은 그의 이러한 모든 작업들이 자연스럽게 온축되어 '하나의 도가니에 집어넣어 녹이고 식혀서 하나의 틀'로 나온 것이지, '큰 틀'을 만들기 위해 억지로 짜낸 '큰 틀'은 아닌 것입니다. 석학인문강좌로 나온 '그 나무'를 제대로 보기 위해 50여 년에 가까운 학문적 '그 열매'들의 대강을 먼저 살펴본 까닭이 여기에 있습니다.

토론자로서, 이번 선생님의 강의를 통해 많은 것을 배웠습니다. 특히 한국사상사를 공부하는 사람으로서, 원초적 문화와 외래문화와의 관계에 대한 새로운 전망을 얻을 수 있었습니다. 윗물은 빠르게 흐르고 아랫물은 매우 느린 것처럼, 윗문화는 '변화'와 '진화'를 주도하고, 원초성을 지닌 아랫문화는 '정체성'과 '지속성'을 지켜준다는 선생님의 지론을 집권층과 평민 사이에 모두 공유되고 있으면서도 서로 간에 약간의 사상적 거리가 있었던 '선비정신'을 통하여 확인할 수 있었으며, 또한 한국사에서 아날학파와 같은 '역사의 장기지속성'의 관점을 어떻게 적용할 것인가에 대한 중요한 시사를 얻을 수 있었습니다. 가르침에 감사드립니다.

다만 제한된 시간으로 인해 중요한 부분에 대한 못다한 설명이 있을 수 있겠기에 선생님 강의의 핵심을 다시 한 번 이해하는 데 조금이나마 도움이 되었으면 하는 생각에서, 몇 가지 보완적인 '논평' 내지 '질문'을 드리는 것으로 토론자에게 주어진 책임과 의무를 다하고자 합니다.

〈질문 1〉 선생님께서는 3주차 강의를 마치면서 "선비정신의 출발은 무교(巫教: 神教, 仙教)에서 시작되었지만, 이를 바탕으로 불교(佛教)가 융합되고, 유교(儒教)가 융합되면서 단계적인 진화의 과정을 걸어갔다. 불교와 유교는 표면적인 언어의 차이는 있지만, 본질적으로는 무교의 선비정신을 바탕으로 한국화, 토착화의 길을 걸으면서 한국인의 체질로 굳어졌다고 본다. 그래서 똑같이 불교와 유교를 받아들였어도 중국인과 일본인과 한국인은 체질적인 차이가 있다고 본다"고 요약하셨습니다. 외래사상이라고 할 수 있는 기독교 또한 한국에 들어와서는 심지어 '기독교의 무속화'(하비 콕스)라고 할 정도로 '또 다른 기독교'의 모습을 띠었다는 점에서 선생님의 이러한 '한국적인 체질론' 혹은 '한국인의 문화적 DNA론'은 원초적 문화와 외래문화와의 관계에 대한 새로운 전망과 설득력을 가지고 있다고 생각됩니다. 저도 한국사상사를 공부하면서 중국과 다른 한국사상사의 고유한 성격을 어디서 찾아야 하는가 하고 고민을 한 적이 있습니다만, 앞으로 이러한 설명방식이 한국사상사의 독자적 성격에 대한 이해에 큰 도움이 되리라 믿습니다.

다만, 선생님의 이러한 설명방식에서 궁금한 것은 선생님께서 한국사상사의 전개 내지는 한국문화사의 흐름이 '무교(巫教: 神教: 仙教)-불교(佛教)-유교(儒教)'로 발전해 간다고 보시는 것인지요? 선생님의 표현인 '단계적인 진화'에 '무교-불교-유교'에 대한 선생님의 가치평가가 들어가 있는 것인지요? 이러한 설명방식은 서양의 진화론과 어떤 차이가 있는지요? '단계적인 진화'라고 할 때, 궁극적으로 어디를 향해서 진화해 가는 것인지요?

〈질문 2〉 첫 번째 강의에서 "이렇게 본다면 공자(孔子)가 만든 유교는 무(無)에서 창출된 사상이 아니고, 자신이 체험한 동이족(東夷族)의 아름다운 풍속과 선진문물에 감동을 받아 이를 이론화시킨 것이 불과하다, 따라서 유교는 순수한 중국사상이 아니고, 유교의 뿌리는 바로 동이족의 문화에 지나지 않는다"라는 놀라운 '가히 혁명적인' 주장을 하셨습니다. 저는 선생님의 강의를 대학교 학부시절에 들었기 때문에 전혀 놀라지 않고 박수를 보냈지만, 가령 성균관대학교 유학과(儒學科) 쪽에서도 박수를 받기 위해서는 앞으로 '공자 유교의 어떤 부분이 동이족의 문화체험의 영향이고, 어떤 부분이 공자와 중국문화의 상호작용 속에서 나온 것인지'를 구분해서 설명할 필요가 있을 것 같습니다. 물론, 이런 후속작업은 후학들의 몫이기도 하겠습니다만, 선생님께서는 이런 필요성을 느끼시는지요?

〈질문 3〉 또한 첫 번째 강의에서 "단군시대의 종교는 무교(巫教)였고, 단군도 무당이었으므로, 최초의 선비는 무당에서 비롯된 것이다"라고 선비정신의 기원을 말씀하셨는데, 이때 무교는 일반적인 샤머니즘인지요? "최초의 선비는 무당에서 비롯되었다"고 할 때 "중국에서의 유(儒)의 전통을 훨씬 이전의 더 원시적인 샤머니즘의 전통을 이은 것으로 볼 수 있다"는 견해[F. W. 모트]와 어떤 관련성을 가질 수 있을까요? 예컨대 중국의 고급문화 지역의 주변, 특히 중앙아시아의 문화에서 자주 나타나는 지속적인 특징 가운데 하나였던 신들린 신성한 남녀, 무당이 유(儒)의 기원이라고 할 때, 이것[儒]과 한국의 선비가 같은 성격일 수 있는지 궁금합니다.

〈문철영 교수의 질문에 대한 답변〉

문철영 교수는 질문에 앞서 저에 대한 홍보의 글을 담아 한편 고맙고, 다른 한편으로 민망하기도 합니다.

〈질문 1〉은 무교-불교-유교로의 변화를 〈발전〉과 〈진화〉로 보는 이유를 설명해달라는 것으로 이해합니다, 그리고 그것이 서양의 〈진화론〉과 어떻게 다르며, 궁극적으로 어디를 향해 진화하느냐의 질문입니다.

저는 문화를 상위문화와 기층문화로 나누어 봅니다. 무교는 원초적인 문화로 출발했지만, 종교와 풍속의 차원을 넘어서지 못하고, 정치사상이나 사회사상의 이론을 갖추지는 못했습니다. 삼국시대에 무교보다 한층 세련된 불교가 들어오고, 문학, 역사, 철학을 담은 한당유교(漢唐儒敎)가 들어오면서 무교는 이 두 사상에 밀려 기층문화로 내려가면서 풍속의 형태로 남게 됩니다.

고려시대에는 유교 중에서도 더욱 세련된 송나라와 원나라의 성리학(性理學)이 들어오면서 불교도 점차로 하위문화로 내려가고, 무교는 불교보다도 더 기층문화로 내려갑니다. 조선시대에 들어서면 성리학(性理學)이 더욱 세련되고, 한국의 현실에 맞게 토착화되면서 불교와 무교문화는 이단으로 취급되지만, 하층사회에는 여전히 풍속으로 자리 잡게 됩니다.

조선시대 성리학이 세련되었다는 말은 그 안에 이기론(理氣論)으로 대표되는 형이상학(形而上學)의 이론과 아울러 정치, 경제, 사회, 문화 등 각 방면에 걸친 이론을 골고루 갖추고 있기 때문입니다. 정도전(鄭道傳)이나 이이(李珥) 등의 저서에 치밀한 국가경영철학이 담겨 있는 이유가 여기에 있습니다. 조선후기에 이르면 실학(實學)과 북학(北學)이 등장하여 국가경영철학이 더욱 세련되고, 여기에 서양에서 들어온 과학과 기술의 영향을 받아 자연과학과 인간학을 분리하는 학문도 등장하게 됩니다.

이렇게 무→불→유교로의 변화가 단순한 변화가 아니라 '발전'과 '진화'로 보는 이유는 사상의 폭이 넓어졌다는 것 말고도, '사회경제적 평등', '정치적 민주화', '합리적 우주관'을 향해 나아가고 있다는 점을 주목한 것입니다. 예를 들자면, 〈단군신화〉에서 단군이 1500년간 나라를 다스렸다는 이야기를 조선시대 유학자들은 역대 고조선 임금의 역년(歷年)을 합친 것으로 해석하고, 조선후기 유학자들은 사람이 알에서 태어났다는 난생설화(卵生說話)를 "인간은 태초에 부모가 없이 기화(氣化)를 통해 태어났다"는 것으로 해석하는 것이 그것입니다. 또 성호 이익(星湖 李瀷)이 종전에 지진을 하늘이 노하여 내린 형벌이라는 해석을 비판하면서 땅속의 지각변동으로 해석한 것도 우주관이 합리적으로 변해가는 과정을 보여줍니다.

선비정신이 시대에 따라 '진화'했다는 말은 서양의 〈사회진화론〉과는 다른 뜻입니다. 허버트 스펜서(Spencer)가 주장한 사회진화론은 찰스 다윈(Darwin)이 주장한 적자생존(適者生存), 우승열패(優勝劣敗), 약육강식(弱肉强食)의 이론을 바탕으로 한 것이 특징인데, 저는 그런 시각에서 진화를 말한 것이 아닙니다. '진화'는 '진보' 또는 '발전'과 같은 뜻으로 말한 것이고, 정신과 사회가 진보하는 것은 약육강식을 통해 이루어지는 것이 아니라 자신의 처지를 개선하려는 인간의 자율적 노력의 결과라고 봅니다. 왕조말기에 사회모순을 극복하려는 중간층과 농민층의 저항이 활발하게 일어나, 기성질서를 무너뜨리고 새로운 질서를 세우는 과정에서 진일보한 정신세계와 사회구조가 나타난다고 보는 것이지요.

진화가 무엇을 향해서 가느냐는 미래인이 선택할 문제이겠지요. 다만 과거의 진화과정을 보면, 위에서 언급한 몇 가지 가치를 향해서 달려왔다고 보는 것입니다. 아마도 미래의 진화도 그런 방향으로 되풀이하지 않을까요? 역사에 종말은 없는 것이고, 진보와 발전도 때로는 후퇴하는 경우도 있으므로, 아마도 후퇴와 진보가 반복될지도 모릅니다.

〈질문 2〉는 공자(孔子)의 유교의 어떤 부분이 동이족(東夷族)의 영향을 받아 이루어졌으며, 어떤 부분이 공자와 중국 문화의 상호작용에 의해서 이루어진 것인가에 대한 질문인데 그 답변은 이렇습니다.

공자나 맹자는 제가 이미 말씀드렸듯이 기회 있을 때마다 동이족의 문화에 대하여 칭송했다는 것은 누구도 부인할 수 없는 사실입니다. 이는 유교 경전을 읽어보신 분이면 누구나 동의할 것입니다. 성인(聖人)의 상징인 순(舜)임금, 역(易)과 팔괘(八卦)를 만든 복희씨(伏羲氏), 전쟁의 신인 치우씨(蚩尤氏), 효자의 상징인 대련(大連)과 소련(少連), 그리고 그 밖에도 중국이 예(禮)를 잃으면 동이에게서 배워야 한다는 말이 보이기 때문입니다. 공자가 고조선을 '군자국'으로 부르면서 뗏목을 타고 이민 오고 싶어 했다는 말까지 《논어》에 보입니다.

그 밖에 동방삭(東方朔)의 《신이경》(神異經)이나, 《한서》〈동이전〉이나 《설문해자》(說文解字)나 그 밖에 여러 저서에서도 동이족의 아름다운 풍속을 소개한 글들이 많고, 조선을 '군자국'으로 부르고 있는 것입니다. 이렇게 유교 도덕의 '롤 모델' 가운데 대부분이 동이족이라면 유교를 순수한 중국문화로 보기는 어렵다는 뜻입니다.

또 한 가지 중요한 점은 공자(孔子) 자신이 동이족이 세운 은(殷)나라 왕족

(王族)의 후예라는 사실입니다. 사마천(司馬遷)의 《사기》(史記) 가운데 〈공자세가〉(孔子世家)가 있는데, 이것을 보면, 공자는 은나라 말기 삼현(三賢)의 하나인 미자(微子)의 후손이고, 미자는 바로 은나라의 성인(聖人)으로 추앙받는 탕왕(湯王)의 후손으로 되어 있습니다. 그래서 공자는 동이문화에 대한 지식이 풍부하고 자기 자신도 동이족의 후예라는 자각이 어느 정도 있었던 것으로 보입니다.

하지만, 공자나 맹자는 동이족에 대한 비판도 했고, 그 밖에 동이족이 아닌 문명에 대해서도 칭송한 것이 사실입니다. 예컨대 맹자가 20분의 1세는 맥도(貊道)라고 비판하고, 주(周)나라가 시행한 정전제(井田制)의 10분의 1세를 이상적으로 보았습니다. 유교는 동이족문화뿐 아니라, 주나라에서 시행한 여러 제도나, 기자(箕子)가 만들었다고 알려진 홍범(洪範) 등을 정치모델로 설정하기도 했습니다. 기자가 주나라 무왕(武王)에게 〈홍범〉을 전해주어 이것이 주나라 문명의 토대가 되었다고 보는 것입니다. 물론 기자는 오늘날 고고학자들이 동이족으로 보고 있지만. 공자나 맹자는 기자를 동이족으로 보지는 않았고, 다만 주나라 문명을 건설하는 데 크게 기여한 성인(聖人)으로 보고 있는 것은 사실입니다.

또 공자와 맹자는 주나라 이전의 은(殷)나라 문명이나, 그 앞의 하(夏)나라 문명도 훌륭한 롤 모델로 보기 때문에, 하은주(夏殷周)를 통틀어 '삼대'(三代)로 부르고, 특히 2제3왕(二帝三王)으로 불리는 요(堯) 임금과 순(舜) 임금, 하(夏)의 우(禹), 은(殷)의 탕왕(湯王), 주(周)의 문왕(文王)과 무왕(武王) 등을 성인(聖人)으로 설정했는데, 그 성인 가운데 동이족도 있고, 중국인도 섞여 있습니다. 특히 은(殷)은 지금 고고학자들이 동이족의 국가로 보고 있으므로, 동이족이 아닌 성인은 요(堯), 우(禹), 문왕, 무왕 정도가 아닐까요?

이렇게 본다면 유교는 동이족의 문명과 하주(夏周)문명을 합쳐서 만든 사상이라고 볼 수도 있겠지요.

〈질문 3〉 무당이 샤머니즘인가? 무당이 유(儒)의 기원인가의 질문에 대한 답변입니다.

무교는 크게 보면 중앙아시아와 동북아일대에 널리 퍼진 샤머니즘의 일부라고 볼 수 있을 것입니다. 그래서 최남선(崔南善) 선생이 '불함문화권'(弗咸文化圈)이라는 용어를 쓰기도 했습니다. 지금도 몽골이나 그 밖의 중앙아시아 국가들에서 샤머니즘은 여전히 풍속으로 남아 있습니다. 선비정신의 우주관인 천지인합일(天地人合一) 사상은 샤머니즘에서 공통된 것으로 보입니다. 원방각(圓方角) 문화도 그렇습니다. 지금 몽골인민공화국의 국기(國旗)를 보면 그 안에 원방각이 그려져 있습니다.

이렇게 우리나라의 무교와 샤머니즘은 깊은 관계가 있지만, 그러나 샤머니즘을 건국정신으로 이론화하고, 삼(三)이라는 숫자를 넣어 우주관을 명백하게 표현한 것은 우리나라뿐입니다. 또 우리 조상은 샤머니즘이나 무교라는 말은 쓰지도 않았고, 신교(神敎), 선교(仙敎), 도교(道敎) 등으로 불렀습니다. 〈단군신화〉와 비슷한 이야기가 공자의 고향인 곡부(曲阜)의 무씨사당(武氏祠堂)의 벽화에도 보이지만, 이것은 한대(漢代)에 만들어진 것으로 그림으로만 표현되었을 뿐 스토리는 없습니다.

다시 말해 샤머니즘은 중앙아시아와 동북아일대에 퍼진 보편적 종교로서 북몽골족의 특성이기도 하며, 더 나아가 아메리카대륙의 선주민이었던 인디언이나 인디오문명에서도 보이는 것입니다. 페루의 잉카문명이나 멕시코의 마야문명과 아즈텍문명 등이 모두 샤머니즘을 바탕으로 하고 있다고 보입니다. 하지만, 지역적 특성이 있다는 점을 주목할 필요가 있습니다. 그래서 우리나라의 무교와 선비정신은 이러한 보편성 위에서 민족적 특성을 가미하여 〈홍익인간〉의 윤리를 바탕으로 민족종교로 발전되어갔다고 이해하고자 합니다.

중국의 유(儒)가 원시적 샤머니즘의 전통을 이었다고 주장하는 모트의 학설은 제가 아직 접해본 일이 없으나, 상당히 맞는 말이라고 생각합니다. 왜냐하면 공자가 존경한 동이족의 문화가 바로 샤머니즘을 바탕으로 하고 있기 때문이지요. 그러나 산동지방에 살았던 공자나 맹자의 유(儒)를 중앙아시아의 샤머니즘과 연결시키는 것보다는 공자와 맹자가 직접 체험한 동이족의 무교(巫敎)와 연결시키는 것이 한층 설득력이 크지 않을까요?

'샤먼'이라는 호칭이 우리나라에 없는데 인류학자들이 즐겨 쓰는 말이므로 우리의 무교를 샤머니즘으로 부르면 마치 우리가 중앙아시아의 샤머니즘을 받아들인 것처럼 오해할 수도 있을 것입니다. 이렇게 되면 우리의 문화는 모두가 외래사상이 되어버리지 않을까요? 그래서 동이족의 토착문화로 보는 것이 나을 것 같습니다.

참고로, 일본에도 샤머니즘이 있지만, 그것이 일본화하여 근대에 와서 '신도'(神道)라는 국가종교로 발전했고, 그 신도를 바탕으로 '가미카제 특공대'(神風特攻隊)가 만들어져 태평양전쟁 때 수많은 소년들을 죽음으로 내몰았습니다. 따라서 샤머니즘은 보편성을 가지면서 동시에 민족적 특성이 있다는 점을 고려해야 할 것입니다.

좋은 의견을 주신 두 분 토론자에게 감사의 말씀을 드립니다.

3. 청중질문에 대한 답변

(1) 김경진 씨 질문: 조선시대 신분제에 대해 어떻게 생각하시는지 궁금합니다. 인본주의, 생명존중 사상, 홍익인간 정신을 중시하면서 왜 신분제 사회가 도입되어 500여 년 동안 통치했는지 궁금합니다.

(답) 신분제도는 도입한 것이 아니라 상고시대 국가를 형성하면서 치열한 전쟁을 통해 다른 부족을 정복하면 피정복민을 노비로 만들거나, 부곡민으로 만들면서 자연발생적으로 생겨난 것입니다. 또 범죄자를 노비로 만드는 것도 상고시대의 관행이었습니다. 다시 말해 신분제는 피정복민과 범죄자들에게 벌을 준다는 관점에서 시작된 것입니다. 지금도 죄를 지은 사람을 감옥에 가두어 자유로운 신분을 박탈하고 있지 않습니까?

그런데 홍익인간의 선비정신이 단계적으로 발전하면서 신분제도를 단계적으로 해체하는 과정을 겪게 됩니다. 그래서 삼국시대보다 고려시대가 신분제도가 완화되어 부곡민(部曲民)이 해방되고, 노비도 줄어들었는데, 조선시대는 고려시대보다 더 완화되어 노비에 대한 인권이 높아지고, 노비에 대한 해방도 활발하게 진행됩니다.

우리나라의 신분제도는 서양이나 인도, 일본 등에 비하면 매우 온정적이고 너그러운 사회를 이끌어갔습니다. 서양의 노예는 사고파는 시장이 있었고, 주로 다른 종족을 데려다가 노예로 만들었습니다.

신분제사회는 근대 이전 세계 공통의 현상이었으므로 유독 한국에서만 있었던 것은 아니지요. 오히려 서양보다는 우리나라의 신분제가 한층 부드러웠다고 생각합니다. 미국의 노예제도는 링컨 대통령이 1865년에 와서야 폐지하지 않습니까? 서양의 가혹한 노예제도나 봉건사회는 한국에는 없었습니다. 조선시대 과거를 통한 신분상승은 서양에서는 상상도 할 수 없는 제도입니다.

(2) 김경진 씨 두 번째 질문: 한국학을 통틀어 인문학의 본질은 무엇이고, 평소에도 인문학을 배우고 익히기 위해서 무엇을 하면 좋을지 알려주세요. 교수님의 삶의 철학, 가장 중요한 가치관, 우선순위가 무엇인가요?

(답) 인문학은 넓게 보면 인간의 삶의 가치를 추구하는 학문으로서 문학, 역사, 철학, 예술 등이 중요한 분야가 되겠지요. 그런데 삶의 가치는 인류가 공유하는 가치도 있고, 한국의 현실에서 특히 강조되어야 할 가치도 있겠지요. 인류가 공유해야 할 가치는 무엇보다 생명에 대한 사랑이 아닐까요? 다만, 사랑을 어떻게 실천하느냐에는 견해차이가 있을 수 있다고 봅니다. 이를테면 개인을 더 사랑하느냐, 공동체를 더 사랑하느냐, 민족을 더 사랑하느냐, 계급을 더 사랑하느냐, 인류전체를 똑같이 사랑하느냐, 자연을 더 사랑하느냐, 자연과 인간을 똑같이 사랑하느냐가 달라질 수 있겠지요.

이런 선택은 각 나라마다 처한 환경과 시대적 상황에 따라 달라질 수 있다고 보지만, 저는 선비정신에서 보듯 자연과 인간을 하나의 생명공동체로 보고, 홍익인간을 존중하는 공동체적 사랑이 필요한 때가 아닌가 생각합니다. 왜냐하면 지금은 지나치게 개인을 사랑하는 이기주의가 넘쳐나서 남의 불행이 나의 행복이 되는 시대, 즉 남을 회생시켜 나를 살찌게 하는 시대, 약육강식하는 시대로 보이기 때문입니다.

저의 삶의 철학이 있다면 제가 공부하고 있는 선비정신을 배우자는 것이고, 역사를 공부하고 있기 때문에 조상으로부터 지혜를 많이 배우고자 하는 것입니다. 인간의 지혜는 역사 속에 모두 담겨 있습니다. 그래서 제가 좋아하는 좌우명은 온고지신(溫故知新), 법고창신(法古創新)입니다. 다시 말해 옛것을 사랑하면서 새로운 것을 창조하자는 것이지요.

(3) 질문: 천원지방(天圓地方)과 관련해 강화도 마니산 산정에는 둥근 원 속에 네모난 단(壇)이 있다는데요.

(답) 좋은 지적을 해주셨습니다. 마니산 꼭대기에는 단군이 하늘에 제사를 지냈다고 알려진 제천단(祭天壇)이 있어 참성단(塹城壇)으로 부르는데, 그 모습이 천원지방(天圓地方)을 상징하는 둥근 원과 네모난 단이 있습니다. 대한제국 때 하늘에 제사를 지냈던, 지금 조선호텔 자리에 세운 환구단(圜丘壇)의 모습도 똑같았습니다.

(4) 한문선 씨 질문: 야나기 무네요시(柳宗悅)는 〈조선의 백자〉, 〈광화문〉, 〈석굴암〉을 통해 우리나라에 대한 사랑을 보여주었는데 긍정적이지 않은가요? '한'(恨)과 '부정적'인 것보다 우리 예술을 사랑한 야나기 교수의 입장이 더 훌륭한 것 아닌가요?

(답) 야나기 무네요시는 한마디로 한국인에게 병도 주고 약도 준 사람으로 봅니다. 제가 말씀드렸듯이 곡선으로 상징되는 한국의 미를 찬양한 것은 사실입니다. 또 한국미의 특징이 곡선에 있다고 본 것도 틀린 말이 아니고요. 다만, 그 아름다움이 한국 역사의 특성인 고난과 슬픔의 상징으로 본 것은 사실을 잘못 해석했을 뿐 아니라, 한국의 역사가 고난과 슬픔으로 점철되어 왔다는 해석도 전혀 사실과 맞지 않습니다. 일제강점기 한국인들이 야나기의 글을 읽고 슬픔에 빠져 눈물을 흘렸다고 하지 않습니까? 이는 한국인을

불쌍한 민족으로 보면서 그 불쌍한 것 자체가 아름답다고 말하는 것과 다름이 없다고 봅니다.

야나기가 처음부터 한국인을 모욕하기 위해 슬픔과 고난의 역사라고 주장했다고는 보이지 않지만, 한국 역사의 본질을 모르고 미를 찾으려 한 것이 실수였다고 봅니다. 다시 말해 야나기는 한국의 미를 찾아주었으나, 한국의 역사를 망쳤다고 생각합니다. 그래서 병도 주고 약도 주었다고 말하는 것입니다.

(5) 이충신 씨 질문 : 1) 봄기운이 생명의 기라 하는데 여인의 정신과 관계된 좋은 시가 있으시면 말씀해 주십시오. 2) 한국인의 선비정신 중에서 특히 신바람에 대해서 구체적으로 말씀해 주셨으면 합니다.

(답) 저는 문학을 잘 몰라서 여인에 대한 시(詩)로 무엇이 있는지 모르겠습니다.

신바람은 제가 말씀드렸듯이, 천지인(天地人)에 내재되어 있는 생명의 기(氣)가 하나로 합쳐질 때 생기는 정신적 감동과 에너지라고 봅니다. 무당은 굿을 통해서 신바람을 느끼지만, 보통 사람은 산수가 아름다운 한국의 자연환경 속에서 일상적으로 살아가면서 신바람의 기를 얻었다고 봅니다. 우리가 경치가 좋은 산수를 찾아가면 기분이 좋아지고 밥맛이 생기고 에너지가 충전되지 않습니까? 이것이 신바람이지요. 신바람은 바로 하늘[자연]을 사랑하는 낙천성을 의미하며, 낙천성을 가진 사람은 춤, 노래, 미소, 해학을 즐깁니다. 한국인에게는 그런 민족성이 있어서, 모든 예술에 그런 신바람이 담겨 있다고 말씀드렸습니다.

(6) 이재호 씨 질문: 조선 500년 동안 임금이나 관리 및 일반국민의 밑바탕에는 기본사상이 선비정신과 청렴, 교육 등으로 이루어지고 있어서 자랑스럽고, 본받을 만하고 오늘날 한국 경제성장과 민주주의가 뿌리내리는 기초가 되었다고 하는데, 어떻게 인조반정 이후 일부 당파의 권좌 독식상황이 오랫동안 이루어졌고, 부국강병과 외국 문물을 받아들이는 데는 소홀히 하여 결국에는 중국과 일본의 간섭 또는 속국이 되었는지요?

(답) 지난 제3주 강의 때 조선왕조가 망한 이유를 말씀드린 바 있습니다. 서양과의 접촉이 일본에 비해 300년 늦어진 것과 19세기 중엽 이후 세도정치 하에서 정치가 부패한 데 직접적인 원인이 있습니다.

인조반정 이후에 당파정치가 나타났지만, 일당독재한 일이 없어서 오히려 당파끼리 서로 견제했기 때문에 정치가 깨끗해졌다고 말씀드렸습니다. 일당독재가 나타난 것은 19세기 세도정치기였습니다. 다만, 당파정치가 의회정치로 나아가지 못하고 관료가 당인(黨人)이 되었기 때문에 반대당에 대한 보복이 나타나 많은 사람이 다친 것이 문제라고 말씀드렸습니다.

(7) 질문: 한국 사람들은 겉과 속이 다른 것 같아요. 진정한 선비를 뵌 적이 드물어요. 말만 앞세우고 실속이 없는 허풍쟁이 한국인. 진정한 선비의 덕목을 알려주세요.

(답) 한국 사람을 일률적으로 좋다 나쁘다고 평가하는 것은 곤란하지 않을까요? 하지만, 오늘날 한국인들은 옛날의 아름다운 선비전통을 많이 잃고 있다는 느낌이 듭니다. 그래서 제가 선비정신을 다시 찾기 위해 이 강의를 한 것입니다.

(8) 질문: 선비정신은 정치의 공익성, 지도층의 도덕적 청렴성을 숭상한다고 하셨습니다. 선비정신이 충만하던 조선시대에 임진왜란과 병자호란을 겪고 나서도 정치 지도층인 양반은 왜 병역의무를 회피하였는지요? 홍선대원군 때가 되어서야 양반에게 군포(軍布)를 부과하지 않았나요?

(답) 조선후기에 양반이 병역[군포]을 회피했다는 것은 사실과 많이 다릅니다. 원래 군역이 면제된 것은 학생[幼學]뿐이었습니다. 지금도 대학생은 징집을 면제하지 않습니까? 그런데, 군포(軍布)를 내는 군역의 부담이 너무 무거워 일부 사람들이 가짜 학생[冒稱幼學] 행세를 하면서 군역을 피하거나 농촌을 이탈하는 일이 생겼습니다. 그래서 영조 때 균역법(均役法)이 실시되면서 군역부담을 크게 감소시켜 군역을 지는 사람도 늘어나게 된 것입니다.

양반이라는 계급이 따로 있는 것처럼 생각하는 것도 잘못입니다. 양반은 원래 문무관리를 가리키는 말입니다. 현직관리가 군역을 질 수 없는 것은 너무나 당연합니다. 그런데 문무관리의 자손들도 양반을 자처하고 살았는데, 이 경우의 양반은 주관적이고 정신적인 양반일 뿐이지 국가에서 무슨 특권을 준 일은 없고, 군역을 면제시켜 준 일도 없었습니다. 일부 부류가 불법으로 군역을 피한 것뿐입니다.

요즘에도 일부 상류층 자제들이 병역을 피하는 현상이 있는 것이 사실이지만, 그렇다고 모든 상류층이 병역을 피하고 있는 것은 아니지 않습니까? 조선시대도 비슷하다고 생각하면 됩니다.

대원군 때 양반에게 군포(軍布)를 부과한 것은 19세기 세도정치기에 정치가 부패하면서 군역을 회피하는 현상이 너무 커졌기 때문에 이를 다시 바로잡은 것입니다. 영조 때 균역법(均役法)도 대원군의 정책과 비슷한 것입니다.

요컨대 상류층이 군역을 피하는 현상은 국가기강이 섰을 때는 심하지 않았고, 국가기강이 무너진 19세기 후반에는 심해졌다고 보아야 합니다. 일률적으로 양반은 군역을 피했다고 말하는 것은 정확한 표현이 아닙니다.

(9) 질문: 수성·화성·목성·금성·토성은 오행(五行)으로 본 하늘의 생명체라고 하셨습니다. 행성 5개의 명칭이 오행으로 표시된 것은 서양 천문학이 한자문화권에 전해지기 이전부터인가요? 아니면 전해진 이후부터인가요? 이런 명칭이 처음 등장하는 문헌은 무엇인지요?

(답) 천문학에 대한 지식이 없어서 서양이 먼저인지 한자문화권이 먼지인지는 잘 모르겠습니다. 다만, 서양과 동양은 별에 대한 명칭이 서로 일치하는 것은 아니라고 봅니다. 예컨대, 서양에서는 그리스, 로마의 신(神)의 이름을 따서 별 이름을 붙였기 때문에 오행과는 관련이 없는 것으로 보입니다. 하지만 약간의 유사성은 보입니다. 가령, 수성(水星)을 머큐리[Mercury]로 부르는데, 이는 수은(水銀)을 가리킵니다. 물이 들어가 있습니다. 토성(土星)을 새턴[Saturn]으로 부르는데, 새턴은 농업의 신입니다. 흙이 농업과 관련이 있지 않습니까? 그런데 금성(金星)을 비너스[Venus]로 부른 것은 로마의 사랑과 미의 여신을 가리킵니다. 금하고는 관련이 없는 듯합니다.

(10) 질문: 왕조와 오행에 대한 설명을 부탁드립니다. 왜 신라는 금(金), 고려는 수(水), 조선은 목(木), 정씨는 화(火)의 덕을 갖게 되는지 궁금합니다.

(답) 왕조가 오행을 자처하기 시작한 것은 신라부터인 듯합니다. 신라는 김씨가 진골(眞骨)로 오랫동안 집권했고, 금을 사랑하여 금관 등을 장신구로 많이 사용했고, 경주를 금성(金城)으로 부르기도 했습니다. 신라의 뿌리는 퉁구

스족으로 알려지고 있는데, 이들은 예부터 금을 좋아한 민족이었습니다.

이것이 바탕이 되어 금덕(金德)을 가진 왕조로 자처한 것으로 보입니다. 그 다음 왕조는 오행의 상생순서를 따르게 되어 수(고려)→목(조선)→화(정씨)로 나가게 된 것이지요.

(11) 질문: 조선시대 허난설헌(許蘭雪軒)의 경우에는 남존여비 사상으로 인해 재능을 펼치지 못하고 억압받는 삶을 살았습니다. 여류작가의 경우 대다수가 기생인 경우가 많은데요. 강연에 나오는 사람들도 왕이나 남자가 예시로 많이 나왔습니다. 선비정신이 여자를 차별하는 시선이 은연중에 포함되어 있는 건지 궁금하네요. 과거(科擧) 같은 경우도 여자는 응시할 수 없던 것 같은데 선비문화와 여성의 관계 및 영향에 대해 궁금합니다.

(답) 남존여비가 있었던 것은 사실이지만, 근대 이전에 남존여비가 없었던 나라는 없었으므로 남존여비를 한국의 고유한 풍속으로 볼 필요는 없다고 봅니다. 오히려 다른 나라와 비교하면 우리나라가 여성의 지위가 상대적으로 높았다고 볼 수 있습니다. 예를 들면, 조선중기 이전에는 여자도 부모의 재산상속을 남자와 똑같이 받았는데, 이런 나라가 없습니다. 중국은 여성이 남성의 절반을 받았고, 일본은 상속을 전혀 받지 못했습니다.

여자가 시집을 가도 자기 성(姓)을 그대로 가진 것도 여성의 지위가 높다는 것을 의미합니다. 서양 여성은 지금도 시집가면 남편의 성을 따르고 있어서 자기 가문의 뿌리를 잃고 있지 않습니까? 여성이 학교에 들어가거나 관리가 된 것은 서양에서도 근대 이후입니다.

조선시대 여성이 칠거지악(七去之惡)으로 이혼당한 것처럼 알고 있으나, 전혀 그렇지 않습니다. 〈3불거〉(三不去)가 있어서 시집가서 3년상을 치렀거나, 시댁의 부귀가 높아졌다거나, 여자가 돌아갈 곳이 없다면 내보내지 않았습니다. 오히려 본처(本妻)를 소박하는 관리가 발각되면 관직을 즉각 박탈했습니다. 조선시대 향약(鄕約)에서도 본처(本妻)를 소박하는 것은 국가에 대한 불충(不忠)이나 부모에 대한 불효(不孝)와 똑같이 취급하여 상벌(上罰)을 내렸습니다.

다른 나라와 비교하면 우리나라 여성의 지위가 가장 높았다고 할 수 있습니다. 따라서 선비정신이 여성을 특별히 비하했다고는 보지 않습니다. 오히려 정반대입니다.

우리나라 여성 가운데에는 선비정신을 계승한 여성이 적지 않습니다. 사임당(師任堂)이 아버지의 영향을 받아 선비정신으로 아들 율곡을 키웠고, 윤지당 임씨(任氏)는 여성으로서 한문으로 된 《문집》을 내기도 했습니다.

조선시대에 여성이 반드시 남자의 종으로만 산 것이 아니라는 이야기를 들려드리겠습니다. 선조-광해군 때 유몽인(柳夢寅)이 쓴 《어우야담》(於于野談)을 보면 재미있는 이야기가 있습니다. 어느 장군이 부하들을 불러 놓고, 너희들 가운데 마누라가 무서운 사람은 붉은 깃발 아래로 모이고, 마누라가 무섭지 않은 사람은 푸른 깃발 아래 모이라고 했습니다. 그런데 대다수 군사들이 붉은 깃발 아래 모였는데, 단 한 사람이 푸른 깃발 아래로 갔습니다. 장수가 이상하여 그 까닭을 물었더니, 그 병사는 "마누라가 하는 말이, 사람이 많이 모인 곳에는 가지 말라고 해서 이쪽으로 왔습니다"라고 대답했습니다. 이 이야기는 당시 공처가가 얼마나 많았는지를 말해줍니다. 또 김홍도(金弘道)가 그린 풍속화 가운데 아내는 어린아이를 안고 소를 타고 가는데, 갓을 쓴 그 남편은 어린아이를 등에 업고 소 뒤에서 걸어서 따라가는 그림이 있습니다. 이 그림을 보면 조선시대에 애처가도 적지 않았던 것으로 보입니다.

(12) 한솔 씨 질문:

1) 선비문화가 세계로 뻗어나가기 위해서는 무엇이 필요할까요?

2) 대한제국 시기(일제강점기 이후)에도 선비문화를 발견할 수 있나요?

3) 교수님께서는 어떤 계기로 선비문화에 관심을 갖게 되셨나요?

(답) 1) 선비문화가 한국의 고급문화라고 할 때 이를 세계화할 필요가 있을 것입니다. 그 방법은 첫째, 우리 스스로가 무너진 선비문화를 다시 일으켜 세워 세계인의 존경을 받도록 하는 일이 시급합니다. 그래서 우리나라가 선비의 나라임을 외국인이 스스로 느끼도록 해야 할 것입니다. 두 번째는 역사상 모범이 되는 선비군주나 학자들에 관한 전기(傳記)를 많이 써서 해외에 알릴 필요가 있습니다.

2) 대한제국기나 일제강점기에도 선비는 있었다고 봅니다. 나라를 지키다가 목숨을 잃은 의사(義士), 열사(烈士)들이 모두 선비가 아니겠습니까? 그리고 고종시대와 대한제국기에 동도서기(東道西器)와 구본신참(舊本新參)의 정책을 가지고 전통문화와 서양의 기술문화를 접목시켜 자주적 근대화를 추진했던 집권층도 훌륭한 선비라고 봅니다. 일제강점기에는 특히 홍익정신을 계승하여 만민평등의 다사리국가를 세우려 했던 민세 안재홍(安在鴻) 같은 분이 진정한 선비였다고 봅니다.

3) 제가 선비문화에 관심을 갖게 된 것은 서양의 정신적 책임을 다하는 귀족인 〈노블레스 오블리주〉나 미국의 청교도정신 같은 것이 한국에는 없을까 하는 생각, 그리고 제가 강의 모두에 문제의식을 말씀드렸듯이 왕조가 오래도록 장수한 비결이 무엇일까? 그리고 대한민국이 다른 나라에 비해 짧은 기간에 산업화와 민주화를 이룩한 성공 비결을 한국인의 국민성에서 찾아야 한다는 생각 등입니다.

(13) 김해인 씨 질문: 임신서기석(壬申誓記石)에 기록된 내용은 경주 남산에 성을 쌓았는데 3년 내내 무너지면 어떤 벌이든지 받겠다는 하늘에 대한 맹세를 쓴 것으로 알고 있는데 어느 것이 옳은지요?

(답) 임신서기석에 그런 글귀는 없는 것으로 알고 있습니다. 아마 다른 비문을 착각하신 것은 아닌지요?

(14) 손종관 씨 질문: 고조선의 실재, 예컨대 어떤 자료(예 증산도)에 보면 단군왕검 ·20여대의 이름과 재위연도까지 나오는데 사실인가요?

(답) 단군의 구체적 이름과 재위연대를 적어 놓은 책은 모두가 일제강점기에 대종교단(大倧敎團)에서 만든 《환단고기》(桓檀古記) 등 역사책에만 보입니다. 이 책들은 고려말 행촌 이암(李嵒)이 지었다고 하는 〈단군세기〉(檀君世紀)에 연원을 두고 있는데, 이암이 그런 책을 썼다는 확실한 증거가 없습니다. 추측입니다만, 이암이 쓴 책은 단군의 왕명(王名)일 것으로 보입니다. 이를 토대로 후세인들이 재위연대라든지, 구체적인 행적을 적어 넣은 것으로 보입니다. 저는 이암에 대한 논문을 이미 쓴 것이 있습니다. 《행촌 이암의 생애와 학문》(일지사)이 그것입니다.

(15) 질문: 1) 선비의 정의를 설명 부탁합니다.

2) 한국의 선비사상과 중국의 선비사상의 차이점을 비교 설명 부탁합니다.

3) 한국 선비들의 사례를 설명바랍니다.

4) 종래 한국 선비사상을 논한 분들과 다른 것 같습니다.

5) 한국의 선비는 양반사회에서뿐만 아니라 서민들도 있었으면 설명 바랍니다.

6) 선비 생활에 대해선 일언반구조차 없는 것은 매우 유감스럽습니다. 생활을 통해서 선비정신을 찾는 것이 대중에게 필요치 않을까요?

(답) 제가 3년 전에 쓴 〈한국선비지성사〉(지식산업사)에 질문하신 부분에 대한 자세한 내용이 담겨 있습니다. 이번 저의 강의는 제한된 시간에 압축하다보니 세밀한 이야기가 빠지게 되었습니다. 제 강의에서 두레[社]에 관한 이야기를 잠깐 언급했는데, 이것이 서민들의 선비생활입니다. 두레에 관한 자세한 이야기는 저의 책에 들어 있습니다.

〈선비〉의 정의는 강의 첫머리애 말씀드린 것으로 알고 있습니다.

한국 선비들의 사례도 제가 쓴 책에 들어 있습니다.

선비생활에 대해서는 왕실, 청백리, 그리고 예술에 반영된 선비정신에서 많은 사례를 보여드렸습니다. 예술 자체가 생활의 일부이니까요.

(16) 질문: 첫 강의에 천지인합일(天地人合一) 사상을 말씀하셨는데 기독교에서 삼위일체 사상과 어떻게 다른 것인지 선생님의 의견을 듣고 싶습니다.

(답) 기독교의 삼위일체 사상에 대해서는 잘 모르겠습니다. 다만, 기독교의 삼위일체는 성부(聖父), 성자(聖子), 성령(聖靈)이 한 몸이라는 뜻, 즉 성부하나님, 성자하나님[예수], 성령하나님이 한 몸이라는 뜻으로 알고 있습니다. 그렇다면 천신(天神=환인), 지신(地神=환웅), 인신(人神=단군)의 삼신을 하나로 보는 우리의 사상과는 다른 것이 아닌가요? 다만, 셋이 곧 하나라는 생각은

비슷한 점이 있는 것 같습니다. 하지만 기독교에서는 우리처럼 삼(三)이라는 숫자를 가지고 세상을 바라보는 것은 아니지 않습니까? 그러므로 기독교의 삼위일체 사상은 우리와는 다른 것으로 보입니다.

(17) 질문: 동빙고(凍氷庫), 서빙고(西氷庫)는 왕족을 장례하기 위해서 일부 사용되었다고 하셨는데, 언제부터 실시하였는지 연대를 알고 싶습니다.

(답) 동빙고, 서빙고는 조선왕조가 건국된 이후에 건설한 것입니다. 그런데 경주(慶州)에도 빙고(氷庫)가 있는 것으로 보아 빙고제도의 유래는 매우 오래된 것입니다.

(18) 질문: 실존주의 철학자 칼 야스퍼스가 일본 국보 1호 반가사유상을 보고 세계 최고의 걸작이라 평했다는데 어떤 근거로 한 평인지 알고 싶습니다.

(답) 야스퍼스는 미륵반가사유상의 얼굴표정이 '인간 최고의 이상(理想)'을 담고 있다고 말한 것으로 전해지고 있습니다. 그러니까 미륵반가사유상의 몸매를 보고 평가한 것이 아니고, 그 얼굴에 담긴 인자한 모습에서 아름다움을 찾았다는 뜻이겠지요. 실제로 그리스나 로마의 조각상에서 그렇게 편안하고 해탈한 모습은 찾기 어렵습니다.

(19) 질문: 삼강오륜과 선비정신의 관계를 알고 싶습니다.

(답) 삼강오륜도 유학자 선비정신의 일부라고 보아야 할 것입니다. 다만,

삼강이 신하와 자식과 여자의 인권을 무시하는 사상인 것처럼 해석하는 것은 잘못이라고 봅니다. 강(綱)이라는 말은 그물을 끌어 올리는 굵은 줄을 가리킵니다. 임금과 부모와 남편은 신하와 자식과 여성의 굵은 줄과 같다는 뜻으로, 아랫사람을 노예처럼 부린다는 뜻은 아닙니다. 위계질서를 지키면서 서로 간에 책임을 다해야 한다는 쌍무적 관계입니다. 오륜도 마찬가지입니다. 가령 부모와 자식 간에, 부모는 자식을 사랑할 의무가 있고, 자식은 부모에게 효도할 의무가 있습니다. 또 효라는 것도 무조건 부모의 말에 복종하는 것을 뜻하는 것은 아닙니다. 부모가 잘못을 저지를 때에는 이를 충고해서 바로잡는 것도 효도입니다. 요컨대 삼강과 오륜은 수평적 관계도 아니고 수직적 관계도 아닌 대각선관계로 이해하는 것이 좋을 것입니다.

선비정신은 모든 인간에 대한 사랑이 전제되어 있기 때문에 위계질서를 존중하더라도 모든 사람의 인권을 동시에 존중한다고 봅니다. 심지어 상전과 노비의 관계도 임금과 신하의 관계로 봅니다. 그래서 노비를 함부로 죽이거나 형벌을 주는 것은 법으로 금지되어 있습니다.

(20) 권해형 씨 질문: 중국이란 말은 지금의 중화인민공화국을 일컫는 말입니다. 그러나 훈민정음에 "국지어음 이호중국"(國之語音 異乎中國)이란 말에 나옵니다. 그때는 명나라 시절인데 왜 중국이라고 표기했나요? 일본의 지명에는 주코쿠(中國) 지방이 있습니다. 이런 의미를 볼 때 "중국"이란 말은 "우리나라"라고 이해하면 어떠한가요? 아니면 우리나라의 중앙 또는 중부 지역을 지칭하는 말이 아닐까요? 말과 글이 다른 것은 지금 각 지방에 상이한 사투리가 있어 이것을 글로 표현하는 어문일치의 정책이 아니었을까요?

(답) 훈민정음에 보이는 〈중국〉은 지금의 중국을 가리킵니다. 우리나라를

〈중국〉으로 부른 일은 없습니다. 〈동국〉 또는 〈해동〉으로 불렀다고 제가 이미 말씀드렸습니다. 다만, 우리나라를 〈중화〉(中華)로 부르는 경우는 많습니다. 여기서 〈중화〉는 문명개념이고 국가개념은 아닙니다. 〈중화〉는 우리가 중국과 문화수준이 비슷한 문명국이라는 뜻입니다.

(21) 질문: 세계 역사상 가장 오랜 왕조를 비교하면 서양은 로마제국, 동양은 일본이라고 통상 이야기하는데 일본은 섬나라로 특수성이 있으므로 조선이 가장 오래된 왕조라고 하는데 로마제국과 조선의 특수한 문화가 있었다고 생각하는데 차이점은 무엇인가요?

(답) 로마제국은 1천 년 이상 유지되다가 동로마와 서로마로 분열되었으므로 가장 오랜 국가임에는 틀림없습니다. 일본은 서기 300년경에 처음으로 나라[야마토]가 세워졌는데, 7세기 중엽에 헤이안시대, 9세기 중엽에 후지와라시대, 12세기 말에 가마쿠라시대, 14세기 초에 무로마치시대, 그 다음에 전국시대를 거쳐 17세기에 도쿠가와시대가 열려 1868년에 메이지유신으로 막부가 망했습니다. 그러니 우리나라처럼 오랜 정권이 없었습니다.

로마제국은 다른 나라를 정복하여 가혹한 노예제도와 엄격한 법률, 그리고 군사통치로 운영된 나라였다가 뒤에는 기독교를 승인하기도 했습니다. 그러나 말기에는 귀족의 사치와 향락으로 부패했다가 훈족의 침략을 받아 일거에 무너졌습니다. 유교의 도덕정치로 나라를 이끈 우리나라와는 차이가 많습니다.

(22) 질문: 이번 강연과 관련하여 직접 가보고 배운 것을 익히도록 권유하고 싶은 장소는?

(답) 특별히 추천할 장소는 떠오르지 않습니다만 왕궁이나 왕릉, 또는 수원 화성 등 문화재를 많이 보시고, 거기에 담긴 통치철학을 생각해 보시기 바랍니다. 특히 이들 문화재에 대한 연구책자를 읽어보시고 실물을 보는 것이 좋을 것입니다. 참고로, 창덕궁이나 창경궁을 가실 때에는 제가 쓴 〈조선의 집, 동궐에 들다〉(효형출판)를 읽어보시기를 권합니다. 외국의 문화재를 답사하고, 우리 문화재와 비교해보면 더욱 좋겠지요.

(23) 박경희 씨 질문:

1) 서양과 동양의 공공성의 차이에 대해서
2) 유교의 공공성에 대해서
3) 특히 한국의 공공성의 사상적 철학적인 토대를 유교와 천지인사상의 융합으로 볼 수 있는지요?

(답) 제가 이미 강의에서 설명 드린 것으로 알고 있습니다. 서양의 공공성은 개인의 자유를 기초로 하여 개인 간의 마찰을 타협과 관용으로 해소하면서 공공선을 도모한다면, 우리는 개인보다는 공동체를 앞세우고, 그 공동체 안에서 개인의 인격완성을 통한 공공선을 추구한다고 말할 수 있겠지요.

_찾아보기

ㅇ

한영우 (韓永愚)

ㅁ 주요경력

1967 - 2003 서울대학교 교수로 근무

1983 - 1984 미국 하버드대 객원교수

1987 - 1991 서울대학교 한국문화연구소 소장

1989 - 2007 문화재위원회 위원 및 사적분과위원장

1990 - 1991 한국사연구회 회장

1991 - 2000 국사편찬위원회 위원

1992 - 1996 서울대학교 규장각 관장

1998 - 2000 서울대학교 인문대학 학장

2003년 8월 정년퇴직

2003 - 2007 한림대학교 한림과학원 특임교수 겸 한국학연구소장

2008 - 2013 이화여대 이화학술원 석좌교수 겸 이화학술원장

현재 서울대학교 명예교수

ㅁ 주요 수상

1. 한국일보사 출판문화상 저작상 (1984)
2. 제3회 치암학술상 (1986)
3. 세종문화상 학술상 (1994, 대통령)
4. 제16회 한국간행물윤리위원회 저술상 (2004년)
5. 제2회 대한민국 문화유산상 학술상 (2005, 대통령)
6. 제46회 한국일보사 출판문화상 저작상 (2006년)
7. 제16회 수당학술상 (2007)
8. 제3회 경암학술상 (2007)
9. 제3회 민세안재홍상 학술상 (2012)

ㅁ 주요 저서

1. 정도전사상의 연구 (서울대출판부, 1973)
2. 조선전기 사학사연구 (서울대출판부, 1981)
3. 조선전기 사회경제연구 (을유문화사, 1983)
4. 조선전기 사회사상연구 (지식산업사, 1983)
5. 개정판 정도전사상의 연구 (서울대출판부, 1983)
6. 한국의 문화전통 (을유문화사, 1988)
7. 조선후기 사학사연구 (일지사, 1989)
8. 우리역사와의 대화 (을유문화사, 1991)
9. 한국민족주의 역사학 (일조각, 1994)
10. 미래를 위한 역사의식 (지식산업사, 1997)
11. 다시찾는 우리역사 (경세원, 1997, 2004, 2014)
12. 정조의 화성행차 그 8일 (효형출판, 1998)
13. 왕조의 설계자 정도전 (지식산업사, 1999)
14. 역사학의 역사 (지식산업사, 2002)
15. 행촌 이암의 생애와 사상 (일지사, 공저, 2002)
16. 역사를 아는 힘 (경세원, 2005)
17. 조선왕조 의궤 (일지사, 2005, 중국어본, 영어본, 일본어본)
18. 21세기 한국학, 어떻게 할 것인가 (푸른역사, 공저, 2005)
19. 명성황후, 제국을 일으키다 (효형출판, 2006)
20. 조선의 집 동궐에 들다－창덕궁과 창경궁 (효형출판, 열화당, 2006)
21. 대한제국은 근대국가인가 (푸른역사, 공저, 2006)
22. 실학의 선구자 이수광 (경세원, 2007)
23. 다시, 실학이란 무엇인가 (푸른역사, 공저, 2007)
24. 〈반차도〉로 따라가는 정조의 화성행차 (효형출판, 2007)
25. 동궐도 (효형출판, 2007)
26. 꿈과 반역의 실학자 유수원 (지식산업사, 2007)
27. 조선 수성기 제갈량 양성지 (지식산업사, 2008)
28. 규장각-문화정치의 산실 (지식산업사, 2008)
29. 한국사회의 역사 (다시찾는 우리역사, 일본어 번역본)
30. A Review of Korean History (경세원, 2010, 다시찾는 우리역사 영어판)
31. A History of Korea (국사편찬위원회, 2010)
32. History of Korea (다시찾는 우리역사, 러시아어 번역본)
33. 한국선비지성사 (지식산업사, 2010)
34. 간추린 한국사 (일지사, 2011)
35. 과거, 출세의 사다리(1) (태조-선조대) (지식산업사, 2013)
36. 과거, 출세의 사다리(2) (광해군-영조대) (지식산업사, 2013)
37. 과거, 출새의 사다리(3) (정조-철종대) (지식산업사, 2013)
38. 과거, 출세의 사다리(4) (고종대) (지식산업사, 2014)
39. 율곡 이이평전 (민음사, 2013)
40. An Intellectual History of Seonbi in Korea (지식산업사, 2014)

석학人文강좌 51